# 区域金融稳定

## 及其预警问题研究

李 飞◎著

RESEARCH ON REGIONAL FINANCIAL STABILITY AND EARLY WARNING

中国经济出版社
CHINA ECONOMIC PUBLISHING HOUSE
·北京·

**图书在版编目（CIP）数据**

区域金融稳定及其预警问题研究／李飞著．
北京：中国经济出版社，2018．5
ISBN 978－7－5136－5075－5

Ⅰ．①区… Ⅱ．①李… Ⅲ．①区域金融—研究—北京 Ⅳ．①F832．71

**中国版本图书馆 CIP 数据核字（2018）第 019720 号**

责任编辑 牛慧珍
责任印制 马小宾
封面设计 任燕飞

**出版发行** 中国经济出版社
**印 刷 者** 北京力信诚印刷有限公司
**经 销 者** 各地新华书店
**开　　本** 710mm×1000mm 1/16
**印　　张** 18．75
**字　　数** 297 千字
**版　　次** 2018 年 5 月第 1 版
**印　　次** 2018 年 5 月第 1 次
**定　　价** 68．00 元
**广告经营许可证** 京西工商广字第 8179 号

**中国经济出版社** **网址** www．economyph．com **社址** 北京市西城区百万庄北街 3 号 **邮编** 100037
本版图书如存在印装质量问题，请与本社发行中心联系调换（联系电话：010－68330607）

# 前言

PREFACE

金融稳定，并非新鲜的话题，但在金融全球化日渐深入与世界经济、政治局势动荡的当下，似乎又是一个无法避开的话题。

随着全球金融一体化程度日益加深，金融风险跨区域传导也越来越容易，区域性金融危机向周边扩散有了更多更快的途径。无论是始于2007年的美国次贷危机、2009年爆发的欧债危机，还是2011年的美债危机，甚至是2016年英国脱欧、美国大选，区域性不稳定因素的影响范围越来越大，对世界金融局势的稳定造成的影响也远比从前深远。金融一体化要求各区域间相对稳定，从根本上来说，各个区域的金融稳定相互关联，牵一发而动全身，因此，因地制宜构建区域金融稳定预警体系加强风险防范并有针对性地做好预案刻不容缓。在此背景下，本书结合理论基础、案例分析和实证研究具体探讨了区域金融稳定及其预警问题。

本书内容共分为九章，第一章为绪论，主要介绍了选题背景及现有相关文献综述。书中指出国内外研究金融稳定大多是以研究金融危机爆发的内在机制为分析问题的基础，但是，除了金融危机，还应该从哪些角度来分析金融稳定，金融体系的稳定与否到底是由哪些因素决定，这些问题在学术界还没有统一、明确的答案，因此，研究区域金融稳定问题，进而提出维护北京金融稳定的政策建议，具有一定的理论意义。

第二章主要介绍了金融稳定、金融风险、金融危机和区域金融稳定四个方面的相关理论。在借鉴金融风险管理理论、金融危机理论和区域金融稳定性理论的研究成果基础上，通过从全局金融稳定细化到区域金融稳定，详细地介绍了金融稳定的含义、特征以及区域金融稳定与全局金融稳定的异同所在，通过二者的辨析试着为后续提出针对性更强的应对措施提供一定的帮助。

第三章通过对次贷危机和欧债危机两个案例的介绍，详细阐述了金融危机的传导及影响。基于“明斯基模型”分析了美国次贷危机的根源是信贷扩张、金融不稳定和过度投机，其发展经历了四个阶段，分别是危机孕育、危机爆发、持续升级和掀起高潮阶段。从总体路径角度来看，美国次贷危机演变成全球经济危机主要经历了“住房抵押贷款危机—次贷危机—金融危机—全球金融危机”演变的历程，对美国、中国乃至全球的金融稳定造成了不同程度的损害。次贷危机引起的经济衰退还未完全重振时，2009 年末欧元区又全面爆发了债务危机，许多国家赤字率增速远超过预期。关于欧债危机的传导及对全球经济的影响也在本章进行了详细论述。

第四章从四个部分对区域金融风险防范机制进行了说明。首先，阐明防范和化解区域金融风险不仅事关经济发展的大局，而且对社会稳定和国家安全具有特别重要的现实意义。其次，分别从微观、宏观两个角度论述了区域金融风险管理的目标和防范措施。最后，本章以美国、英国和日本为例，详细介绍并比较了这三个发达金融国家在区域金融风险防范上的异同以及引起这些差异的内在原因。在此基础上，结合上海地区金融风险防范机制与北京地区所具有的特殊金融安全隐患，提出北京地区金融风险相关防范机制。

第五章从宏观经济环境、金融市场、金融机制、金融基础设施和金融主体五个方面阐述了影响金融稳定的决定因素；从区域经济发展水平、区域金融发展水平、金融主体素质和区域金融生态环境四个方面阐述了影响区域金融稳定的决定因素；提出考虑北京金融业稳定的因素时，不仅要从以上影响因素中进行探索，还应该考虑到北京作为首都的地缘特殊性。因此，需要结合北京金融业稳定的特殊因素进行分析，即北京特殊的政治敏感性、银行化集中程度、信贷结构、风险源头和京津冀一体化背景。

第六章系统地阐述了区域金融稳定预警模型的构建过程。在借鉴国内外代表性金融风险预警指标体系的基础上，构建了区域金融稳定预警指标体系，包括宏观审慎指标、微观审慎指标和泡沫风险指标。在此指标体系基础上，根据MS－VAR模型的基本原理，引入银行稳定压力指数和泡沫风险压力指数，最终构建出区域金融稳定预警模型。

第七章通过对北京市生态环境状况、金融业稳定现状的综合考量，得出了北京市金融业现阶段仍存在的一些问题，如金融市场资源配置能力不强、创新能力缺乏、国际化水平不高以及金融生态环境欠佳等。同时，对北京市金融业存在的问题进行了剖析，结果表明，对外开放程度的加大、金融监管制度的不完善以及法制法规的待改进是影响北京金融业稳定的主要因素。

第八章根据北京市特定的金融环境，选取了相应的指标来构建北京金融稳定预警指标体系，并基于以上指标体系对北京金融环境进行实证分析，最终构建了金融稳定压力指数。

第九章从宏观与微观两个方面对北京金融稳定的环境保障问题给予了探讨，并提出了改进意见。

# 目 录

CONTENTS

# 01 第一章 绪 论

## 第一节 选题背景与意义

### 一、研究背景

据世界银行统计，20 世纪 70 年代后期到 2000 年，全球有 93 个国家先后爆发了 95 场系统性危机，并有 46 个国家发生了 51 次局部性危机。始于 2007 年夏天的美国次贷危机所引发的全球金融危机给全球经济带来了难以估量的损失，从一些权威机构所估算的数据中，我们可以对此次危机所产生的破坏力有一个大致的了解。2007 年 4 季度，美联储预测损失为 1500 亿美元；德意志银行预测为 3000 亿 ~4000 亿美元；瑞士银行在 2008 年 2 月的估算值为 6000 亿美元；国际货币基金组织 2010 年 4 月 21 日发表的《全球金融稳定》报告中指出，金融危机让全球损失近 4 万亿，并指出："全球金融危机依旧承受着重大压力，现在这轮危机已经扩大，家庭、企业以及发达国家和新兴经济体的银行体系都受到波及。"另一方面，2008 年 10 月，冰岛主权债务危机浮出水面。2009 年 12 月，希腊的主权债务问题凸显，2010 年 3 月进一步发酵，开始向"欧洲五国"（葡萄牙、意大利、爱尔兰、希腊、西班牙）蔓延，整个欧盟逐渐陷入债务危机的泥潭。根据 IMF 发布的数据，由于欧洲债务危机，发达经济体经济复苏势头在 2010 年末戛然而止，随后欧盟采取了数次量化宽松甚至负利率，但至今仍未走出经济不断下行的困境。到 2016 年 6 月 24 日，英国全民公投结果公布，英国脱离欧盟，脆弱的欧盟经济再遭重创。

从以上数据中我们不难发现，金融危机的爆发给世界各国的经济造成了严重损失，随着危机的加深，还可能会对世界经济格局产生巨大的影响。而随着金融全球化发展的不断深入,一国的经济和金融发展日益受到全球资本流动和一体化市场发展的影响和制约,一旦爆发金融危机,即便是一国内部的问题,也会迅速波及与之相关联的市场,并产生区域性甚至是全球性的金融危机。因此,在全球化背景下的金融危机面前,任何一个国家都没有能力单独应对。在这样的情况下,如何保持一国的金融稳定成为世界各国普遍重视并亟须解决的重要课题。

庆幸的是,诸次金融危机也使得一些问题得以凸显,并有望成为各方寻求解决现有危机以及未雨绸缪的关键。这些问题包括:

**第一,监管创新跟不上金融创新的步伐。**

20 世纪 70 年代以来,金融领域的创新可谓日新月异,或是为了规避管制、转移风险,或是为了增强流动性等等,其中尤以金融工具创新最为突出,典型代表有期货、期权和互换工具,以及利用这些工具构造出的各种复杂的产品组合。随着金融衍生工具的迅猛发展,资产证券化也成为金融创新的另一个重要方面。

金融创新这把“双刃剑”在给全球金融体系带来新鲜血液的同时,也带来了人们不可估量的潜在风险:风险头寸暴露水平加大、高杠杆投机性行为频发等等。金融市场的迅速发展需要完善的监管机制,没有得到完善监管的金融市场,其发展是危险的也是不能长久的,因此金融自身的脆弱性和金融创新对于监管者提出了更高的要求。金融自由化在本质上应当是金融体制的进步,其中很重要的一点就是监管体制的不断完善,但实际监管水平却并非如此,监管部门遇到了前所未有的难题,金融监管严重跟不上金融创新的步伐,监管真空地带危机四伏。

**第二,资金运作与实体经济的运行相脱离。**

21 世纪以来,全球金融一体化以远超于全球经济一体化的速度发展着,进而以主导的地位统治着整个世界经济体系的发展。在过去的 20 多年内,整个世界的物流、贸易流的增长速度是生产流增长速度的 1 倍,而资金流的增长速度是贸易流的 2 倍,生产流的 4 倍。资金流如此惊人的增长速度,使得资金的运作逐渐与实体经济的运行相脱离,这无形中提高了金融风险发生的概率。任何实体经济的恶性波动,都可能导致资金在交易方式、方向以及规模上出现大幅度逆转,这种逆转可能会通过市场交易传染给其他的经济实体,形成危及经济的金融风险。

**第三,国际性的泡沫威胁。**

泡沫经济是在大量相对过剩资金集中涌向收益高、见效快的行业(如房地产、证券业),造成资产账面价格和实际价格严重背离的情况下出现的。当出现资产实际价格与账面价格相背离时,无论经过多长时间,实际价格总是会回归到账面价格,然而如果这个回归过程过于迅速猛烈,经济泡沫就会迅速破裂,其后果是产业结构严重失衡,不良资产大量产生,银行、企业频频破产,金融市场陷入混乱。

**第四,各部门杠杆率过高。**

负债经营是现代金融企业,甚至是国家或国际组织面对激烈竞争的市场氛围所必须采取的经常性经营方式,这种方式能形成财务杠杆效应,解决金融企业资金需求,并起到节税效应。但是,过度负债却会导致严重的财务危机成本,引起股东和债权人之间的代理冲突,增加企业的经营风险。

以欧债危机为例,早在2001年希腊加入欧元区时,为达到欧元区对财政赤字和债务比例的要求:即财政赤字不能超过GDP的3%、负债率要低于国内生产总值的60%,希腊就通过高盛的“妙招”——货币掉期交易(CDS)获得融资,但这笔钱不会出现在希腊当时的公共负债率的统计数据里,因为它要10~15年以后才归还,从而使希腊在账面上符合欧元区成员国的标准,同时又没有违反欧盟的监管规则。随着所欠债务即将到期,在希腊真实财政状况曝光之前,高盛不但卖掉了手中大量的希腊债券,还购买了大量信贷违约掉期。随后其他金融巨头也开始趁火打劫,有数据显示,一周内,做空欧元期货合约高达6万份,为1999年以来最高纪录,欧元汇率应声下跌,希腊融资更为困难,债务危机愈演愈烈。

将视野移回中国,继美国次贷危机之后,我国的GDP增速总体上呈逐年下降的趋势,各方对经济增速的预判也愈加一致地趋于“L”形。经济增速的下滑导致各部门债务负担迅速加重,不良信贷资产的质量问题也逐渐凸显,由此引发的近年来我国企业债务违约事件不断增多的状况也加剧了各界对我国金融稳定的担忧。截至2016年7月底,国内信用债市场共18家发行主体的38只债券违约,违约金额247.6亿元。其中,央企子公司和地方国企6家,金额高达164.7亿元,占违约总金额的66.5%,目前已经偿付额不足15%。另一方面目前我国新经济增长乏力,房地产投资持续加码之下,我国居民杠杆率迅速攀升,居民购房贷款新增额/新增商品房销售额从2011年的17.3%,一路上行至2015年的36.7%,到2016年上半年再次创新高至56.5%。另一个数据——新增房贷/新增地产销售:美国2007年峰值为52.6%,中国2015年新增房贷销售比为35%,2016年上半年创历史新高至42%,已接近美国金融危机期间峰值水平,其中,又以房价居高不下的北京最为严重。

截至2017年6月末,上半年北京市金融业实现增加值2380亿元,同比增长7.4%,增速与1季度基本持平,占地区生产总值比重为19.2%,对全市经济增长的贡献率达21.6%,继续稳居本市服务业"领头羊",成为首都经济稳增长的"压舱石"。2017年上半年,在金融"强监管""降杠杆"的背景下,全市金融业实现平稳运行,整体保持稳健增长,对全市经济增长形成有力支撑。金融业对整个北京的经济增长贡献不容忽视,换句话说,北京市的金融稳定对北京整体经济的稳定极其重要。若进一步将范围扩大至整个中国,北京作为我国事实上的经济中心,其金融业的稳定在我国整体的金融稳定中起着举足轻重的作用。

## 二、研究意义

从理论角度来看,国内外很多学者都对金融稳定问题做了深入的研究,但是大多数关于金融稳定的已有成果主要是从金融不稳定的原因和后果两个角度进行分析,并没有提供一系列较为完整的方法来分析金融稳定的本质特征。对于什么是金融稳定、金融稳定有什么内涵,国内外至今也没有一个公认的标准。同时,国内外研究金融稳定大多是以研究金融危机爆发的内在机制为分析问题的基础,但是,除了金融危机,还应该从哪些角度来分析金融稳定,金融体系的稳定与否到底是由哪些因素决定,这些问题在学术界也还没有统一、明确的答案,因此,研究区域金融稳定问题,进而提出维护北京金融稳定的政策建议,具有一定的理论意义。

从现实角度来看,首先,我国正面临金融全球化的机遇与挑战,全球化不仅给我国的经济金融发展带来了机遇,同时,也对我国的金融安全与稳定带来了挑战,尤其是2006年我国WTO金融业保护期已经结束,中国的对外开放进入了一个更高的发展层次,如何在实现经济快速发展的过程中保持金融业的安全与稳定,是我国当前面临的重要现实问题。其次,2007 年的美国次贷危机,2009 年的欧债危机,再次提醒我们在外部环境不稳定的前提下保证自身金融稳定的重要性。北京作为我国的政治、经济、文化中心,对引领中国金融业的发展方向有着举足轻重的作用,构建北京市金融稳定的框架和做好金融风险防范的准备对于保证我国金融稳定的作用更是不可估量。

## 第二节 文献综述

### 一、金融稳定的定义与框架

金融稳定是一个历久弥新的课题,20 世纪 90 年代以来世界各国频繁发生的金融危机、风波及动荡带来了一系列惨重损失,该课题才被引起广泛关注。据搜集到的文献,发现 2005 年前关于金融稳定的文献大多集中于引用外国已有研究成果;2005 年之后我国大多学者开始自己总结并进行数量化研究,鉴于此,本篇综述主要集中于 2005 年之后出版的文献。

#### (一)定义研究综述

1. 国外已有研究

金融功能说。Schinasi(2004)提出,只要金融体系能够抵御内外冲击导致的不平衡,继续履行提高实体经济运行效率的职能,金融体系就处于一系列不同层次的稳定状态中。

管理系统性风险说。Whalen(1995)、Kaufmann(1995)等认为,维护金融稳定要着力关注系统性风险,避免金融危机的爆发。理解系统性风险的定义是设计金融稳定政策和鼓励市场首创性的重要工具(de Bandt & Hartmann,2000)。Schinasi(2004)则直接运用了金融风险来进行定义,即金融稳定是金融风险的定价、配置和管理机制运行良好并改进经济绩效的一种状态。

金融不稳定说。金融稳定即指不存在金融不稳定的状态。Mishkin(1999)认为,金融不稳定源于信息对金融体系的冲击,受到冲击的金融体系不能正常发挥其配置资金的能力,资金不能投入到最有生产效率的投资项目中。John Chant(2003)认为金融不稳定是指一种状态,它可能损害特定金融机构和金融市场的运转致使其不能为其他经济实体进行融资，还可能损害家庭、公司和政府部门等。

2. 国内已有研究

吴念鲁、郧会梅(2005)认为金融稳定性包括以下内容：①货币供求均衡从而币值(通货)稳定；②资金借贷均衡从而信用关系和秩序稳定；③金融体系中的关键机构稳定，在无外界援助或干预下就能履行合同义务；④金融市场稳定，从而金融资产价格稳定并能反映经济基础因素，当基础因素没有变化时价格水平在短期内不会出现较大波动；⑤国际收支内外均衡，从而汇率稳定；⑥金融体系内部不同系统之间结构协调，金融结构稳固合理，并与经济和社会及其发展阶段有良好的适应性，不至于出现明显裂痕、内部相互冲突的局面，金融运行处于稳定状态。

吴军(2005)对已有金融稳定定义总结概括为：金融稳定是一个宏观的概念，它要求金融体系的3个组成部分——金融机构(商业银行、政策性银行、金融资产管理公司及证券公司等)、金融市场(股票、债券、货币和衍生品市场等)和金融基础设施(法律、支付、清算和会计体系等)——都能正常运转，并且能够正确评估、防范和化解金融风险。

段小茜(2006)通过对西方学者有关金融稳定的定义和内涵的分析，认为“抵御冲击说”“要素描述说”指出了金融稳定的部分特征和相应条件，但对其内在规定性的理解似乎有待深入；“金融不稳定说”的反面立论阐释从另外一个视角丰富了对金融稳定的认识，但其实质反映了人们尚未完全把握金融稳定本质属性的思维现状，难以适应金融实践提出的需求；比较而言，“金融功能说”和“管理系统性风险说”涉及金融稳定实现过程中的有关本质规定性问题，具备对现实较强的概括、解释力和一般的适应性，逐渐为更多的国家和学者所采用。我国2005年11月7日推出的首期《中国金融稳定报告》即采用了“金融功能说”，即金融稳定是指金融体系处于能够有效执行其关键功能的稳定状态。

王长江(2006)认为金融稳定包括2个层面：金融稳定状态和金融稳定性。前者是概念体系的表层，指构成金融体系的金融机构、金融市场和金融基础设施都平稳地运行和发挥作用；后者是概念体系的内层，指金融体系具有很强的承受各种冲击的能力和弹性。金融稳定目标是两个层面的结合。

段小茜(2007)从“制度—功能”的分析视角给金融稳定一个明确的定义,金融稳定是指金融体系各组成部分内部及其相互之间的制度安排合理,有效发挥风险配置、资源配置等核心功能的运行状态。具体而言,金融体系须在一定的条件下被认为处于稳定性的状态:①对金融风险进行评估、定价、分散和管理,将其合理配置到承担风险的市场主体;②促进金融资源跨地域、跨时间的有效配置,并以此促进其他经济金融活动;③在受到经济金融体系的内外部冲击或经济失衡加剧时,金融体系仍然能履行其核心功能。

周中胜、罗正英(2010)认为金融稳定应该是一种状态,即在金融稳定的状态下,金融体系能充分发挥其配置资源和分散风险的功能,而要实现和保持这种功能,就必须保证金融体系的要素——金融机构的稳定、金融市场的稳定以及相关金融基础设施的稳定,并能够评估、防范和应对金融风险特别是系统性风险的冲击。

### (二)框架研究综述

1.国外已有研究

许多学者和一些国家的中央银行较多地采取了“冲击—传导”的传统分析方法,较多地关注于金融体系面临的内外冲击及其蔓延传导引发的金融危机,从不同的角度提出了具有一定政策导向的分析框架。Krugman(1979、1998)、Diamond & Dybvig(1983)、Obstfeld(1994)、Mishki(1999)提出了国际型、预期模型和道德风险模型等,Smets(1994)、Masson(1998)、Pristker(1999)、Reinhart(2000)等提出了有关金融不稳定传导的贸易溢出、金融溢出、季风效应和净传染效应等理论观点,其政策含义在于强调政府应维持可持续的宏观经济政策、保持政策的可信度和加强金融监管、完善法人治理结构、减少企业过度负债等。

Houben,Kakes & Schinasi(2004)进一步整合和发展了上述分析思路,在分析金融的特征和金融稳定的定义基础上,尝试综合了金融稳定的分析性和政策性因素,围绕着把宏观经济、货币、金融市场和监管投入综合在一起进行评估工作,其重点为在市场出现下行修正、金融机构发生问题、金融基础设施失灵之前,辨识和处理金融脆弱性的累积。在他们看来,将金融稳定的框架加以实施,其出发点是根据金融稳定是一个统一体的定义来分析金融体系的潜在风险和脆弱性。他们提出的金融稳定框架主要包括:分析、评估和三类可行的政策选择

(即当金融体系被评估为处于稳定区间时,采取预防性政策;当金融体系被评估为处于稳定区间的边缘时,采取纠正性政策;当金融体系被评估为处于稳定区间之外即不能有效履行其金融功能时,采取应对性政策)。这种"分析—评估"的方法,其实质在于对系统性金融风险的前置性监测、分析、评估和及早处置,而不是等到系统性金融风险构成了事实上的冲击或动荡后再采取应对措施。

随着新制度经济学的逐渐兴起和研究的深入开展,Llewellyn(2001)、Oosterloo & De Haan(2003)等学者尝试从制度的层面探讨金融稳定的框架,进一步推动了对金融稳定深层次架构的研究。

Das,Quintyn & Chenard(2003)等研究发现,监管治理与金融体系稳定之间存在明显的正相关性,即监管治理与金融体系的稳健密切相关,并由此影响金融稳定。金融体系的治理环境是支撑"金融稳定三根支柱"(即良好的宏观经济环境、有效的监督和管理、强健的金融市场基础设施)的关键要素。

Litan(1997)对1930年世界经济大萧条之后维护金融稳定的制度架构进行了宏观的思考,认为在当前信息革命飞速发展、金融创新日趋活跃、竞争异常激烈的时代和环境下,要摒弃以往的"预防—安全网"制度模式,代之以"竞争—遏阻型"的制度模式。当然,这并不意味着否定预防性制度方面有价值的目标,也并非要放弃安全网,这种新的制度模式更多地关注于鼓励竞争,同时也有赖于及时校正行为,消除支付清算系统中的时滞现象,以建设性的方法运用市场力量和近似市场的方法来预防和阻止金融危机等方面的有机联系。在金融稳定制度框架的构建方面,Llewellyn(2001)认为,要着眼于从整体的视角考虑其制度架构各组成部分之间相互关联的重要问题,尤其是要制定出相应的管理政策来优化其总体效果而非单个组成部分的效果。他提出的金融稳定制度框架包括6个方面:①规则的制定;②监测和管理;③激励结构;④市场约束;⑤政府干预;⑥公司治理。

2.国内已有研究

吴军(2005)认为,构建金融稳定的框架,应综合审视影响金融体系运行的所有要素,即包括实体经济和金融经济,应能及早地识别金融脆弱性和预测其对金融稳定的威胁程度,并制定应对措施和政策等。由此分别从经济整体角度和央行角度构建了金融稳定框架,并就金融稳定框架的应用进行了相关阐述。

王长江(2006)认为构建金融稳定的框架应包含4个方面的整合:第一个方

面是对金融不稳定来源的分析体系；第二个方面是金融稳定的评估体系；第三个方面是实现金融稳定的政策体系，包括促进金融稳定的总体战略和针对不同金融稳定状况的应对措施，通过该体系的相应实施以保证金融体系防范风险、维持或恢复稳定状态；第四个方面是金融稳定目标的责任归属和相关协调体系。

周中胜、罗正英(2010)认为金融稳定的框架一般包括金融稳定的预防机制、金融稳定的评估与预警机制、金融危机发生后的应急处理机制3个部分，具体又包括环境分析、目标确定、风险评估、应对措施、责任授权等要素。金融稳定的预防机制主要是对可能引发金融不稳定的内外部环境及其风险进行分析，并建立相应的预防机制，以降低金融不稳定发生的概率。影响金融稳定的内部环境主要来自金融体系内部要素的冲击，包括金融机构自身的风险、金融市场的风险和金融基础设施的风险。影响金融稳定的外部环境则主要来自外部实体经济的冲击。此外，在目前的国际货币体系和经济全球化的背景下，一个国家的金融稳定还可能受到其他国家金融不稳定或实体经济不稳定的影响。

## 二、全局金融稳定的研究综述

### (一)金融稳定与相关因素关系研究

1.金融监管与金融稳定

段小茜(2006)认为金融监管与金融稳定存在密切的联系。审慎的金融监管能够保持对金融机构的适度压力和促进其规范、稳健运行，金融体系的总体稳定要求不断地对金融监管提出新的要求，推动着金融监管不断发展、创新。但是，金融监管的施行并不必然带来相应的一国金融体系的总体稳定状况，学者们的理论研究和历史的经验实证显示出了二者存在颇为复杂的关系。

美国次贷危机爆发之后，政策制定者和学术界最早达成的一个共识就是：必须加强宏观审慎监管，以防范系统性金融风险，维护金融稳定。李妍(2009)认为只有通过如下4方面宏观审慎监管的努力才能实现维护金融稳定的目的：第一，完善我国宏观审慎监管框架，中央银行、财政部、监管机构共同发挥作用；第二，针对金融体系的顺周期性，建立恰当的逆周期机制；第三，理顺监管体系，在大力发展金融市场的同时提高其自身的透明度；第四，完善各部门之间的协调机制。李妍(2009)就宏观审慎监管与金融稳定相关问题进行了探讨，认为近年来系统性风险的新特征进一步凸显了加强宏观审慎监管的必要性,在有效的宏观审慎监管框架中,中央银行的地位及中央银行与其他相关部门的关系至关重要。

李妍(2010)对近年来发达国家不断放松金融监管、鼓励金融创新,而忽视风险控制,以致在危机中受到重创的现象进行分析,探讨了不同监管要求下金融机构杠杆率的选择,说明了金融监管制度对金融机构行为和金融稳定的影响,同时提示宏观审慎监管不但要关注效率,更重要的是从金融稳定角度关注系统性金融风险。

马勇(2010)通过指标编制和跨国、地区实证分析,从宏观层面系统考察了金融监管独立性对金融体系稳定性和效率性的影响。实证结果表明:金融监管独立性程度对金融体系的稳定性和效率性均有统计上明显的正面影响,在金融监管独立性的4个基本要素中,监督独立性对金融体系稳定性的影响最为突出,而机构独立性则对金融体系效率性的影响最为突出,通过将监督独立性和机构独立性相结合,能更加有效地促进金融稳定。

安起雷(2011)从我国情况出发,对金融监管与金融稳定的关系进行了研究。研究表明,随着金融自由化和金融创新的发展,我国在分业经营的法律框架内实现了实质上的混业经营格局,这要求我国金融监管体系根据实际情况加强各金融监管机构间的金融稳定协调及监管合作,以便有效化解可能的金融风险,更好地实现金融市场的稳定发展。

2. 货币政策与金融稳定

段小茜(2006)认为从长期来看,货币政策与金融稳定显然具有正相关性,适当、有效的货币政策会给金融机构的稳定经营创造良好的环境。但在短期内,货币政策与金融稳定均有各自的独立性,二者的政策工具存在重叠,效力有时会发生冲突,并且新的经济环境引致了经济主体行为和心理反应机制的变动,可能会对金融市场发生不同的影响。据此,她提出把握货币政策与金融稳定关系的发展方向,可能需要超越二者冲突或一致的理论观点,实现二者在不同时期或空间地域状态下的政策协调和果断处理。

马勇(2013)将金融稳定因素纳入货币政策框架,对基于稳定的货币政策规则进行了系统的理论和实证分析。研究表明,纳入金融稳定考虑后的货币政策需要一个相对更高的利率规则值来抑制金融体系的过度风险承担。实证分析显示,中央银行的货币政策取向会影响宏观经济大环境和市场主体(尤其是金融机构)的风险承担倾向,因而有着确切的金融稳定内涵,适宜的货币政策需要充分考虑这种内涵,并对金融体系的风险承担做出必要的反应。

苗文龙(2007)认为信息约束下金融机构对央行货币政策的倒逼机制不但使央行的独立性受挫,而且导致了金融稳定与货币稳定的冲突,信息约束和政府增长偏好进而导致货币与金融双稳定政策屈服于高经济增长政策,从而加剧了通胀风险,居民被动地为通货膨胀、金融风险埋单。故重新设计保证央行独立性的协调机制非常必要。

张风科、李平(2008)认为就目前的经济状况来说,想要达到货币稳定与金融稳定的一致性需要从以下4方面进行努力:第一,对短期金融稳定和长期金融稳定进行合理权衡,一定条件下对短期目标的偏离采取容忍态度;第二,转变财富分配格局,缓解经济过热,促进金融稳定;第三,加强对外债的监管,避免银行通过借用外债来消减紧缩货币政策的作用;第四,建立人民币计价支付结算体系,从根源上断绝外汇占款过多和外汇剧增的问题。

张羽、李黎(2010)采用金融不稳定说来定义金融稳定,从金融机构危机、货币危机和资产价格冲击3个方面,对货币政策与金融稳定关系研究进展进行梳理,认为达到金融稳定的目标需从以下4个方面着手:第一,金融不稳定是系统性的危机,应积极推动金融机构多样化运作;第二,物价稳定在一定条件下有利于金融稳定,但中央银行货币政策不能仅仅将物价稳定作为确保金融稳定的唯一指标;第三,必须对金融稳定的内涵建立明确且为大家所广泛接受的定义才有助于建立两者之间的一致性;第四,相关领域还需深入挖掘。

关于金融稳定与货币政策调控目标之间的关系,王劲松、韩克勇(2010)研究发现理论界大致形成了两种观点:一种观点认为,金融稳定与货币政策调控目标之间没有矛盾,即从长期看二者是相互加强的,甚至有的学者认为,货币当局可以通过"弹性通货膨胀目标"把二者统一起来;另一种观点认为,金融稳定与货币政策调控目标是相冲突的,货币稳定与金融不稳定可能同时存在,币值稳定可能诱发金融不稳定。

### 3. 金融创新与金融稳定

宣昌能、王信(2009)认为金融创新既可能培育和促进金融市场的发展,又可能带来很大的风险。为达到金融创新与金融稳定之间的协调应从以下几方面着手:任何金融创新产品都不能偏离风险承担和收益的相对平衡;风险承担与收益是否均衡应是定期检查产品创新是否存在系统性风险隐患的首要关注点;再次对创新产品进行系统性风险审查时,应进行压力测试,考察该产品在极端情况下是否会导致市场失衡;最后应提高金融产品的风险防范要求。

李佳、王晓(2010)研究发现以资产证券化为主的金融创新既可以促进金融体系效率的提高,也可能造成金融体系的不稳定。在次贷危机中,以资产证券化及其衍生品为主的金融创新产品既对金融风险的转移和扩散发挥了重要作用,也造成了市场流动性的枯竭以及信用危机的发生,导致金融体系的不稳定。

龚攀、王兵(2013)从包括资产证券化业务在内的金融产品创新对金融稳定影响的角度,分析了资产证券化与次贷危机之间的关系,发现资产证券化放大了银行的财务杠杆、加剧了资产价格的波动,从而影响了金融稳定。由于资产证券化将资本市场、信贷市场和实体经济紧密联系起来,因此资本市场上的波动又演变为实体经济的波动。

尚福林(2014)认为创新是金融发展的不竭动力,而金融发展往往沿着"危机—管制—金融抑制—放松管制—过度创新—新的危机"的模式演进。为提供更好的金融创新环境,必须把握好二者的平衡,不断完善金融监管理念和监管规则,提高监管的有效性,从而确保金融创新朝着更有效、更有序、更健康的方向发展。

4. 制度因素与金融稳定

刘锡良、罗得志(2000)认为金融稳定是金融市场的长期动态均衡,它受制于实物经济因素、制度因素、投机因素。金融制度并不都对降低交易风险起积极作用,诱致性金融制度变迁能有效降低交易费用和信息成本,但对金融市场均衡产生的作用呈现出3种效应;强制性金融制度创新往往能直接降低金融风险,但政府行为也有缺陷,政府力量及时、有效地配合市场力量所推进的金融制度变革才能保障金融稳定。

段小茜(2010)采用新政治经济学来研究金融稳定,认为金融稳定是现代社会中政治经济的决定过程,实质上反映了金融利益的不一致性与政治经济均衡的演化过程,并提出影响中国金融稳定的关键在于经济转轨过程中现行体制或格局下,政治、经济主体之间的不对称影响及其利益联结和共生态势下的脆弱性制度结构和制度安排。

徐云松、付永超(2013)从金融业的脆弱性出发,分析了我国金融脆弱性的现状,认为在我国经济快速增长和金融业逐步开放过程中,建立稳健、和谐、完善的金融稳定制度不仅是防范金融脆弱性、抵御金融危机的需要,也对我国逐步推行金融经济国际一体化意义重大。

5. 资产价格波动与金融稳定

王劲松、韩克勇(2010)研究发现,股票等资产价格波动会通过“负债—通货紧缩”“资产价格—债务危机周期”引发银行危机乃至金融危机。金融自由化是造成“资产价格—债务危机周期”的外部原因,银行缺乏监督、银行与借款者信息不对称等是造成“资产价格—债务危机周期”的内部原因。

段军山、白茜(2011)总结近年来的研究认为资产价格波动与银行信贷的相互作用加强,进而日趋影响金融稳定,资产价格波动直接影响银行资本金和金融机构经营环境从而影响金融稳定,理论研究日益强调信息不对称以及“委托—代理”问题在资产价格波动影响金融稳定过程中的重要性。

马亚明、邵士妍(2012)在全面阐述资产价格波动、银行信贷与金融稳定关系的基础上,通过建立向量误差修正模型(VECM)侧重于对我国的信贷规模和资产价格波动的内在关联性进行了理论与经验分析,结果表明,在短期动态分析中,股票价格的上涨会导致银行信贷的扩张,而银行信贷的扩大又有助于股票价格的提升,且波动幅度更大。在长期的协整分析中却不存在如此明显的关系。在此基础上,提出了对股票市场的调控要考虑银行信贷的影响,逐步完善货币机制的政策建议。

王劲松、韩克勇、赵琪(2016)实证研究了我国资产价格波动对金融稳定的影响,结果表明,中国房地产销售价格和股票价格等资产价格显著影响金融稳定,且房地产、股票等资产价格的剧烈波动是引发金融不稳定的重要原因。因此,政策当局要通过加大股票市场监管力度、建立股票市场和房地产市场的预警体系等手段来观测资产价格波动情况。同时,在制定货币政策时应高度关注资产价格,从而在一定程度上降低由资产价格剧烈波动引发金融危机的可能性。

6. 资本外逃与金融稳定

蒋丽丽、伍志文(2006)在借鉴国内外现有研究的基础上,编制了4个衡量中国金融稳健性的指数,并用最小二乘法分析了资本外逃对中国金融稳健性的影响。研究发现,20 世纪 80 年代以来,中国资本外逃对金融稳定构成显著的威胁,即使考虑经济基本面这一控制变量之后,资本外逃对金融稳定状况也有显著的不利影响,但是这种影响有一定的时滞效应。

Giorgio Barba Navaretti, Giacomo Calzolari, Alberto Franco Pozzolo & Micol Levi(2010)探讨跨国银行在财务危机时是扮演一个稳定角色还是不稳定角色。就欧洲而言,银行的外国子公司似乎在最近的金融危机中已经开始衰退。据统计,这些外国子公司的零售及企业贷款一直保持稳定,甚至在 2007 年和 2009 年之间还有所增加,这些好的经营效果是和相关内部资本市场的运作有关的。内部资本市场一直是一个用来支持处于经济困难中的外国子公司,并将贷款从当地有效的金融资源中隔离开来的有效工具。尽管文中没提到最近危机的系统本质,但这种作用已经扩散到欧盟范围内的综合金融市场和欧洲货币联盟国家范围内,也显示出经济一体化和跨国银行内部资本市场的互补性。鉴于这些研究结果,呼吁对欧洲监管跨国银行的监管框架进行整合,这种分析是基于一个从内部资金市场得到条件的分析框架,这个内部资金市场在系统压力和随机变动的条件下依然能够提供支持。经验证据来源于世界各地外国债权的汇总,以及企业层面上对银行集团子公司的行为。

7. 金融安全与金融稳定

胡援成(2008)认为金融业开放与金融安全的相互关系并非想象的那么简单,一般而言,金融业的开放度越大,金融的竞争会更激烈,对金融体系的冲击会更大,但新加坡和中国香港特区的案例却显示,其银行业开放度较高不一定会造成金融不安全。该文也提出了目前有关金融风险以及防范的研究成果中微观层面上的分析较多、较深入,但在宏观层面上,研究相对薄弱,许多领域尚待深入探讨。

### (二)次贷危机与金融稳定

孟辉、伍旭川(2007)通过分析美国次贷危机产生的根源及其风险传导机制,引出随着时间的推移,次贷危机可能会对经济和整个金融体系的稳定产生影响,表现在次级贷款状况的恶化可能会对美国实体经济产生影响;大型金融机构可能因为市场环境的恶化而面临清偿风险;投资者预期的变化引发的市场无序调整可能会对金融体系的稳定产生影响。并由此提出对中国金融稳定的几点启示：制度建设无论对于发达国家还是发展中国家都同样重要；重视金融机构自身的审慎性；关注直接融资市场中可能出现的新情况和新风险；积极应对我国“走出去”战略可能面对的新挑战和风险。

肖毅、冯学敏、占云生(2008)综合分析了美国次贷危机产生的原因、影响。深层次地揭示了此次危机的本质，提出我国在与国际资本博弈过程中应对宏观调控采取强硬态度和手段；在设计金融创新产品时采取更加谨慎的态度；完善监管制度并实施严格监管；将虚拟经济控制在促进而不是危害实体经济的水平；减轻对美元资产的依赖等防范风险的若干政策。

阳建勋(2008)认为对次贷危机进行干预是个两难选择，它既要弥补金融市场失灵，也要防止政府过度干预可能导致的道德风险。故危机处理中政府干预与市场调节的平衡更需要考虑干预的成本和收益，以确定干预的合理界限。在此分析基础上提出美国次贷危机及其干预实践对我国金融风险防范与监管的启示：加强信贷风险管理，完善证券化风险防范法律法规；加强市场监管，完善金融机构破产法律法规；加强监管成本意识，完善金融监管协调机制；谨防国际金融风险，加强金融监管的国际合作。

张健华、张雪春(2008)认为美国次贷危机暴露出的种种问题表明，系统性风险的来源已经发生了变化，非传统金融产品成为系统性风险的新来源，类银行金融机构已成为危机的触发点，对冲基金对系统性风险有一定影响。但是金融基础制度的安排、国际金融风险的检测预警框架、监管制度、会计标准和评级体系却未跟上金融市场的发展，为恢复投资人信心，提升金融市场效率，需重构金融制度。

徐品文(2009)通过阐述美国次贷危机的产生根源和传导机制，并分析各国央行对此采取举措的特点：出手坚决、迅速，从多方面连续采取行动；注意沟通，联手协调行动；妥善处理救市与预防到的风险的关系。从以下几个方面提出对我国稳定金融体系的启示：中央银行的职能及监管；控制房贷风险；发展债券市场、推进资产证券化；对金融市场方面的建议。

李宝伟(2009)认为基于经济虚拟化和国际货币金融体系失衡是现代金融危机的重要影响因素，所以需将虚拟经济作为一个整体纳入金融稳定研究中。以实现金融稳定为目标的虚拟经济管理政策，需要对 3 个基本方面的问题进行研究:国际货币体系的合理化;金融监管的发展;宏观调控政策目标与机制的转变。

刘亮(2010)认为1997年的亚洲金融危机和2007年美国次贷危机在危机爆发的原因、触发点和救助机构方面不同,但危机的产生都与金融创新、金融自由化、政策失当以及经济金融体系失衡等有关。并提出:两次危机都对中国经济产生了巨大的影响,相较于亚洲金融危机,中国在面临次贷危机时,具有较有利的内部环境,但却面临更严峻的外部环境。

明洪盛(2011)分析了次贷危机的产生及其对金融业和其他产业的影响,在此基础上根据中国金融业的现状和存在的问题,提出了一些建设性的解决措施,对我国金融业的发展有一定的借鉴作用。

叶林良(2011)结合美国次贷危机,分析了金融衍生品在次贷危机中所起的作用,并分别以AIG危机、雷曼兄弟破产为案例,具体分析了金融衍生品的风险。结果表明,无节制的金融衍生品交易是AIG、雷曼兄弟事件的最直接原因。通过对美国次贷危机风险管理措施的总结,提出了有关金融衍生品风险管理的建议。

### (三)欧债危机与金融稳定

以美国次贷危机为导火索的国际金融危机所引发的全球经济衰退在2009年已经结束,但世界经济并未由此顺利实现稳定复苏和强劲增长,2010年初引爆并持续至今的欧元区债务危机,以及2011年中出现的美债危机,叠合形成了欧美债务危机并导致了世界经济新的不稳定。欧美债务危机的持续对全球经济格局产生了现实和潜在的重大影响,并带来国际经济格局的相应变化,这种变化在国际经济发展格局、全球经济治理格局、国际货币竞争格局以及世界经济平衡格局等方面均有所体现,其根本指向不仅确认了2007年金融危机以来国际经济格局已经显现的发达经济体相对衰落、新兴经济体地位相对上升的结构性变化,而且加速推进了这一进程。

谢世清(2011)提出近年来,我国地方政府投融资平台数目众多,地方政府债务迅速膨胀。通过比较分析欧洲主权债务与"中国式主权债务",发现尽管两者有诸多相似之处,但却存在本质上的区别。得出结论:虽然我国并不具备爆发"欧洲式主权债务危机"的相关条件,但仍存在爆发"中国式主权债务危机"的隐患。

唐双宁(2011)认为在欧债危机的背景下,中国应高度重视并妥善处理通胀问题,实施以总量、结构、质量为三条边的"三角形"货币政策,处理好体制内和体制外的融资结构关系。

漆鑫、庞业军(2011)从债务问题国家自身经济结构性因素与欧元区制度性因素等方面分析了欧债危机产生的根源,指出欧债危机可能会促使欧洲走向更为紧密的财政和政治联盟。针对欧债危机对我国经济的影响,我国应继续坚持经济结构调整政策,制定并积极实施金融业长期改革战略,不断提高金融服务于实体经济的能力。

张严柱、王天龙(2012)认为欧债危机出现了由希腊等"外围国家"向意大利、西班牙等"核心国家"蔓延,从公共部门向银行业蔓延,从西欧国家向中东欧地区蔓延的趋势,可能会给世界经济带来新的更大冲击。欧元区领导人亟待改变对欧债危机"重灾国"进行救助的危机应对思路,也应谨慎使用成员国"退出"和"债务重组"的做法。提出解决欧债危机的根本出路应该是加强欧元区的财政协调,克服欧元区制度缺陷,发行统一的欧元区债券(E - bonds)。另外提出繁荣稳定的欧洲不仅对世界经济发展有利,也对中国经济发展有利,故在欧元区发行 E - bonds 的条件下,中国应该积极支持欧元区度过危机,并吸取欧元区的教训。

皮守成、王永(2012)提出观点:我国外贸企业尚未完全从 2007 年的美国次贷危机的阴影里走出之际,2009 年的欧洲主权债务危机的爆发使得我国外贸企业的发展面临着巨大压力。认为在欧债危机持续蔓延和全球经济存在"二次探底"的背景下,我国外贸企业必须积极地采取一系列措施加以应对,加快产业升级和技术创新,从而摆脱欧债危机给企业带来的负面影响。

**(四)金融风险防范**

鉴于我国特殊的政治经济体制,我国经济腾飞始于 1978 年的十一届三中全会和 1992 年邓小平的南方谈话,自此我国的金融业才开始起步,而对金融风险防范的关注也是源于 1997 年的东南亚金融风暴,自此金融风险防范也成为学术界和业界关注的重点之一。而 2007 年的美国次贷危机及后续的欧债危机,再次为我们敲响了警钟,金融风险防范研究尚待深入。

1. 防范风险的重要性及建议

吴念鲁、郧会梅(2005)认为金融风险是指经济主体在金融活动中遭受损失的不确定性或可能性。在经济生活中,只要存在不确定性,风险就存在,因此金融风险是普遍的、随时的,从而对整个金融体系稳定造成威胁。金融稳定的威胁在很大程度上来自金融风险的积累,金融风险是造成金融不稳定的基本因素之一,金融风险的积累到一定程度就可能发生或产生金融危机。因此,防范和化解金融风险十分重要。

曾康霖(2008)在回顾了对金融风险、金融危机认识的两个时期,分析了当代金融领域的主要风险之后,提出防范金融风险是为了维护国家利益、企业利益和老百姓的利益。从金融的视角说,维护国家利益,主要是维护国家信用等级;维护企业利益,主要是维护它的市场份额;维护老百姓的利益,主要是维护他们的资产、货币不贬值。

美国次贷危机虽然未对中国经济产生过多的实际影响,但这次危机为我国金融业带来了诸多启示。程艳(2008)从房地产和我国金融风险防范两方面着手,阐述了从美国次贷危机中看到的经验与教训,并提出建议,以期让我国金融稳定健康地持续发展。

蓝庆新(2008)认为2007年美国爆发的次贷危机的诱因与我国金融业面临的问题相同:房价虚高,房地产泡沫不断膨大,利率不断调高,这些问题构成了金融业发展的潜在风险。严峻的形势要求我们必须正视美国次贷危机,从多方面加强防范,以促进我国银行业的和谐发展。具体措施包括:提高金融机构风险防范的意识,完善风险防范制度;不断优化金融机构信贷资产结构,分散风险;加强会计信息披露的管理工作;大力发展直接融资市场,构建多层次的金融市场体系;加强金融监管;掌握宏观调控政策的配合工作。

金融是现代经济的核心,防范金融风险,维护金融安全已成为经济安全与国家安全的重要标志。蒋家胜(2009)在文章中描述了江泽民同志认为防范和化解金融风险是建立社会主义市场经济体制的需要,是正确处理改革、发展、稳定的关键,事关国家兴衰、政权安危和人民利益。也描述了江泽民同志从哲学的高度分析了金融风险形成的原因,并从促进金融发展的角度提出了防范和化解金融风险的对策。

武魏巍(2010)提出次贷危机背景下我国进一步防范金融风险的着手点主要为以下三方面:强化风险管理部门的独立性;稳健推进金融创新;改革金融机构薪酬激励机制。

明洪盛(2010)通过对次贷危机和金融风险具体含义的解释,指出金融风险在现代经济社会中已成为影响最大的社会风险。分析了它对实体经济效率以及整个社会生活秩序的破坏作用,指出其引发金融危机,最终导致经济危机、政治危机和社会混乱的事实,并提出了具体的防范与化解措施。

当前金融处于国民经济运行的"神经中枢"的核心地位,这使得在金融全球化的今天,防范金融风险、确保金融安全成为世界各国金融工作的一项必须要做并且要做好的工作,然而大多数的管理者及研究人员在防范与化解金融风险的过程中往往忽略在金融风险防范过程中产生的新的风险。李丽娜、张海龙(2011)重点分析如何避免决策风险和模型风险。

2. 预警机制的建立

鉴于金融风险具有"自下而上"积累和引发的特点,构建区域银行体系风险预警系统具有时效性强的突出优点。仲彬、刘念、毕顺荣(2002)在借鉴和吸收国内外相关研究和实践的基础上,遵循"科学性""可操作性"和"广泛的适用性"的原则,从预警指标体系、统计模型的选择和系统用途的设定等方面对构建区域银行体系风险预警系统进行阐述。

张元萍、孙刚(2003)对金融危机爆发的原因进行了解释,然后借鉴国际上影响广泛的 STV 横截面回归模型和 KLR 信号分析法对我国发生金融危机的可能性进行了实证分析。

陈守东、杨莹、马辉(2006)通过因子分析法研究我国金融风险的来源,结论表明,导致金融风险的主要因素是宏观经济风险、金融市场风险和企业融资风险,并运用 Logit 模型分别建立宏观经济风险预警模型和金融市场风险预警模型(包括货币危机和国债危机预警模型),对 2006 年我国金融风险进行了预警,结果表明整体金融状况良好,宏观经济运行稳定、货币危机发生的可能性较小。

陈秋玲、薛玉春、肖璐(2009)在梳理金融风险预警相关研究成果的基础上,首先提出一套具有强警戒功能的金融风险评价指标体系,在各项指标预警界限基础上将金融风险预警分等定级,分别为Ⅰ级(安全)、Ⅱ级(基本安全)、Ⅲ级(警惕)、Ⅳ级(危险),然后建立基于 BP 人工神经网络模型的金融风险预警模型,并对 1993—2007 年我国金融风险情况在 MATLAB 软件中进行模型的训练、检验和预测,得出我国 2008 年预警结果:国家综合金融风险:Ⅳ级,危险状态;财政贸易风险:Ⅲ级,警惕状态,有风险;宏观经济风险:Ⅲ级,警惕状态,有风险;银行风险:Ⅳ级,危险状态;其他风险(主要指股市风险):Ⅲ级,警惕状态,有风险。因子分析结果表明:2008年股市的实际运行结果表明预测结果是可信的,预计2009年股市泡沫风险将与2008年持平。

宏观金融系统的安全运行关系到整个国家和社会的稳定,构建行之有效的风险预警系统可以对宏观金融风险的发生“防患于未然”。冯科(2010)从3方面建立完整的金融预警系统:通过国内外文献综述选择预警指标,利用主成分分析法和历史数据判断金融风险程度,以及应用BP神经网络设计金融风险预警机制,并对2010年的金融风险进行预测,预测的结果显示总体金融运行安全,但我国宏观经济子系统和外部金融子系统存在一定的不安全因素。

周中胜、罗正英(2010)认为金融稳定的评估与预警机制是金融稳定框架的重要组成部分,完整的金融稳定评估与预警系统应包括评估与预警的目标、评估与预警的指标以及评估与预警方法。金融稳定的评估与预警目标一般根据预警指标(包括单一指标或综合指标)偏离特定标准(包括均值或标准差)的程度来衡量和识别。关于金融稳定的评估与预警指标一般包括金融稳定的微观审慎指标和宏观审慎指标,微观审慎指标主要考察的是单个金融机构的风险以及在金融机构间的风险传递,宏观审慎指标除了考察金融机构的风险,还需关注金融市场的风险和实体经济对金融稳定的风险,并进行综合评价。

货币稳定的内涵、测度和中央银行维护货币稳定的工具都是明晰的,而金融稳定则面临着更为复杂的情况,这表现在金融稳定的概念很难界定,传统以银行为关注点的风险衡量方法不能提供明确的市场转折点的位置和时间,在经济金融全球化的背景下,国与国之间的风险外溢评估也极为困难。许传华、杨雪莱(2010)认为有效探讨各国中央银行在金融风险预警中所存在的问题,深入分析其未来的发展趋势,着力建构新的金融风险预警框架,不仅可以作为中央银行制定稳定政策的依据,也可以为中央银行在危机爆发前采取风险减缓措施赢得时间,为实现金融稳定目标提供控制工具。

张玉梅(2010)通过对传统的金融风险预警相关研究的分析,总结不足,从预警指标选择、预警研究方法、投资者心理、微观市场结构、政府干预、门限特征、金融衍生品定价等方面对后危机时代的金融风险预警进行了深入思考,探索更有效的预警方法。

林筱文、宋保庆(2011)在对国际主流金融风险预警KLR信号分析法指标体系进行修缮的基础上,采用熵值法对各指标进行客观赋权,对我国1995—2009年的金融风险情况进行实证分析。结果显示,未来2年我国金融风险将徘徊在黄色中警状态,金融风险情况依然严峻。

苏明政(2014)认为过高的投资比重、经济周期的波动、资产价格的频繁波动、过度的地方政府债务、影子银行体系的快速扩张、房地产泡沫的持续累积以及杠杆率的快速升高等因素引发了现阶段我国系统性金融风险的不断累积。在研究中引入或有权益法对我国金融部门整体风险水平进行测度,同时使用风险"分摊"的方法对上市银行类金融机构的系统重要性进行识别,得出我国应该构建并完善具有官方指导意义的反映系统性金融风险累积的前瞻性指标体系,通过引入先进的预测技术以提升我国系统性金融风险的预警水平。

## 三、区域金融稳定的研究综述

区域金融是指宏观金融体系在空间上的分布与运行,在外延上表现为具有不同形态、不同层次和金融活动相对集中的若干金融区域。黄桂良(2010)认为从已有文献看,西方对区域金融差异的研究主要集中在货币政策效应的区域差异、区域货币乘数差异、区域利率差异、区域金融资源配置差异、区域金融发展对区域经济增长影响差异等方面。国内对区域金融差异的研究最近几年兴起,现有研究成果主要集中在区域金融资源配置差异、区域金融差异度量、区域金融发展差异动态特征、区域金融差异形成原因、区域金融发展对区域经济增长影响差异、区域金融协调发展策略等领域。并提出建立较为科学、完整的理论框架,运用精确度更高的面板数据计量模型进行实证分析,应是今后区域金融差异研究努力的方向和核心问题。

### (一)区域金融稳定

#### 1. 国外已有研究

许多学者直接分析了货币政策效应区域差异的具体表现。Carlino & De Fina(1998)利用时间序列模型,基于美国1958年第1季度—1992年第4季度的数据,对货币政策效应的区域差异进行了实证分析,结果表明,美国各州之间所受货币政策的影响存在较大差异。George Georgopoulos(2001)研究了加拿大货币政策的区域效应差异,认为在紧缩货币政策条件下,制造业、建筑业、服务业占比重大的地区受到的冲击较大,而银行业、保险业集中度高的地区受到的冲击较小;与其他地区相比,萨斯喀彻温、安大略、纽芬兰和阿尔伯达4个地区的出口对GDP贡献较大,其受货币政策影响的程度也较大。

Luigi Guiso, Paola Sapienza & Luigi Zingales(2002)将住户从当地信贷市场获得资金的概率作为衡量区域金融的发展水平,并在此基础上研究了区域金融发展差异对区域经济运行的影响。结果显示,区域金融发展差异对个人创办企业的概率有重要影响,金融发展水平较高的区域,金融对这一区域的经济发展具有明显的促进作用;反之,区域金融发展水平低的地区,金融对经济的促进作用不明显。Carlin & Mayer(2003)对27个OECD国家1970—1995年的数据进行实证研究发现,在收入水平较高、金融市场较发达的国家,那些更依赖间接融资的产业发展比较缓慢;相反,那些收入水平相对较低的国家,依赖银行获取资金的产业通常会随着银行的发展而得到更快的发展。

2. 国内已有研究

宋艳伟、李恒炜(2007)运用协整、格兰杰因果检验和向量自回归模型对我国各地区金融发展和经济增长之间的关系进行层次递进的分析。研究表明:我国区域经济增长差异可以从区域金融发展差异的角度做出解释,较快的经济增长是与较快的金融发展相联系的,东部地区的经济增长在一定程度上是由金融发展带动起来的,西部地区的金融发展只是被动地适应经济增长。因此作为"西部大开发"的配套措施,应加大对西部地区金融发展扶持政策的力度,从而缩小地区经济差距,实现地区经济的均衡发展。

齐梅英、刘彬(2010)在吸纳前人已有研究的基础上,选用两种方法对中国1978—2008年这31年的数据进行研究,得到结论:我国区域金融发展趋势呈现U形趋势,且总差异主要来自于三大地区间的差异,但进入21世纪后三大区域间差异有所上升。

吴拥政(2010)针对地级市区的金融发展与经济增长的关系,利用中国中部6省共82个样本地级市区2000—2006年的数据,基于分位数回归的统计分析结果表明,在被解释变量经济增长指标的不同分位数处解释变量金融发展和控制变量对经济增长影响的差异和波动是统计显著的。与经典的条件均值回归相比,条件分位数回归实证分析能够揭示数据生成过程中的更加丰富的信息,为对区域金融发展与经济增长关系进行时空特征整合的统计建模提供了有力支持。

谭中明(2010)构建了由外部影响因素和内部影响因素2个分系统、8个子模块组成的区域金融风险预警系统,运用科学方法遴选出一套有效的预警指标体系,确定了相应的临界值和风险监测预警区间,采用主客观综合赋权方法确定了各指标的组合权重,构造了区域金融风险预警指标体系的综合度量模型,并对2007年江苏区域金融风险状况进行实证检验和分析。

杜家廷(2010)利用空间统计的Moran指数和空间面板数据模型,对中国28个省域的金融发展差异进行计量分析。结果发现:1992—2008年,中国金融发展在省域间存在较强的空间溢出效应,从区域内部来看,在同一时期,中国东部和中部的金融发展在区域内部亦存在较强的空间溢出效应,而西部内部省域间却存在显著的空间依赖效应。

### (二)区域金融稳定评价体系

易传和、褚彩云(2004)围绕区域金融稳定评价指标体系的必要性展开研究,提出了建设区域金融稳定评价指标体系的基本原则,并设计出了一套比较完整的指标,旨在维护区域金融的稳定,促进区域经济的持续协调发展。

殷兴山、孙景德、徐洪水(2005)率先根据综合性、系统性、可操作性、可比性以及定性定量研究相结合的评价指标建立原则,建立了区域金融稳定评价指标体系,并确定了各指标的权重,之后运用计量的方法对N市1980—2003年区域金融稳定状况进行了实证分析,最后根据构建的金融稳定态势图和区域金融稳定态势聚类图,分析得出N市金融业总体上处于稳定状态。

易传和、安庆卫(2005)认为建立一个科学适用的区域金融稳定评价指标体系是预防和化解区域风险的关键。从我国的实际情况出发,创建区域金融稳定评价指标体系,应遵循全面性、准确性、科学性、互补性和显著性等原则,其基本架构应由核心指标和相关指标两个部分组成,同时还需要优化区域金融运行环境,建立高效的评价指标信息系统,强化区域性金融监管。

欧阳禹、申焕章、黎和贵(2005)从研究区域金融风险的初始原因入手,分析了金融稳定的构成要素,构建了区域金融风险评价指标体系与预警模型。

车克君(2011)认为保持金融稳定是一个非常现实的问题,金融危机的爆发,使全球经济出现了衰退,也对如何建立地方金融稳定协调机制提出了新的要求,建立地方金融稳定协调机制成为必要,也具有可行性和可操作性。

## 四、理论评述与发展方向

### (一)理论评述

鉴于时间和我国对这些方面的研究现状,本篇综述侧重于2005年之后出版的文献。一方面因为之前的研究侧重于引进国外研究成果;另一方面自此之后我国的研究开始理论总结和联系实际,这样更利于为今后研究提供参考。

目前文献中关于次贷危机与金融稳定方面的研究,大多集中于从危机中总结经验教训:从制度、监管、积极“走出去”、加强国际合作、完善我国金融体系等方面加强自身建设;关于金融稳定的已有研究,学者们从不同角度进行总结归纳,让我们对金融稳定的基本特征、整体框架以及相关因素有了相对全面的认识;关于金融风险防范的已有研究,不仅让我们意识到金融风险防范的重要性及基本防范措施的着手点,也让我们对于从不同角度和方法进行数量化的风险预警机制有了基本了解。

但仍然存在着以下问题:

(1)金融稳定的基础性理论是较为薄弱的研究领域,目前尚缺乏对金融稳定深入分析的理论框架和范式,导致学者们对金融稳定的定义、内涵及其制度演进等问题存在不同的看法,影响了在其基础上的理论框架的构建和政策的制定,难以发展出监测、评估金融体系稳定状况、处置金融系统性危机及检验相关政策的有效分析框架。

(2)金融稳定的数量分析和模型的设计运用较少,诸如货币政策和金融稳定关系的不易模型化等,难以得出较为精确的结论,同时,现有金融系统相关性基础数据的缺乏也阻碍了理论进一步的深入研究。

(3)制度性因素对金融稳定的影响尚需进一步的研究。虽然已有学者在这方面进行了一些初步的分析,但对于经济转轨和发展中国家的金融稳定和制度之间复杂关系的分析还不够深入。

### (二)发展方向

对金融稳定的定义和内涵需要从整体、系统性的高度予以分析和概括已成为学者们研究的共同特征之一,在此基础上的政策性内涵分析及其作用于金融体系和实体经济的效应,便成为制定金融稳定政策的重要因素。

从今后的理论发展方向看，我们认为，首先需要增强对金融稳定基础性理论的分析、挖掘和提炼，进一步廓清相关概念、分析框架的基本认识，切实提高对金融稳定进行数量分析的水平和精确度，建立更好地衡量金融系统脆弱性的模型，可将违约行为作为该模型的基本要素考虑在内。其次，重视财政政策和金融危机管理之间的密切联系，从而进一步增强对金融稳定政策框架和有效性的理解。最后，增加对制度及制度变迁与金融稳定关系的研究，尤其是对于处在转轨经济过程中的中国来说，这无疑有助于提高对国内金融改革和发展相关重要问题的解释力，并且具有广阔的理论发展前景。

# 02 第二章 金融稳定的理论基础

## 第一节　金融稳定

### 一、金融稳定概述

#### (一)金融稳定的含义

金融稳定包括金融机构和金融市场的稳定。金融机构的稳定不仅是指金融机构在发挥其功能,如在满足货币供求均衡、资金借贷均衡、金融市场稳定、汇率稳定等方面应该保持的稳定性,还包括关键金融机构在维持金融体系的稳定、金融体系内部不同系统之间结构协调的稳定性。金融市场的稳定是指金融体系在金融市场中能有效发挥其关键功能,促进宏观经济健康运行,为货币和财政政策稳健有效运行营造良好的金融生态环境。总的来说,金融稳定性是指无论是金融机构还是金融市场都能促使金融基础设施在资源配置、风险管理、支付结算等方面发挥关键的功能,而且在受到内外部因素冲击时,金融体系整体上仍能平稳运行。

由于金融稳定性没有一个统一的定义,国际上也没有规范的标准和尺度来衡量它,监管的需要就激励了实务界对评估金融稳定性的标准和监测金融稳定性指标的研究。2003 年 IMF 公布的金融稳健指标编制指南以及 2005 年的中国金融稳定报告,制定了金融稳定评价指标,评价了中国金融稳定形势和存在的主要问题。它们指出 6 组金融机构稳健状况的指标:资本充足率、资产质量、管理者水平、盈利能力、流动性以及对市场风险的敏感性,这些指标可用来确定、定性评估或量化评估金融稳定性。

### (二)金融脆弱性与金融稳定性

1. 金融脆弱性的定义

与金融稳定性一样,金融脆弱性包括金融机构脆弱性和金融市场脆弱性。金融机构的脆弱性是指由于高负债经营的特点,金融机构存在资产负债双方期限上不匹配、资金供需双方信息上不对称,再加上委托—代理问题内在的不稳定而导致的周期性不稳定,也就是周期脆弱性。金融市场的脆弱性是指金融市场上包括金融机构的一切风险的积聚和积累。

2. 金融脆弱性和金融稳定性的关系

首先,金融脆弱性和金融稳定性都是金融系统内在的、固有的性质,它们不是包含或相对的关系。脆弱的金融系统也可以划分为稳定的和不稳定的两类。如果一个脆弱的金融系统处于安全边界以内,它的风险可以转移、控制、化解、分散甚至能够得到损失补偿,则称它是稳定的;如果一个脆弱的金融系统处于安全边界以外,风险不能被有效地转移、控制和分散,风险不断积聚,越来越多,则这样的金融系统是不稳定的。

其次,金融脆弱性中金融稳定性和不稳定性是可以转化的。一个脆弱的金融系统中的不稳定性因素通过科学管理得到有效控制,达到或具备金融稳定性的几个指标,就转变为稳定的金融系统;同样,该系统中即使具备稳定性因素,也可能由于处于恶劣的金融生态环境,或者自身经营不善,不能及时化解、控制风险,就有可能变成不稳定的金融系统。

### (三)金融稳定性与金融不稳定性

1. 金融不稳定性的含义

金融稳定性的对立面不是金融脆弱性,而是金融不稳定性。脆弱的金融系统如果不能发挥关键功能,由于主观原因(不良资产多、管理者水平低、盈利能力差)导致风险积聚;或由于客观原因面临恶劣的金融生态环境(经济运行不良,市场逆向选择、道德风险、"羊群行为"等)的巨大压力导致风险增大。这时金融系统就会失稳,从稳定状态变成不稳定状态。

2. 金融稳定性和金融不稳定性的关系

金融稳定和不稳定的界限:对于确定性问题界限是明确的,对于模糊性问题边界是不分明的,对于随机性问题界限是一个区间(或非空点集)。金融稳定与不稳定、金融危机的界限应该属于模糊性的或者随机性的,但我们可以将其化简为确定性问题来处理。

假设金融机构的功能可以量化,取值大表示功能强,取值小表示功能弱。自变量可以是某个指标(如价格),于是可在数轴上划分出危机区间、不稳定区间、脆弱区间、稳定区间和稳健区间,如图 2.1.1 所示。

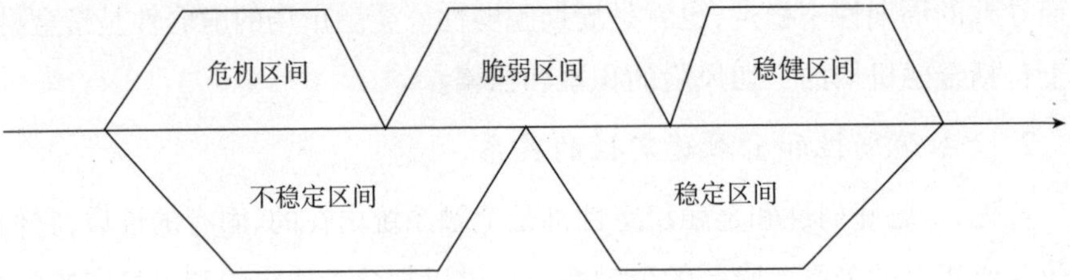


**图 2.1.1　金融稳定性和金融不稳定性的区间**

## 二、金融稳定的特征

### (一)金融稳定具有整体性

经过几百年的发展,金融系统从单一的商业银行信贷业务发展到银行业、证券业、保险业以及其他非银行类金融市场和业务并存的复杂巨系统,所涉及的业务从国内扩展到全球市场,从实体经济交易支付手段到纯粹的虚拟经济交易行为。在金融创新背景下金融系统内部以及金融与实体经济之间的关联更加紧密,也使金融稳定的理论内涵发生了变化,从最初的以维持银行机构稳定为核心,扩展到实现整个金融系统与实体经济协调发展。金融创新背景下的金融稳定并不要求金融系统各构成要素全部处于稳定状态,而是更强调各部分以及它们与实体经济发展之间的均衡匹配和协调发展,即金融创新背景下的金融稳定具有整体性的特征。它不仅涵盖了所有微观金融主体、金融市场、金融基础设施以及相关的金融监管框架,还包括对金融稳定产生重要影响的国内外宏观经济金融运行情况等。当然,强调金融稳定的整体性,并不意味着完全忽略各微观金融要素的稳定,虽然金融机构、金融工具和金融市场等微观金融要素的稳定性并不直接构成金融整体稳定性,但金融创新背景下各微观金融主体之间钩稽关系的复杂性以及金融全球化的发展会加大金融风险的跨机构、跨市场、跨国境传递，尤其当那些“大而不倒”的金融机构出现金融风险时更是如此。因此考察金融稳定不仅要考察金融整体性的稳定，还需要考察金融要素对金融稳定的作用机制。

### （二）金融稳定具有反馈性

金融创新背景下的金融稳定更加复杂，任何一个要素的变化在对其他要素产生影响的同时，也会受到其他要素的反作用，因此，金融创新背景下的金融稳定具有了反馈性的特征。以电子货币为例，其创造者的动机是如何在市场全球化的大背景下，有效降低信息成本和交易费用，新技术革命和网络经济发展为其提供了技术上的可能，电子货币正是基于金融创新主体对这些市场需求和科技推动信息的反馈而做出的研发行为。在电子货币的研发、采纳和推广过程中，这种创新行为的正反馈效应会随着创新主体与外界不断的信息、能量交换而出现成倍增长。但与此同时，随着环境激励或压力的增强，电子货币的广泛使用会对货币政策的有效性造成冲击，甚至产生金融动荡。为了使金融重新回到稳定状态，相关金融监管部门必须及时推动金融监管手段的改革与创新。因此，金融创新背景下的金融稳定并非源于各组成部分自身的稳定，而是产生于它们的相互作用（反馈），即金融系统就是一个镶嵌在内外部环境中的开放系统，金融稳定就是通过无数个反馈环在各个金融要素之间，以及金融要素与外部环境之间进行信息、能量以及物质转换，并实现动态平衡的一个过程。

### （三）金融稳定具有介稳性

传统的理论认为金融是稳定的，只有当它受到了某种外部冲击，并且冲击造成金融系统无法正常运转时，金融才会发生不稳定。然而，随着金融创新的发展，金融虚拟化和动态化的特征越来越明显，整个金融系统及其外部环境都是在不断地动态发展、相互适应、相互协调。相对于稳定是常态的传统理论而言，金融创新背景下的金融稳定更呈现出一种介稳状态。它的稳定性极易被外界的微小扰动破坏，系统长期在稳定与不稳定之间交替游动，或者说金融稳定性具有相对性。一方面是货币的虚拟化，自从货币与黄金脱钩，转化为信用货币，信用货币再由最开始的纸币形态发展到银行账户、信用卡以及现在的电子货币形态，货币就脱离了其价值实体和价值载体，而逐步转化成为一种纯粹的价值符号，这时，货币的价值就只能用相对购买力来衡量。而在金融经济全球化、一体化的背景下,货币购买力不仅会受到货币发行量、利率、汇率以及人们消费行为等因素的影响,也会受到来自于国际市场和其他国家经济发展的冲击。因此,可以说货币的虚拟化加大了金融的不确定性。另一方面金融工具、金融市场进一步虚拟化,许多金融市场如资本市场、金融衍生工具市场并不是实体交易市场,仅仅建立在虚拟的网络联系中。而在市场上进行交易的金融工具也并不具有真实的价值,许多金融工具如股票、债券,特别是层出不穷的金融衍生工具,它们的价格仅仅代表获得收入的权利,或者说是由心理支撑的价值工具。这些金融工具的价格除了受市场供求的影响,更主要的还受投资者对未来收益的主观预测的影响,因此,投资者心理因素在资产价格运行过程中起着至关重要的作用。此外,投资者行为具有明显的内生波动性特征,受投资者认识的局限性及信息不对称的影响,他们非常敏感,在做决策时极容易受到外部因素的影响,一旦市场发生变化,投资者情绪就会随之改变,并产生"羊群效应"。再加上由于各个国家或地区金融发展的程度不同,信息流、资金流和技术等方面都存在差异,往往使得在某一特定时期金融创新成果的诞生总是以某一类型为主,很难在产品、市场、组织或是制度上取得均衡发展,这将导致金融创新结构的非均衡性。以资本市场为例,自 20 世纪 90 年代开始,金融衍生工具的创新层出不穷,而资本市场及有关制度却始终滞后于金融工具创新,且这种不均衡的现象在整个金融系统中是普遍存在的,即在金融创新背景下,金融不稳定成为一种常态。

### (四)金融稳定具有复杂的非线性

传统的金融稳定理论将金融市场发生异常波动的原因归咎于外部随机扰动因素的冲击,忽略了金融作为复杂系统的非线性,以及由此产生的金融不稳定。事实上,随着金融创新的发展,特别是在金融全球化、经济一体化的背景下,金融稳定的非线性特征更加明显。一方面,不断扩大和发展的金融市场在为普通投资者提供了更多选择空间的同时也加剧了金融系统的复杂性,投资者在面对金融市场及外部环境不可抵抗的复杂性、时间压力和自身有限的认知能力时,只能被迫求助于习惯、经验法则或是简单的模型。尽管投资者有时也希望尽自己所能做出最好的选择,但"有限理性"常常意味着因系统上的不足,限制了投资者从经验中学习的能力,进而可能出现反应过度或反应不足的非理性反应。金融市场价格在短期内发生巨幅波动,呈现出跳跃性、非连续性等特点。

另一方面，在金融系统内部非线性机制的作用下，金融风险可能在短期内呈现几何级数放大。即使系统内仅有少数几个金融机构出现了风险，也可能会因为其在系统中的重要地位而产生“蝴蝶效应”，威胁到整个金融系统、一国的宏观经济甚至是全球经济金融的稳定。由美国次贷危机引发的全球性金融危机就是一个很好的范例。因此，当我们在考察一国金融的稳定性时，不能简单地将各个金融市场或微观金融主体的稳定性进行叠加，而需要从整体上把握和协调好各个金融市场、微观金融主体之间的实施力度、时机和节奏，如果仅仅关注金融系统内部因素，或仅仅使用线性回归模型是无法有效地实施对重大金融风险的预警与评估的。

### （五）金融稳定具有效率性

如前所述，全方位、多层次的金融创新已经成为一种常态，它不仅推动着金融结构演进和金融深化的进程，也成为一国经济发展的支柱和保障，因此，金融创新背景下的金融稳定必须是有效率的。金融稳定并不意味着社会福利的损失，而是建立在各金融要素能充分发挥资源配置效率，抵御和化解外部冲击，增进社会福利基础上的动态稳定，是运用各种金融工具实现储蓄向投资转化，促进企业高速增长，实现产业结构优化的过程，即金融稳定的效率性要求我们从历史观、发展观的视角去动态地看待金融整体的运行状态，既要保持金融整体的稳定性，也要确保金融效率的实现。根据上述对金融创新背景下金融稳定内涵的再界定和分析，我们可以得出一些基本的判断：第一，金融稳定具有较低的可预见性，需要确立清晰的分析框架。评估一国的金融稳定状况，不仅要综合考虑外部冲击和金融系统自身风险对金融稳定性的影响及传导机制，还要充分考虑在金融创新背景下，金融创新如何作用于金融稳定以及如何通过改变外部宏观经济金融环境和金融要素来间接影响金融稳定。第二，价格稳定是金融稳定的直接表现，价格大幅度波动将直接影响市场主体的投资信心和预期。在缺乏有效的价格稳定机制的经济环境中，市场的不确定性会加大市场主体的非理性行为，加大了储蓄向投资转换的运行成本，金融脆弱性增强。第三，金融风险是引发金融不稳定的最直接因素，但其本身并不是构成金融不稳定的根本原因，如果金融系统具有较高的监管效率，能够对风险实施有效管理、转移和处置，有效规避金融风险的扩散或传导，也不会构成金融失衡。因此，提高整体风险监管效率，促进金融创新与金融监管协调发展是实现金融稳定的一项重要工作。

# 第二节 金融风险管理理论

## 一、金融风险概述

2008年,美国次贷危机迅速波及全球金融市场,导致全球金融市场剧烈震荡,主要股市大幅下挫,恐慌心理和信心危机笼罩整个市场。金融风险再度引起极大关注,充分认识目前我们所面临的金融风险,并采取措施积极应对,成为当今全球经济发展的重要课题。

### (一)金融风险的含义及相关概念

1. 风险

风险客观地存在于现实生活中的各个方面,对于时刻面对诸多不确定性的金融行业,风险更是无处不在。关于风险,有许多不同的定义,众多学者对其所下的定义也不统一。最早提出经济学上风险概念的是美国经济学家海恩斯(Haynes,J.),1895年他在*Risk at an Economic Factor*一书中提出"风险……,它意味着损害的可能性"。美国著名经济学家富兰克·H.奈特(Knight,1921)所著的《风险、不确定性与利润》一书最早进行了有关风险与不确定性关系的研究,他认为,不确定性是经济行为人面临的直接或者间接影响经济活动的无法充分准确加以分析的各种因素,风险则是由于不确定性因素而造成损失的可能性。

2. 金融风险

将风险的概念以及不确定性的概念应用于金融领域,正像人们对风险的定义一样,对金融风险的定义,理论界和实务界也一直没有一个确切的定义。有人认为,金融风险就是人们在金融活动中所发生的损失或损失事件;也有人认为,金融风险就是发生在金融领域的风险;还有的人认为,金融风险是一种经济损失的不确定性等。我们认为,最后一种观点似乎更符合风险的范畴,即金融风险是一种可能性,更靠近金融风险的本质。

金融风险就是指在金融活动中由于不确定性的存在造成的金融参与者的损失,这里的不确定性一般被认为与经济行为人面临的直接或间接影响经济活动的无法充分准确地加以分析、预见的各种因素有关。

根据金融参与者的不同范围，金融风险又有狭义和广义之分。狭义的金融风险仅指银行、信托投资公司、证券公司、保险公司等金融机构在其经营活动中所遭受的损失不确定性，所涉及的主体范围比较小。而从广义来看，金融风险涉及的范围非常大，指个人、企业、金融机构以及政府等所有参与金融活动的交易主体遭受损失的可能性，其本质是指金融资产损失和盈利的不确定性。

金融风险的来源广泛，如利率、汇率、资产价格及信用状况等的变动，且这些变动一般是不可预测的，正是由于这些金融风险很多来自于金融变量，因此金融风险是客观存在的。并且这些不确定性所导致的风险所引起的损失往往是巨大的，会给投资者或一个地区甚至一个国家带来灾难性的结果。

(1)金融风险是一种客观存在

不管人们是否意识到，金融风险都是客观存在的。例如，2008 年美国次贷危机在爆发危机之前，人们没有意识到风险的存在，但并不意味着没有风险。

(2)金融风险不等于经济损失

金融风险并不一定等于经济损失，一项投资活动，可能会给投资者带来收益，也可能带来损失。所谓"高风险，高回报；低风险，低回报"就是这个道理。

(3)金融风险产生的必要条件是经济活动的不确定性

在与损失相关的客观状态中，如果人们能够准确地预测到损失将会发生以及损失会达到的程度，人们就可以采取准确无误的方法来应对，这就不存在什么金融风险，因为结果是确定的；如果肯定不会发生，也不存在金融风险，因为其结果也是确定的；只有当损失无法预料的时候，或者说，在损失具有不确定性的时候，才有金融风险的存在。

### (二)金融风险的特征

金融风险不同于普通风险，除具备一般风险的客观性、可控性、可避免性之外，它还具备自己的独特之处。

1. 可控性

金融风险是客观存在的，从根本上说，这种不确定性是无法消除的，因而风险总会存在，但可以想方设法去认识它、了解它，从而对其加以预测和控制，将其降低到人们可承受的范围内。随着金融理论的发展、金融市场的规范以及新金融工具的不断出现,一方面,金融机构通过各种手段来增强抵御风险的能力,另一方面,政府也通过加强外部监管与行业自律,逐步规范金融风险管理体系。

2. 扩散性

金融行业与其他行业关系密切,在国民经济中扮演着重要的角色,金融风险不仅关乎金融机构的生存和发展,更关乎国民经济的健康发展,一旦金融行业的风险集中爆发,不仅会造成金融行业内部的连锁反应,也会造成其他行业的派生反应,影响整个经济。此外,金融行业不仅向社会提供信用服务,而且还在为社会创造信用,通过贷款创造派生存款,因此,我们认为金融风险具有成倍扩散的效应。另外,当今社会的金融行业已经不仅仅停留在吸收存款和发放贷款,现代社会的飞速发展和各种金融工具的推广,赋予了金融更为广泛的内容,各种金融衍生工作如雨后春笋般不断涌现,随之而来的是更高的金融杠杆效应以及更大的风险暴露,其扩散性不言而喻,已经发生的几次金融危机已经很好地验证了这一点。

3. 周期性

金融机构都是在一定的货币政策指导下运行的,而货币政策有其周期规律性,即宽松期和紧缩期。在政策宽松期,放款和投资等环节的矛盾相对而言会比较缓和,这个时候影响金融业务安全性的因素逐渐减弱,金融风险相对较少;而在政策紧缩期,金融业之间以及金融与经济之间的矛盾加剧,影响金融业务安全性的因素逐渐增强,金融风险就比较大。此外,金融风险的周期性还体现为其与经济的周期性密切相关。

## (三)金融风险的分类

依据不同的划分标准,金融风险可以被划分为不同的类型,不同类型的金融风险有着不同的特征,从不同角度对金融风险进行分类,可以使我们对金融风险有更深刻、更全面的理解和认识。

1. 根据风险能否分散

可将金融风险划分为系统风险和非系统风险。

系统风险又称市场风险,也称不可分散风险,描述投资的总风险中不能用投资组合的方法分散掉的部分。系统风险之所以不可规避,是因为它来源于经济中影响众多投资收益的因素。例如,许多投资的未来收益都依赖于国民经济的状况、中央政府的财政政策、利率水平、经济中广泛使用的商品价格等因素。

非系统风险，又称可分散风险，是指由个别因素所引起的资产组合收益率的变动性，它与经济、政治和其他影响所有证券的系统因素无关。通过分散投资，非系统风险可以被降低，如果分散是充分有效的，则这种风险还可以被消除。

2. 按照风险的来源

可将金融风险划分为市场风险、信用风险、操作风险、流动性风险等。

市场风险是指由于市场的变化给金融机构的资产或金融交易商的交易带来的风险，市场风险主要包括利率风险、汇率风险和投资风险等。利率风险是指由于市场上利率变动导致当事人受到损失的可能性。汇率风险又称外汇风险，是指由于汇率的变动使得某一经济活动的主体受到损失的可能性。

信用风险是指由于交易对方（债务人）信用状况和履约能力的变化导致债权人的资产价值遭受损失的风险，信用风险是最普遍、最基本的金融风险形式。例如，当一家公司的信用等级下降时，其发行的公司债券的市场价格也会下降，债券投资人就会遭受损失。

流动性风险是指经济实体由于资产流动性的不确定变化所造成损失的可能性。保持良好的流动性是金融机构经营管理的一项基本准则，但是由于流动性与盈利性之间往往存在矛盾，即流动性越高，盈利性越低，故金融机构需要在流动性与盈利性之间寻找一个合理的平衡点。

操作风险包含的内容很多，包括由于金融机构的业务经办人员和管理人员有意或无意的操作失误造成的损失，由于信息系统、报告系统、内部风险监控系统失灵而导致的风险均属于操作风险。政策风险是指各种金融业务由于国家有关部门出台的法律、法规、行业政策而引起的经营不稳定，从而导致的风险。

3. 按照金融风险产生的原因

可以分为自然风险、经营风险和社会风险。

自然风险就是指由于自然因素引起的金融业遭受损失的不确定性的风险，如地震、雪灾、火灾等自然灾害造成金融企业的经济损失，虽然这些自然灾害引起的损失对企业或者对整个金融业来说不一定很严重，但是这些损失往往是突然出现的，具有明显的不可预测性。

经营风险主要是指作为微观的经济主体，各个金融机构在货币经营和信用活动中，由于自身的经营策略、经营方法、具体操作行为的选择而引起的风险，这种风险可能会为企业带来可观的利润,也有可能使企业遭受巨大的损失,因此为各个金融企业所关注。

社会风险主要是指社会体制变革、社会动乱、社会资金的供求关系、国家法律法规的实施、宏观经济政策的出台、商业犯罪行为等因素所带来的风险。

4. 根据金融风险产生的形态

可以将风险划分为有形风险和无形风险。

金融有形风险就是指看得见的、可以预测、能够计量的风险。如金融企业在经营过程中可能发生的逾期贷款、呆账贷款、应收利息,一些固定资产的折旧等都属于有形风险。金融无形风险则是指看不见、无法预测、难以计量的风险。

## 二、金融风险管理

### (一)金融风险管理的概念

风险管理的意识由来已久,风险管理研究始于20世纪20年代的美国、德国等西方发达国家,起源于对于企业风险的研究,探讨风险费用的处理以及风险发生后如何迅速恢复企业财务的稳定、企业的活力和对资源的有效利用。从20世纪中期开始,风险管理的概念开始广为传播。最初的风险管理仅指危害性风险的管理,自20世纪90年代之后,风险管理才逐渐发展为包括了危害性风险管理和金融风险管理的整合性风险管理。

风险管理是一种全面的管理职能,用以对某一组织所面临的风险进行评价和处理。而具体到金融领域,金融风险管理是指各类经济主体在筹集和经营资金的过程中,通过对各种金融风险的认识、衡量和分析,以最低成本即以最经济合理的方法来实现最大安全保障、获得最大收益的一种金融管理方法。

1. 金融风险管理的目标

前面已经介绍过,金融风险就是指在金融活动中由于不确定性的存在造成的金融参与者的损失。而金融风险管理的目标无非就是通过处置和控制风险,达到最大限度地防止和降低金融风险所造成损失的可能性,确保筹资活动和经营活动正常进行。具体而言,金融风险管理的目标有以下几方面:

(1)确保资金安全性

实现资金安全性是金融风险管理的基本目标,尤其是对以负债经营为主的金融机构而言，只有保证安全性，才能够在资金安全的条件下，通过经营、运作，实现企业的生存和发展。

(2)实现利润最大化

与任何普通企业一样，金融机构的经营目标也是实现利润最大化，这是金融机构实施风险管理的最终目标。资金安全性这个基本目标是为这个最终目标服务的，没有安全性，那么利润就无从谈起；反过来，利润最大化又是资金安全的归宿，无法实现利润，那么资金安全也就失去了意义。

2. 金融风险管理的一般步骤

金融风险管理的一般步骤是金融风险管理的程序，是风险管理的中心内容，具体包括以下步骤：

(1)金融风险识别

人们在想方设法对付金融风险之前，首先必须意识到它的存在并对之有清醒的认识。金融风险识别是金融机构和风险管理人员对所面临的以及潜在的金融风险加以判断、归类整理并对风险的性质进行鉴定的过程，它是金融风险管理的第一步，也是非常关键的一步，它要解决的问题是：哪些风险应予以考虑，金融风险的类别、产生原因、可能引发的后果。对金融风险的识别还要通过一些系统化的、科学的方法，如风险清单分析、财务报表分析等。

(2)金融风险衡量

金融风险衡量是指在风险识别的基础上，通过对所收集的大量的详细损失资料加以分析，运用概率论和数理统计，估计和预测金融风险发生的概率和损失程度。金融风险衡量的内容主要包括损失频率和损失程度两个方面，在对它们进行充分分析后，选择有效的工具来处理风险，实现用最小的费用支出获得最佳风险管理效果的目的。

(3)金融风险管理对策的选择

金融风险管理对策，即风险管理方法的选择是指在金融风险分析和金融风险衡量的基础上，根据金融风险管理的目标和宗旨，选择金融风险管理方法的某一种或者方法组合，以便有效地处理各种风险。金融风险管理对策主要分为两大类：金融风险控制法和金融风险财务处理法。金融风险控制法主要是指避免、消除风险或减少金融风险发生频率及控制风险损失扩大的一种风险管理方法；金融风险财务处理法主要是将风险自留，通过提留风险准备金事先做好吸纳金融风险成本的财务安排来降低金融风险成本的一种风险管理方法。

(4)金融风险管理效果评价

金融风险管理效果评价是风险管理的最后一步,也是非常重要的一步。它主要是分析、比较已经选择并实施的金融风险管理方法的效果与预期目标的契合程度,在此基础上对金融风险管理方法进行调整和修正,以保证风险管理方法适应新的变化。

### (二)金融风险管理的一般方法

1. 趋势分析法

趋势分析是金融分析中经常使用的一种分析方法,根据惯性定律,当长期平衡的状态突然向某一方向发生变化时,就有一个变化的过程,应该顺势操作,即所谓顺势而为。当趋势在一个方向进行了一段过程后,看是否矫枉过正或趋势减缓。如果矫枉过正,物极必反、否极泰来,这时必须逆势操作。其操作过程为:先利用有关数据、图表和曲线等资料将某种汇率、利率、期货或股票指数等未来状态进行描述,用来研究引起有关风险的关键因素及其后果影响程度,然后再研究某些因素发生变化时,又将产生怎样的风险,会造成什么损失。可见,这种方法主要在于考察风险范围及其事态的发展趋势。

2. 环境分析法

环境分析法主要指从国内外政治经济环境考虑产生金融风险的有关因素,如果一个国家社会稳定,经济稳步增长,通货膨胀率、失业率、外债总额占国民生产总值的比重和短期外债占外债总额的比重等指标控制在一定范围内,那么宏观环境上带来的金融风险就很小。否则,应该密切注意在宏观环境上带来的金融风险。

3. 财务分析法

财务分析法是指按照公司的资产负债表、现金流量表和损益平衡表等财务资料,对公司的负债情况、生产经营情况和管理情况进行认真的分析研究、发现并找出潜在的风险,这些潜在的风险是由直接风险和间接风险构成的。前者是指资产本身可能遭到的风险损失,后者是指因遭受风险所引起的生产中断和资金的经营借贷活动中断而带来的损失。

4. 分解分析法

分解分析法是指将一个复杂的因素分解为多个比较简单因素的一种分析方法,这些因素一般是有着比较复杂的关系,从这些复杂的因素关系中,分析可能存在的风险及潜在的风险威胁。具体过程是:先将风险分解为系统风险和非系统风险,然后再将系统风险分解为市场风险、利率风险、汇率风险、通胀风险和政治风险,这些风险影响证券市场的整体运动趋势,不能通过投资分散组合加以消除。将非系统风险分解为财务风险、经营风险、流通风险、违约风险和事件风险,这些风险可能通过投资分散组合加以削弱。最后,对每一种风险再进一步分析。

5. 数量分析法

数量分析法是指利用历史的和近期的有关数据对金融资产的风险和收益进行定量分析,以达到规避风险增加收益的目的。数量分析的方法主要有:回归分析法、线性规划方法、随机控制方法、VAR 方法、CAPM 方法和 APT 方法等。例如,在我国的上海证券交易所,各种股票价格的变动就受上海证券交易所综合指数的影响。证券的市场风险可由 CAPM 模型描述:

$$E(r_i)-r_f=\frac{E(r_M)-r_f}{\sigma_M^2}\sigma_{iM} \tag{1}$$

$$或\ E(r_i)=r_f+[E(r_M)-r_f]\beta_i \tag{2}$$

其中,$r_f$ 表示无风险利率,$E(r_M)$ 和 $\sigma_M^2$ 分别表示证券市场所有证券的平均预期收益及其方差,$E(r_i)$ 和 $\sigma_{iM}$ 分别表示证券 $i$ 的预期收益及其与 $r_M$ 之间的协方差,$\beta_i=\sigma_{iM}/\sigma_M^2$。式(1)的经济意义是,每种证券的风险收益均与它们的市场风险大小成正比,其比例系数 $[E(r_M)-r_f]/\sigma_M^2$ 表示单位市场风险所带来的收益,称为风险升水;式(2)的经济意义是,证券 $i$ 的预期收益对市场平均预期收益的敏感程度,当市场综合指数变动一个单位时,证券 $i$ 的收益将变动 $\beta_i=\sigma_{iM}/\sigma_M^2$ 个单位。据证券收益的这一 $\beta$ 系数理论,任何证券市场的价格又可表示为如下模型:

$$r_i=\alpha_i+\beta_i r_M+\varepsilon_i$$

其中,$\varepsilon_i$ 表示拟合误差。一般假定 $E(\varepsilon_i)=0$, $cov(\varepsilon_i, r_M)=0$。描述证券 $i$ 风险大小的方差 $\sigma_i^2$ 满足 $\sigma_i^2=\beta_i^2\sigma_M^2+\sigma_w^2$。其中 $\sigma_w^2$ 是 $\varepsilon_i$ 的方差。

6. 全面风险管理(ERM)

最近美国提出了全面风险管理ERM(enterprise - wide risk management),基本思想是对整个机构内各个层次的业务单位,各个种类的风险的通盘管理。全面风险管理指建立和实施整个企业范围的风险管理系统,要求成功的整合分析。

企业全面风险管理是一个涉及多个学科、涵盖方方面面的系统工程,由此构建的ERM框架应该是一个多维的、立体的、连续的管理方案和过程。要构建这样一个管理框架,必须要遵循以下原则:

(1)多维度目标评价体系原则

ERM是以增加股东价值为导向的,而股东价值的多维性决定了ERM必然是一个多目标决策活动,因此要有全面的目标评价体系,以满足具体情况下不同层次、不同价值取向的需要。要实现多目标的风险管理,需要对企业的目标进行完整的表述,形成全面的目标评价体系,并且使用适当的综合目标分析方法来帮助制定决策。

(2)多种管理机制配套原则

ERM要求有一个综合的独立于其他业务部门之外的风险管理机构,这个机构负责制定针对公司所有风险活动的方针政策,并直接向CEO报告;ERM还要求有一个综合的风险转移策略,该策略在公司整体范围内整合所有类型风险,在充分考虑了各种风险的"天然对冲效应"后,将管理层认为无用的剩余风险通过衍生品或保险转移出去;ERM是管理的攻击性武器,它需要把风险管理整合到公司的业务流程中,通过支持和影响定价、资源配置以及其他业务决策来优化企业绩效。因此,ERM是一个涉及公司治理、内部控制、部门管理、组合管理、权益方管理以及数据和技术资源管理在内的综合框架,其中任何一方面的失误都会影响到整个ERM的效率,某些关键失误甚至会导致整个ERM系统失效。

(3)经验借鉴和因地制宜相结合

ERM框架构建的目的是为了更准确地反映企业的风险暴露情况,更高效地管理公司的风险敞口,保证公司的稳健经营和价值增长。要实现这个目标,一方面在框架主体上要充分吸收和借鉴国外ERM框架的成功经验,这些经验从较高视角诠释ERM框架主体结构适用于不同国家不同行业的现代企业;另一方面,在涉及具体风险评估和制度配套上还要立足于中国的实际情况,充分考虑国内消费者独有的文化、习惯、消费心理特征,充分考虑行业和企业的风险管理现状以及所面临的独特经济、金融和监管环境,立足于中国实际和发展趋势设计出来的 ERM 框架,才更具有现实意义。

ERM 代表了国际先进银行风险管理的最佳实践,符合《巴塞尔新资本协议》和各国监管机构的监管要求,已经成为现代商业银行谋求发展和保持竞争优势的重要基石。

## 第三节　金融危机理论

### 一、金融危机理论的含义及相关概念

在经济全球化和金融自由化的趋势下,全球金融行业得到高速发展,在整个经济体系中的影响力越来越大。然而,随着金融业的高速发展,国际范围内的金融危机也频繁爆发。深入研究危机背后的产生原因、危机类型,对现代金融稳定有重要意义。

进入 20 世纪 90 年代,金融危机频频爆发,欧洲货币危机、墨西哥金融危机、东南亚金融危机此起彼伏。当人们对亚洲金融危机的记忆渐渐抹去时,美国一场突如其来的次贷危机又席卷了全球。

#### (一)金融危机的定义

1. 金融危机的概念

“金融危机”一词在 1998 年的亚洲金融危机之后,深入中国各界,也是从那时开始,金融危机成了国内研究者的热门研究课题。

《新帕尔格雷夫经济学大辞典》对金融危机的定义为:全部或大部分金融指标——短期利率、资产价格、商业破产数和金融机构倒闭数——急剧、短暂和超周期的恶化。它表现为一国货币短期内大幅度贬值,该国金融市场上价格的猛烈波动,大批的银行经营困难乃至破产,整个金融体系急剧动荡。克罗凯特的解释为,金融危机是指金融体系出现严重困难,绝大部分金融指标急剧恶化,各类金融资产价格暴跌,金融机构大量破产。另一位货币主义经济学家米切尔·鲍度则是以预期的改变担心金融机构丧失偿债能力,企图将真实资产或非

流动性资产转换成货币等十项关键要素来定义金融危机的。

Mishkin(1992)给出了金融危机的定义:金融危机是指金融市场发生混乱,逆向选择和道德危害问题变得更糟,金融市场在此时已经不能有效地将资金配置给最有生产力的投资机会,因此,金融危机驱使经济从高产量、金融市场运行良好的平衡中转变到产量急剧下降的危机中。

2. 经济危机与金融危机的区别

(1)经济危机是指一国经济出现严重的停滞和衰退的表现。一般表现为,生产领域中企业存货积压,大批企业因为缺乏流动资金而倒闭,消费者购买力急剧下滑,物价下跌,商品流通速度缓慢,工人失业,金融领域中的消费环节通货奇缺,股票、债券、房地产等价格暴跌,银行等金融机构纷纷倒闭,债务链条无法运转,国际资本大量出逃。但是,与几十年前相比较,现在人们更多地讲金融危机而不是经济危机。

(2)金融危机不等于经济危机,有时候金融危机的发生并不会引发经济衰退。二者有着很大的区别:首先,它们产生的原因不同。经济危机产生的原因主要是社会生产关系与生产力矛盾激化的表现,社会生产能力的扩张大大超过了有效的需求,使各种商品的价格远远背离其价值;金融危机产生的原因则要复杂得多,实体经济的发展可以导致金融危机,虚拟金融的过度繁荣也可以导致金融危机,这比经济危机产生原因更复杂、更多样化。其次,经济危机多呈现有规律的周期性,金融危机则不然,它没有明显的周期性。

(3)经济危机和金融危机之间存在着千丝万缕的联系,经济危机的发生都会引起金融领域或大或小的震动,金融危机的爆发是经济问题发展到一定程度的产物,它伴随着经济危机一起发生,反过来也加速和加深经济的衰退。没有经济危机的征兆时,金融危机也可能随时爆发,并且对经济造成极为严重的破坏。

## (二)金融危机的特点

1. 金融危机的突然性

马克思在研究19世纪发生的货币信用危机时曾明确指出:“因此,正好在崩溃的前夕,营业总是安然无恙……在崩溃一下子到来之前,营业总是非常稳定,特别兴旺”。各国近年来金融危机的爆发,往往是迅雷不及掩耳,各国几乎来不及采取相应的措施。20 世纪 90 年代,亚洲经济持续高速增长被称为世界奇迹,国内生产总值大幅增长,人民生活水平迅速提高,摆脱贫困的人数在世界各地是相当突出的。正当人们探求亚洲经济模式创造的经济增长奇迹时,却爆发了亚洲金融危机。1997 年 7 月 2 日,泰国政府和金融当局宣布放弃长达 13 年之久的泰铢与美元挂钩的汇率制,实行浮动汇率制,当时,泰铢对美元的汇率便下跌 18%,而且此泰铢汇价一泻千里,于 7 月 24 日下跌到 1 美元兑换 32.63 泰铢,意味着 22 天内泰铢贬值了 25%,9 月初再下跌到 1 美元兑换 39 泰铢。

2. 金融危机的传递性

在国际一体化的现代,各国经济之间的联系更加紧密,现代科技的发展也使金融危机传递具有更快、更大的冲击力,金融危机像排炮一样,从一个国家传递到另一个国家。1996 年开始,阿尔巴尼亚"金字塔投资计划"破产,1997 年初,这个计划的部分投资公司老板携款外逃,或干脆宣布破产,1996 年 11 月阿成立最早的一家投资公司宣布暂停支付存款者的本息,1997 年 1 月 5 日,公司宣布破产,其影响迅速蔓延到全国。

### (三)金融危机的分类

根据国际学术界的主流观点,金融危机按表现形式分为不同类型,主要类型有货币危机、银行危机、外国债务危机和系统性(综合性)危机等。

1. 货币危机

货币危机产生于特殊的历史背景下。20 世纪中叶,布雷顿森林体系建立,世界主要发达国家纷纷放弃了金本位制度,实行与美元双挂钩的汇率制度。但是 20 世纪 70 年代发生的美元危机使该体系瓦解,由此进入了一个外汇市场动荡的时代,货币危机也就开始成为金融危机的主要表现形式。

根据理论界主流的观点,货币危机描述的是一国货币大幅贬值的状况。所谓货币危机就是指由于投机冲击,导致一国汇率贬值,或者迫使该国政府为保护其货币而抛出大量外汇储备或者大幅度提高国内利率水平。安辉(2003)指出货币对外价值危机,也就是政府承诺的本币汇率在市场压力下难以维持的状况。

货币危机可以看作是广义的金融危机的表现形式之一,也可以看作是与狭义的金融危机并列的一个概念。从表现形式来看,货币危机通常表现为固定汇率制度的崩溃或被迫调整、国际储备的急剧减少,以及本币利率的大幅上升。从字面上看,货币危机侧重于描述金融危机在货币流通、货币购买力和汇价等方面的表现。金融危机则具有更广阔的含义,它不仅包括了货币危机的全部内容,而且更多地强调了诸如金融信用关系和金融资产市场等方面出现了问题。从一定程度上讲,货币危机可以称作是金融危机的一种表现形式。从传统的货币信用危机概念到金融危机概念的过渡期间,似乎人们普遍的接受了货币危机的概念。从某种角度来看,货币危机与金融危机似乎并没有很大的区别。

货币危机产生过程如下:国际收支均衡被破坏时,就会以汇率的不正常波动显现出来,就可能出现支付危机和资金外逃,从而引发金融危机。通常货币危机都发生于实行某种形式的固定汇率制国家。在固定汇率制度下,汇率不能自由调整,一国货币汇率同其本来的价值产生严重的背离,这是货币危机发生的根本因素。反映为本币汇率高估,本币贬值预期就进一步加剧,由此引发投机攻击加大市场上本币的抛压,其结果是外汇市场上本币大幅度贬值,该国金融当局为捍卫本币币值而动用大量国际储备干预市场或大幅度提高国内利率,使一国的货币流通领域出现严重混乱,甚至使原有的汇率制度趋于崩溃,因此称之为货币危机。

2. 银行危机

商业银行在一国金融体系中起着非常重要的作用,维系着信用关系的稳定。当资金借贷均衡破坏到一定程度时,市场上信用链条就会断裂,银行金融机构就会陷入困境,面临被挤兑危机。

银行业危机的过程和原因是市场上资金借贷失衡导致金融机构不良资产增多和流动性风险加大。产生银行业危机也可能是因为受到外债危机和证券市场危机等事件的影响,企业的融资和偿债能力由于外部债务负担加重而下降,引起银行体系的呆账激增,抵御风险能力下降。证券市场和房地产市场发生危机后,可以通过充当贷款抵押品的价格暴跌以及投资者无力偿还贷款而引发银行业危机。这些因素的共同特点是银行业作为资金的提供方由于资金使用方投资的资产价格产生严重的泡沫,泡沫破裂后殃及了商业银行,产生了危机。

3. 外国债务危机

当今世界发展中国家所占比重远远大于发达国家,一部分发展中国家只能依靠发达国家的技术、资本和市场来发展本国经济。外资所占本国市场的比重越来越大，一旦投资国或债券国发生重大经济、金融事件，对于发展中国家经济体系就会有很大影响。

债务危机是指无力偿还外债而引发的危机。危机发生伴随着资金外逃，国际借贷条件就会恶化。出现汇率贬值的现象时，当过度借入外债时，尤其是短期外债，会导致偿债期限过于集中和自身经济结构失调造成对外支付手段枯竭。债务本身并不会引发金融危机的发生，只不过是金融危机发生后进一步加剧危机发生国金融体系危机的一个因素，由于本国金融资产泡沫化严重，再加上为了维持资金链的完整，借入了大量外债，一旦泡沫破裂、外资出逃、本币贬值，外债的负担瞬间变成了极大负担。所以债务危机的爆发，源于资金借贷和国际收支的失衡，过度地利用外资，导致支付能力的不足和国际收支的严重失衡。过度利用外资也可能是国际收支失衡——长期贸易逆差、货币供应失衡——通货膨胀和资本市场失衡造成。支付能力不足削弱了投资者的信心，造成资金外逃，从而引发了债务危机。从这一点也可以看出，债务危机也是金融危机的一种表现和导火索。

## 二、金融危机理论及其发展

### （一）早期金融危机理论

1. 债务—通货紧缩理论

Fisher(1933)发展了由Veblen(1904)、Hawtrey(1926)等提出的债务—通货紧缩理论。他认为金融危机是周期性的，或造成过度负债的状态，从而引发通货紧缩。之后，Minsky、Kingdleberger、Wolfson等针对不断变化的经济金融环境，对Fisher的理论进行了补充、修正。

Fisher认为，债务和货币单位购买力这两方面的混乱是造成整个金融环境恶化的主要因素。当经济高涨时，经济的繁荣会导致价格及利率的上升，鼓励更多的投资并引发对资本收益的投机。由于整个经济以债务融资为主，频繁的借贷活动会增加存款和货币供应量，价格水平上升，对经济乐观的预期导致了整个经济膨胀，物价水平的上升并没有提高未清偿债务的实际价值，继续借贷直到达到“过度负债”状态。随后债务人为清偿债务不得不廉价销售，债务的清偿使存款减少,廉价销售使货币流通速度降低,导致物价下降,企业成本加大,利润下滑甚至破产,使失业增多,经济增长停滞,通货紧缩形成。这一持续过程造成名义利率下降,真实利率上升,直到广泛的破产消除了过度负债,或者采用扩张的货币政策使经济复苏。

Minsky 是在凯恩斯的理论框架下,引入了 Fisher 的债务—通货紧缩理论,建立了自己的金融不稳定假说。他认为经济会在繁荣时,由一种稳定的融资状态转向另一种不稳定的融资状态,这是由于随着预期的持续向好,套期保值的融资中会滋生投资性融资和庞氏(Ponzi)融资者,货币当局执行紧缩性政策时会导致资产净值流失,价格体系迅速崩溃。Wolfson(1996)继续论证了资产价格急剧下降在债务—通货紧缩过程中起了重要作用。过度负债状态下银行不愿提供贷款或减少贷款,会造成资产价格急剧下降,资产价格急剧下降,最终引起需求、产出和就业水平下降。

2. 货币主义金融危机理论

货币主义的代表 Friedman、Schwartz(1963),Cagan(1965)认为,金融危机就是产生或加剧货币紧缩效应的银行恐慌。弗里德曼和施瓦茨在他们合著的《美国货币史 1867—1960》中,认为银行业恐慌的破坏性主要是通过货币供给影响经济活动的。他们指出,如果没有货币的过度供给,金融危机不太可能发生,导致金融危机的根本原因是货币政策的失误。

Brunner、Meltzer(1972)对弗里德曼的思想做了进一步的阐述,提出货币存量增速会导致银行业危机的理论。他们认为,货币存量增速对金融危机的爆发有巨大影响,一旦中央银行对货币供给控制不当而导致货币过分紧缩,即使在经济运行平稳的时候,也会发生金融危机,因为突发性大幅度紧缩导致银行流动性不足,存款人信心备受打击,危机就会蔓延。

3. 两种理论的区别

首先,从金融危机产生的原因和形式上来看,债务—通货紧缩理论认为,经济扩张是非金融部门债务量过度扩张,金融体系变得非常脆弱。大型非金融公司的破产引起整个银行业的恐慌,中央银行应该把非金融公司的债务量作为监控目标。而货币主义理论认为,金融危机是突发事件引起的银行业恐慌,并没有严格、可循的周期性和规律性。

其次,从影响经济的途径上来看,债务—通货紧缩理论认为,金融危机是通过银行体系资产减少从而引起通货紧缩等一系列环节经济活动。货币主义认为金融危机是通过银行负债—货币量的减少而影响经济。

最后,从金融危机对经济的影响上来看,债务—通货紧缩理论认为,金融危机是周期性的,因此是无法避免的,中央银行在危机爆发时应该发挥最后贷款人的角色,缓解通缩过程。而货币理论认为如果中央银行发挥最后贷款人的职责及建立存款保险制度后,真正的金融危机就不会发生。

### (二)金融危机理论的发展

对于金融危机理论的研究,早在1929—1933年大危机之后就开始了,发展到现在已经形成了三代金融危机理论。

1. 第一代危机理论

第一代国际金融危机模型是在20世纪70—80年代拉美债务危机的背景下产生的,又称"典型危机模型"。Krugman(1979)提出国际收支危机模型,后来由Flood、Garber(1984)加以修正、完善,形成货币危机模型,称为第一代金融危机模型。该金融危机模型认为,货币危机的发生是由于政府宏观经济管理政策失当导致实际经济基础恶化,投机者根据实际经济基础的变化情况,在预计到现行的固定汇率体系难以维持的情况下,对其货币体系发起攻击,从而引起固定汇率体制的解体。克鲁格曼在模型中认为,货币危机根源是由于国内经济政策与固定汇率制的矛盾,表现为国内扩张性经济政策与试图维持固定汇率的目标之间根本的不妥协。该模型强调实际经济情况的变化决定了货币危机的发生,而且危机的发生是可以预见的。

该模型对货币危机的分析有以下特点:①认为货币危机的发生是由政府宏观政策与固定汇率的维持之间不一致引起的。将国际收支问题看作货币供求的自动调整过程,国内信贷扩张是导致储备流失的最重要原因,因此是政府扩张性政策将经济推向货币危机之中。②强调投机攻击导致的储备下降至最低限度是货币危机发生的一般过程。在这一过程中,央行基本处于被动的地位,预期只是使货币危机发生时间提前,储备存量是决定平价放弃与否的中心变量。③紧缩性财政货币政策是防止货币危机发生的关键。由于货币危机发生原因在于经济基础,投机性攻击只是外在条件,因此诸如从国外借款、限制资本流动等措施只能暂时性稳定汇率,若没有基本经济政策的调整,固定汇率制度最终仍将崩溃。

2. 第二代危机理论

第一代危机无法对1992年汇率体制的危机和1994—1995年墨西哥债务危机进行合理有效的解释,因为危机爆发前,英国、意大利这些被迫退出欧洲货币体系的国家经济基本面并没有出现显著的变化,并且一些国家在放弃固定汇率时,外汇储备仍然足以支持一段时间的汇市调控,所以货币危机在基本实际经济状况健康的情况下也能发生。基于对这一现象的认识,Obstfeld等人(1994,1996)提出了第二代货币危机模型。

与强调经济基本面因素的第一代国际收支危机模型不同,第二代金融危机模型特别强调预期在货币危机中所起的作用。与不同的预期相对应,经济中存在不同的均衡结果,即使政府并没有执行与固定汇率制度相抵触的扩张性财政、货币政策,一种本来可以延续下去的固定汇率制度也可能因为大家都预期它崩溃而崩溃。也就是说货币危机具有自我实现的性质。

该模型对危机分析的特点是:①危机发生的根源不在于经济基础,而在于市场投机者的贬值预期。这一预期通过名义利率机制发挥作用,最终迫使政府放弃平价,使这一预期得以实现。②危机的发生机制是一种恶性循环:政府通过提高利率方法来维持平价的努力会增加政府采用固定汇率制的成本,这又会加强市场的贬值预期,促使利率进一步上升。在信息不对称的条件下,市场对政府放弃平价的成本只能推测出大概区间,在此区间内不断进行投机攻击。若在政府捍卫平价期间有足以改变投机者预期的好消息来临,货币危机将会停止,否则政府将被迫进行贬值。从此意义上讲,货币危机的发生是政府与投机者之间的动态博弈过程。③危机发生的隐含条件是宏观经济中多重均衡的存在。这种均衡的多重性体现在既有一种好的均衡,即贬值预期为零,汇率稳定;也存在另外一种均衡,即贬值预期达到一定程度时,政府不断提高利率以维护平价直到最终放弃。后一种均衡就是货币危机。④防范货币危机发生的主要政策措施是提高政府政策的可信性,也即提高政府退出固定汇率制的成本。

Obstfeld(1996)认为,一国维持固定汇率制度既有收益也有成本。收益表现在固定汇率制有助于降低通货膨胀、有利于国际贸易和融资,以及有利于国家信誉和国际合作;成本表现在维持固定汇率制会丧失货币政策的独立性和自主性,不利于实现既定的国内其他经济目标。政府并不总是坚持固定汇率制度，而是会根据维持固定汇率制度的成本与收益相机抉择。当政府发现维持固定汇率的成本大于收益时，会放弃固定汇率制度。

除 Obsfeld 模型以外，还有著名的 DD 银行挤兑模型。该模型的基本思想认为，作为一种金融中介机构，银行的基本功能是将不具流动性的资产转化为流动性的资产，但正是这种功能本身使得银行容易遭受挤兑。在商业银行经营活动中，银行的短借长贷现象比较普遍。正常情况下，客户提款是通过头寸资金来弥补的，但是，在非正常情况下，部分客户的提款可能会引致全体客户的提款，从而发生挤兑现象。这种情况之所以会出现，是因为信息成本的存在使投资者无法拥有完全的信息，他们只能在有限信息的基础上采取行动。这样，他们的决策往往要以对别人行为的预期为基础，同时，他们自身的行为又会对其他投资者的决策产生影响。因此，尽管一家银行经营状况良好，但只要投资者对该行产生了一致的不利预期，那么该行有可能因挤兑带来的流动性风险而发生银行危机。

与第一代模型相比，第二代模型与其有许多不同之处。在第一代模型中，政府和私人部门的行为都是线性的，前者表现为一个固定速度增长的信贷政策，后者则表现为一个固定的货币需求函数。第二代模型的一个特性就是引入了政府或私人行为的非线性，具体而言就是研究了政府政策对私人行为变化的反应，或政府在汇率政策和其他政策目标之间进行权衡时所发生的情况。另外，第二代货币危机理论所得出的危机根源与第一代模型不同。它认为危机的根源是市场预期和固定汇率制度，而不是政策和经济状况，维持固定汇率制度是不可行的。正是投资者不时地攻击固定汇率对政府产生了一种巨大压力，使得许多并不一定发生的货币危机变为现实。

### 3. 第三代危机理论

1997 年发生了亚洲金融危机，由于危机发生国在危机爆发前既没有第一代模型强调的扩张性财政货币政策，也没有第二代模型关注的失业或政府债务问题，因此对第一代、第二代货币危机模型提出了挑战。与此同时，Krugman 等经济学家也产生不赞同第二代金融危机模型的观点，认为政府免费提供的风险可能是一些国家，特别是亚洲国家发生金融危机的原因，第三代危机模型就此产生。

第三代金融危机理论还没有统一的研究范式，理论还不是很完善，但从强调的中心来看,大致可以将其概括为道德风险危机理论、银行挤兑模型、企业净值和多重均衡模型,其中具有代表性的是银行挤兑模型和道德风险模型。

道德风险模型认为,在金融中介具有免费保险且又监管不严的情况下,金融中介机构具有很强的扩张货币而很少考虑投资项目的贷款风险。在国内机构无法从国际资本市场融资的情况下,国内投资需求过度只会造成国内利率的上升,而不至于引发过度投资。但如果资本项目开放,国内的金融中介机构可以在世界金融市场上自由融资,那么政府保险引发的道德风险可能导致资金的过度投资。

Corsetti(1998)等也认为,道德风险是亚洲金融危机发生国家出现过度投资、对外过度借款和大量经常项目赤字的原因。只要能从将来的政府拯救行动中得到弥补,外国投资者就会向国内因过度投资造成的资金缺口提供资金,因此,在道德风险引发的金融危机中,危机发生前不一定要存在着高额的财政赤字。国外贷款人拒绝为其国内机构债务提供资金的可能性就会迫使政府介入,为其国内部门的未尝外债提供担保,由此可能使政府不得不求助于铸币收益,预期的通货膨胀就可能引发危机。

银行挤兑模型的主要观点是:银行挤兑是理性的,而且是自促成的。由于银行经营的特点是“借短贷长”,所以存在流动性错配,在经济成长时期,这样的问题可以通过流动性管理来解决。然而,当很多存款人从银行提款时,银行为了应付存款人的提款要求,被迫将其贷款的项目中途停止,而这是银行所获得的利息收入不足以偿还所有人的存款利息和本金,从而导致先提款的存款人损失较小,而后提款的存款人损失较大。这样,如果某种原因使存款人相信其他存款人会提前提取存款,那么每一个存款人的理性选择就是立即去银行提款,这就是挤兑,结果是银行倒闭,所有存款人也遭受损失,这是一个恶性循环。因此,银行挤兑是理性的,并且具有自促成性质。如果所有人都不提取存款,那么所有存款者的福利都将增加,然而,每个存款人都有提前取款的激励,而同时会损害其他存款者的利益。因此,当所有存款者选择逃离时,银行挤兑和金融危机就会爆发。这就是说金融危机是内生于银行体制的。

企业净值和多重均衡模型是由克鲁格曼改进提出的,他将伯南克和吉特勒等人对企业净值与企业融资能力关系的研究应用到开放经济环境中。此模型假定外国债权人自愿提供一定比例贷款,这样的比例是高于企业净值的,但是由于外资流入数量会影响到本国的实际汇率，从而影响到企业外币负债的本币价值，所以企业的净值又取决于外资的流入量，这就导致多重均衡。当外国债权人预期本国企业有较高净值时，资本流入，本币升值，本国企业的外币负债价值下降，外国债权人的预期得到证实，因此构成了一个理性预期均衡；当外国债权人预期本国企业净值较低时，资本流入减少，本币贬值，本国企业的外币债务加重，外国债权人的预期同样得到证实，这也构成了一个理性预期均衡。

因此，他认为类似于亚洲金融危机的关键在于企业，由于销售疲软，利息升高和本币贬值，企业的资产负债表现出财务困难，这也限制了企业的投资行为。但这并不是银行本身的问题，即使银行重组，对金融状况恶化的公司来说也没有太大作用，开放经济条件下，一个谨慎的银行体系并不能减少受自我加强式金融崩溃风险的威胁。克鲁格曼的理论预示了一种更为艰难的政策选择，在危机袭来时，政府选择贬值会使企业因国内经济萧条而破产。这种情况下可以考虑实行暂时的资本管制，以此切断利率和汇率之间的联系。

4. 第四代危机理论

由克鲁格曼近期提出的第四代危机模型，由于资产价格在其中起到至关重要的作用，所以可以将它看作一个更一般的金融危机模型。这一模型的重要之处在于它指出：对国内资产价格的信心效应（而过去所强调的是汇率和转移性问题）就可以导致由自我实现的悲观主义引发的投资崩溃和金融危机。例如，如果投资者预期价格将下降，对国内资产价格失去信心，则投资人数将下降，造成资产价格的实际下降，使投资者没有足够的抵押品借到启动资金，进而导致投资下降，而投资下降则使资产价格和信心进一步下降，最终造成经济的全面衰退。

相比于前三代金融危机模型，第四代模型显得不够成熟，但总的来看，金融危机理论从产生到现在已经取得了非常丰富的理论成果。总结几代危机理论的发展历程，我们不难发现：现实经济中每出现一次和以往不同的金融危机，金融危机理论就会向前迈进一步，但这都是一种事后的结果，无论是 1992 年欧洲货币危机，还是 1997 年亚洲金融危机，包括 2007 年美国次贷危机，每个模型都只能在金融危机发生后对其做出解释，但是却无法对危机的产生进行预测。无论是从银行体系、货币汇率体系，还是经济基本情况着手分析，对于金融危机的解释都只是部分成立。金融危机产生与传导在不停地发展，同样金融危机理论也在不断地发展,成熟的金融危机理论还得依靠全球经济学家们的进一步努力。

### (三)金融危机传导机制

金融危机传导机制是金融危机理论的重要内容,它既是金融危机形成原因和冲击结果的连接环节,也是早期预警体系和救助政策的理论基础,更是金融危机得以蔓延的关键所在。

1. 金融危机传导的界定

20世纪90年代,随着各国之间经济依存度的提高,货币危机逐渐表现出在各国之间蔓延的特点,即金融危机具有"传染性"。在对金融危机传导文献进行梳理的过程中,我们发现金融危机传导往往特指金融危机在国家间的传导,即金融危机通过某种机制或渠道传播到危机发生国之外的其他国家或地区。而且,一些学者将与基础变量有关的金融危机传导和与基础变量无关的金融危机传导相区分,将前者称之为传导(Bordo,1998)、"溢出效应"(Masson,1999)、依赖(Forbes、Rigobon,2002)或者基于基础变量的传染(Kaminsky、Reinhart,2000),而将后者称之为"纯传染"。此外,一些学者,如Summers(2000),将导致多个国家同时爆发危机的"共同冲击"或者"季风效应"纳入金融危机传导的范畴,而另一些学者,例如,Moser(2003),则将"共同冲击"或者"季风效应"排除在金融危机传导的范畴之外。

Pericoli、Sbracia(2003)对金融危机传导特别是国际传导的含义进行了比较详细地梳理,其中定义1和定义2侧重于整体的金融危机传导,定义3和定义4侧重于与基础变量无关的"纯传染"。

定义1:金融危机传导是指一个国家发生危机导致另一个国家发生危机的可能性增加。该定义通常与货币危机的实证研究相联系,认为虽然货币危机通常会涉及很多国家,但是一些国家发生了贬值,而另一些国家却避免了贬值,如果危机导致另一些国家发生了货币贬值,那么传导就发生了。

定义2:金融危机传导是指危机发生国的波动性溢出到其他国家的金融市场。该定义出于对危机时期金融市场资产价格波动性上升的观察,将金融危机定义为波动性的上升,而将金融危机传导定义为以波动性为代表的不确定性在国际金融市场的传播。

定义 3:金融危机传导是指危机在一个市场或者一组市场发生时市场之间价格和数量同步变动的显著增加。该定义将市场之间“正常的同步运动”和“超常的同步运动”相区分,强调数量维度的变化,认为当市场之间产生“超常的同步运动”时,金融危机传导特别是“纯传染”就发生了。

定义 4:一国发生危机导致市场之间的结构发生变化,从而导致危机传导渠道发生变化,即称之为传导或者称之为“变动性蔓延”(Shift - contagion)。与定义 3 类似,该定义同样强调“纯传染”发生的条件,如果危机发生导致传导机制在某方面变化,那么“纯传染”就发生了。

在上述分析的基础上,罗春婵(2010)对金融危机传导的含义进行了归纳。她认为金融危机传导是指金融危机爆发对本国和其他国家的金融体系(包括金融机构和金融市场以及市场参与主体)和实体经济产生影响的过程以及危机导致的经济金融之间互相作用的过程。

2. 金融危机传导效应

在现代开放经济环境下,投机冲击的强度和频率都大大超过了封闭经济中的情况,一国发生的冲击或者危机会迅速传递到另一国,导致更大的经济波动和影响,并进一步扩散传染到世界其他国家和地区。这种危机的“发生—传染—再传染”机制在事实上造成了开放经济下货币危机的自我复制和升级。下面介绍几种主要的金融危机传导效应。

(1)贸易溢出效应

贸易溢出是指一国因国际性冲击等因素造成的金融危机影响到另一个与其贸易密切国家的经济基础,从而导致另一个国家也发生金融危机的可能。贸易溢出主要是通过价格效应和收入效应来实现的,即金融危机国造成的货币贬值一方面提高了相对于贸易伙伴国的出口价格竞争力,另一方面通过影响国内经济减少了向其贸易伙伴国的进口。贸易溢出的价格效应和收入效应不仅体现在有直接双边贸易关系的国家之间,而且体现于同在第三方市场上有价格竞争和收入反应的国家之间,因此,根据危机传导国和被传导国之间的关系,贸易溢出效应又可分为直接双边贸易溢出和间接多边贸易溢出。直接双边贸易主要是因为金融危机发生国货币贬值,通过总需求、价格竞争力、物价水平、政策目标冲突等因素传导至另外一国;间接多边贸易是指一国发生金融危机导致的本币贬值降低了与其竞争于同一市场的另一个国家的出口产品竞争力,导致另一个国家的货币可能遭受投机性冲击的压力增大。

在历次金融危机中,贸易溢出效应也是比较明显的。以亚洲金融危机为例,1990—1996 年东亚区域内的出口占总出口额的比重由 31.7% 上升到 41%,区域内的直接贸易联系增强了,因此,贸易溢出也增强了;但是东亚国家(地区)的双边贸易联系并不显著,而其与美、日的贸易联系却都表现出较高的密切程度。亚洲“四小龙”之间和东盟四国之间具有较多的比较优势,它们在第三国市场上销售的产品往往具有一定的替代性,如电子元器件、机械零件和配套设备等,这反映了东亚各国(地区)内部在产业结构方面相互依赖与相互竞争并存的特点。鉴于许多东亚国家的产品结构相似,出口市场一样,一些文献指出,竞争性贬值是东亚危机扩散的重要渠道,即间接贸易溢出较明显。

2007 年,美国次贷危机所引发的全球金融危机同样也存在着贸易溢出效应,对于美国这个世界上最大的经济体,其贸易溢出效应和金融溢出效应现在也无法估计,但是从现在的研究成果来看,这两种效应肯定对这次金融危机的传导起到很大的作用。通过 IMF 的研究表明,美国进口需求的减少是贸易溢出效应的根源所在。按照购买力平价汇率计算,美国经济体约占全球 GDP 的 1/5,平均每年进口的商品额也占到国际商品贸易的 1/5,其中西半球区域与美国的贸易份额增长较为明显,与新兴市场国家的贸易额也呈现出大幅上升趋势,按照出口份额占 GDP 的百分比来看,对美国的出口份额总体上在不断增加,除邻国区域之外,对美国贸易出口通常大于欧盟和日本。这样的贸易关联使美国次贷危机爆发后,通过贸易溢出将危机传导下去。

(2)金融溢出效应

金融溢出是指由于金融市场自身特征及市场主体行为所导致的危机通过金融关联向其他国家的传导,其传导途径主要为资本市场和货币市场等金融渠道。从促使金融溢出效应的主体来看,主要是投资者和共同贷款人,具体来说,如果两国资产运动具有高度的相关性,则金融危机会通过跨市场的套期保值迅速地传染。投资者在某个市场受到冲击时,会重新调整他们的证券组合,从而把冲击传播到其他市场。另外,当某国发生金融危机后,共同贷款人往往会大幅收缩在与此国经济结构相似的其他国的贷款,拒绝展期或延长任何已到期贷款,并撤回高风险项目的资金,导致这些国家同时发生银行危机和货币危机。

从传导国与被传导国之间的关系来看,金融溢出也有直接金融投资型和间接金融投资型两种情形。前者指发生危机的国家导致与其有直接金融投资联系的另一个国家遭受投机冲击,后者指两国并无直接金融投资联系,但均与第三国有联系,一国发生金融危机会引起第三国同时从这两个国家撤资,从而导致另一个本与危机国无直接金融投资关系的国家遭受投机冲击。

当今时代是经济发展全球化、自由化的时代,资本流动成为世界经济中最活跃的力量,已经远远超越了商品流动,尤其是规模巨大的国际短期资本对各国政府的宏观经济政策的有效性和各类经济主体的微观决策均产生了重要影响,其巨大的冲击波使各国政府难以驾驭。

东南亚金融体系的日益开放,使其在金融方面的合作和彼此的相互影响加深,在危机爆发时,表现出明显的金融溢出效应。Baig & Goldfajn(1997)对亚洲金融危机进行了考察,他们测算了名义汇率日变化相关系数、股指变化相关系数、利率变化相关系数和主权外债利差相关系数,结果表明亚洲金融危机中存在着较明显的金融溢出,泰铢的危机通过相关性较高且不稳定的金融市场扩散到了其他国家。秦朵(2000)通过误差修正模型对导致韩国金融危机的传导效应进行解释,结论是金融的溢出效应要比贸易溢出效应显著,国际金融市场是危机传染的主要渠道。的确,从传导过程中,我们不难发现资产价格的大规模联合运动。据有关研究结果显示,1997 年 7 月 2 日以前,22 个新兴市场股价的平均相关性为 10%,危机期间(1997 年 7 月—1998 年 2 月)猛涨到 20%,在 10 月至 11 月中旬期间,这些新兴市场间相关性则接近 30%。地区间股价相关性更高,例如,在菲律宾和马来西亚,危机前一年,相关性为 16%,危机期间上升为 29%,10—11 月上升为 59%。在阿根廷和巴西,危机前相关性为 44%,危机期间为 75%,10—11 月升至 84%。

(3)季风效应

季风效应的概念最先由 Masson & Mussa(1995)提出,他认为金融危机之所以在几个国家和地区相继发生,可能是存在同一种外部原因导致几个国家和地区同时或相继遭受投机性冲击压力,并把这种共同的冲击产生的传导称之为“季风效应”。

季风效应是经济全球化的产物,各国之间的联系越来越紧密,当一国的经济政策改变时,会立刻影响到与其有密切经济联系的国家。例如,一国货币贬值,会直接降低将其作为主要出口国的国家的出口数量,深刻影响该国经济;一国提高利率,会恶化其主要债务国的经济状况。80 年代初美国利率的急剧上升和发达国家的贸易保护主义就是拉美债务危机的重要原因。据世界银行统计,截至 1988 年,拉美国家的负债总额为 4274.63 亿美元,占全球发展中国家负债总额的 37%。1989 年拉美地区人均负债高达 1030 美元,尼加拉瓜、巴拿马和阿根廷则超过了 2000 美元。与此同时,为弥补庞大的财政赤字,美国在 20 世纪 80 年代初采取了高利率政策以吸引外国资本,从而导致了国际金融市场的利率不断提高,拉美国家应支付的利息额越来越大。1979—1982 年,拉美支付的外债利息总额达到 1140 亿美元,如果利率保持在 1977 年的水平,则可少支付近 90 亿美元的利息。另一方面,在世界经济危机的情况下,发达国家为保护自身利益,采取经济紧缩政策,实行各种保护主义,致使拉美出口遇到严重困难,而拉美债务国一般都是靠出口创汇来偿还外债本息的,发达国家是其传统的、重要的产品出口市场。1982 年,该地区出口收入已从 1981 年的 1141 亿美元下降到 1026 亿美元,还债能力下降。这里美国利率的急剧上升和发达国家的贸易保护主义就造成金融危机传导的共同冲击,是很明显的季风效应。

3. 金融危机传导的渠道及路径

(1)外债渠道

最容易导致金融危机在国家间传染的可能是银行间的跨国清算支付系统,这个系统把系统内的所有银行都联系在一起,造成了相互交织的债权债务关系,一家银行造成的微小的支付困难就有可能酿成全面的流动性危机,一国银行体系的危机通过清算系统会被迅速地传递到其他国家。Kaminsky & Reinhart (2000)强调了共同贷款人(如商业银行)在危机传染中的作用,又称“共同贷款者效应”。假设被金融危机影响的共同贷款者的银行头寸暴露很大,可能会引发大量的潜在损失,因此,共同贷款者的银行需要恢复资本资产比率,满足利润要求,调整风险暴露,商业银行就会撤回在其他国家的高风险项目的资金,产生流动性压力。在这一过程中,可能会导致危机的传染,因为一个地区危机的经济往往依靠共同贷款者的资金来恢复。

(2)资本市场渠道

在金融全球化的背景下,金融危机的传染可通过资本市场渠道使得许多经济基本面良好的国家发生金融危机。虽然银行是最重要的共同贷款人,但对于新兴国家他们不是唯一贷款人。在 20 世纪 90 年代初期,有大量的资金流入这些新兴的发展中国家。然而,正如在泰铢危机之后商业银行可以从马来西亚撤回资金,其他的投资资金也可以选择在墨西哥债券危机发生之后撤出(或者由补充保证金通知强制执行),出售所持有的阿尔及利亚债券和股票。投机者的冲击下,一个新兴市场的资产收益会发生变化同时往往会导致其他所有新兴市场证券组合的改变。当然这种危机的传染方式要求资本市场充分完全流通,如果债券和股票市场发展不够充分,投资流量数量不大,这种传染渠道可能就不是最重要的传染渠道。换句话说,如果债券和股票没有任何跨国市场的流通,那么就不会出现任何的传染问题。

(3)贸易渠道

在国际经济交往中,贸易和依附于贸易的资金流动是紧密相关的,因此,传染可以简单地通过贸易途径。可能贸易和服务比资金流动的发展历史更加悠久,或者因为关于贸易联系方面的数据更易于掌握,人们更多的研究通过贸易途径的国际危机传染。这里我们会提到两种贸易的传染途径,“贸易伙伴型传染”与“竞争对手型传染”。

关于“贸易伙伴型传染”,即危机在贸易伙伴国之间传染。一个国家的金融危机导致的货币贬值使其贸易伙伴国的价格水平下降,居民减少对本币的需求量,增加对外币的需求量,导致央行外汇储备减少,诱发货币危机,沦为危机传染的受害者。

而“竞争对手型传染”是指,假设A国和B国的出口产品竞争同一个市场,A国所遭受的货币危机使A国货币大幅度贬值,从而降低了B国的出口竞争力,并导致其宏观基本面的恶化,由于B国可能加入竞争性贬值的行列,从而诱发投机者对B国货币发生攻击。例如,在东南亚金融危机中,货币遭受投机性攻击的一些国家,在国际出口产品市场上大多销售类似的商品,因此,泰铢的贬值倾向于抑制马来西亚的出口,并使马来西亚的宏观基本面恶化,加上竞争性货币贬值,引起股市、汇市震荡,从而导致危机的爆发。

(4)预期渠道

此外,在现代的社会经济生活中,经济行为主体往往面临对未来的不确定性,并对未来做出预期,这是经济行为主体处于对其资产保值、增值的考虑而做出的正常反应。对于任何一个理性人来说,预期的形成都是不可避免的,由于行为主体的知识结构、文化背景及社会经济差异对信息的获取或处理信息方式不同,形成的预期也就不同。东南亚金融危机之所以会从泰国迅速蔓延到其他国家,就是因为东南亚各国经济模式与宏观经济状况的趋同性,使人们形成了对各国市场变化的相同预期。当外国宣布实行浮动汇率时,人们预期东盟其他国家会步其后尘,于是金融恐慌心理扩散到整个地区,人们抛售某种货币,货币贬值,进而导致金融危机的爆发。

## 第四节 区域金融稳定性理论

区域金融是指一个国家金融结构与运行在空间上的分布情况,在外延上表现为具有不同形态、不同层次和金融活动相对集中的若干金融区域。区域金融是将金融置于空间范畴,分析金融在空间上的结构形态和作用机制,它还可以扩展为在大国经济条件下,一国金融结构与金融运行受区域经济运行和宏观金融政策影响而形成的若干具有不同层次、不同形态的、不同功能的金融运行区域,这些不同金融区域具有明显的区域经济特征。对区域金融的研究离不开区域经济研究,因此,区域金融理论是以大国经济区域发展差异条件下金融活动的空间结构变动和功能转换为研究对象的,主要研究内容包括空间金融结构的差异、现代金融生长点、金融资源配置与优化组合、区域金融与区域经济发展的相互关系、区域金融发展的动力等。

### 一、区域金融的含义和相关概念

#### (一)区域金融的含义

区域金融是指一个国家金融结构与运行在空间上的分布状态。它外延上表现为具有不同形态、不同层次和金融活动相对集中的若干金融区域,金融区域的金融结构差异、差异互补和相互关联构成一国的金融体系。

#### (二)区域金融的特征

1. 时空性

区域金融表现为一个相对完整的地理单元,金融是其内容,地域是其空间表现形式,这种空间表现形式会随着时间的变化而发生变化。区域金融的重要特征就是要把金融运行和发展置于一定的时空范畴来加以考察,研究一国金融结构与运行在空间上分布的状态和特点,从而探讨金融发展空间结构变动的规律。显然,由于自然条件、经济条件、社会条件和技术条件的地域差异,经济地域运动呈现出明显的不平衡性和地域性。金融作为区域经济发展的重要推动力,不仅要直接反映经济的区域性特征,而且经济发展的区域性在很大程度上要借助于金融的区域化运行得以实现。

2. 结构层次性

按照经济和货币体系的空间分布特征,区域金融可以有很多不同的层次,可以是国家或地区一级,地方或辖区一级,如可以将人民银行体制改革后成立的成都分行所辖的四川、贵州、云南、西藏四省区作为一个经济、金融域。一国国内因各地区经济发展水平不同,因而区域金融体系也存在发达型、次发达型、欠发达型等不同水平。

3. 边界模糊性

从统计分析的角度出发,区域金融应该有一个界限值,但现实中,一定地域范围内的空间金融活动常常跨越行政区划和自然地理界限,因此以经济区域为地域依托的区域金融的界限也是模糊的,发达国家的地区金融区域界限也不固定。但日前我国的金融区域相对固定,区域本身被视为处于不同发展段的过渡状态,从而以其功能的完整性取代形态的完整性。

4. 开放性发展

一个特定的区域金融是一个有限的区域体系,在市场资源、资金等要素与功能上表现为相对的不完整性。从某种意义上讲,区域生存的空间不在区域内部而在区域外部,因而区域金融体系是一个有机整体,在要素与要素、系统与要素、系统与环境之间客观上存在着物资、资金、信息的流动。

5. 非线性相互作用

在区域金融体系的运行中,要素与要素、系统与要素、系统与环境之间的相互联系、相互制约和相互协调共同作用使之构成一个非线性的关系系统,以适应区域内社会经济发展的整体需要。

### (三)区域金融的结构

区域金融结构是区域现存的金融工具、金融机构、金融市场和金融制度体系的总和,反映出各种现存的金融工具、金融机构和金融市场的性质、种类、绝对数量、相对规模、经营特征和经营方式,金融机构和金融市场的集中化程度,以及金融机构组织和金融交易的方式、范围、规则、惯例、收益分配和有效性。对区域金融结构的描述有定性和定量两个方面:定性描述上,主要侧重于区域金融结构的类型、特征、方式和程度的描述;定量描述上,主要侧重于金融结构各组成部分的绝对数量、相对重要性、与其他领域数量参数关系的描述,其主要的衡量指标有金融相关比率、金融资产总额和各种金融工具余额在主要经济部门之间的分布等。

### (四)区域金融的发展

在区域金融结构概念的基础上,我们可以推演出区域金融发展的概念,即区域金融结构的变化构成区域金融发展。正如戈德史密斯所说的"研究金融发展必须以有关金融结构在短期或长期内变化的信息为基础"。区域金融结构的变化信息可直接体现在金融工具即金融资产的存量和流量上,体现在金融机构的数量及类型的变化上,因此,研究我国区域金融结构就是研究区域金融发展。区域金融存在的基础是区域经济的存在,区域经济赖以存在的客观基础同样诠释了区域金融产生与发展的逻辑前提。区域金融发展对区域经济增长究竟会发挥怎样的作用,还取决于区域经济的增长方式。

## 二、区域金融稳定理论

### (一)区域金融经济增长理论

从20世纪20年代到80年代初,均衡发展理论对世界各国的经济及区域产业布局产生了重大而深远的影响。主要代表人物及其理论是:赖宾斯坦的临界最小努力命题论;纳尔森的低水平陷阱论;罗森斯坦—罗丹的大推进理论;纳克斯的贫困恶性循环论和平衡增长理论等。这些理论应用在区域经济中形成了均衡发展理论,它不仅强调部门和产业间的平衡和同步发展,而且强调区域间或区域内部平衡发展,即空间的均衡化。认为随着生产要素的区际流动,各区域间的经济发展水平将趋于平衡,因此主张在区域内均衡布局生产力,空间上均衡投资,各产业均衡发展,齐头并进,最终实现区域经济的均衡同步发展。

均衡发展理论的缺陷在于一直忽略了一个基本的事实,即对于一般区域特别是不发达区域来说,不可能具备推动所有产业和区域均衡发展的资本和其他各种资源,在经济发展过程中尤其是发展初期很难做到均衡发展。缺陷之二在于忽略了规模效应和技术进步因素,似乎完全竞争市场中的供求关系就能决定劳动和资本的流动,从而决定工资、报酬率和资本收益率的高低。但事实上,市场力量的作用通常趋向于增加区域差异而不是减少区域差异。发达地区由于具有更好的基础设施、服务和更大的市场,必然对资本和劳动具有更强的吸引力,从而产生极化效应,形成规模经济,虽然也存在发达区域向周围地区扩散效应,但在完全市场中,极化效应往往超过扩散效应,使区际差异进一步加大。另外,技术条件不同也会使资本收益率大不相同,此时的资本要素流动会造成不发达区域要素更加稀缺,经济发展更加困难。半个多世纪以来,中国和世界区域经济的发展实践充分证明,尽管这种均衡发展理论的出发点和主观愿望是好的,但很难实现,实施的结果有时会适得其反。

### (二)区域不平衡增长理论

这种理论主要根据区域经济发展的客观规律并针对平衡发展存在的问题,强调不发达地区不具备产业和地域全面增长的资金和人才、技术、原材料等其他资源,因而理论上的平衡增长是不可能的。这种理论认为,区域经济发展要根据不平衡发展规律,有重点、有差异、有特点地发展,而不是平均使用力量,并认为在不平衡系统中总是存在着支配性的因素,它代表整体的行为。因此,在不同时期要选择支配全局的重点地区、重点部门发展经济,投资只能选择在若干区位条件优越的增长极地区进行,其他地区则可通过区域增长极的扩散效应而逐步扩展。这种理论的主要代表是:冈纳·缪达尔的循环累计因果论;艾尔伯特·赫希曼的不平衡增长论;佩鲁的增长极理论;弗里德曼的中心—外围论以及农工业生产生命循环阶段论为基础的区域经济梯度推移理论;威廉姆森的区域成长理论。该理论在我国改革开放中,对区域发展战略的转变有较大影响。它认为,一国或一地区经济发展的早期阶段,区域间成长的差异将会扩大,倾向于不平衡成长,即区域发展差异的扩大是经济增长的必要条件;之后,随着经济发展,区域间不平衡的阶段将趋于稳定,当到达发展成熟阶段,区域间经济水平发展的差异逐渐趋于缩小,倾向平衡增长,这种发展差异的缩小又构成经济增长的必要条件。这是一种因有时间变量而不同于上述几种理论的不平衡发展论,由于在实证分析中指出,发展阶段与区域之间存在着倒“U”型关系,因此又被称为倒“U”型理论。

区域经济不平衡发展理论顺应了区域经济成长的一般规律，在生产力布局的决策上对少数发展条件较好的地区、地带或地点实行重点开发，逐步实现由不平衡到相对平衡的转变。这样，与分散投资难以形成聚集效益的情况相比，可以获得较高的经济增长速度。这种战略不急于追求地区间的经济平衡，而是将有限的资金、技术等生产要素按照回报率的高低投向对国民经济有决定意义而且有最优经济效益的地区，从而带动全局。

由于非均衡发展理论符合大多数地区尤其是经济不发达地区的实际，因而这种理论被一些国家和地区在制定区域经济战略中广为采用，而其中的梯度推移理论应用更为广泛。对于不平衡发展理论，我国经济理论界进行了多方面的深入研究，并在此基础上提出了多种发展模式，在指导区域经济布局的实践中发挥了重要作用。

### （三）区域金融差异理论

金融在现代经济发展中的核心地位已为现代经济增长的实践所证明。一国不同区域经济发展呈现较大差异，虽然有历史和自然的原因，但在区域经济发展的进程中，金融推动力的差异是一个重要因素。金融在区域经济发展中的作用不仅表现在区域资本形成中金融有其特殊的聚合功能，还在于金融对经济有显著的结构调整功能，并通过这种调整产生经济结构重组的动力，同时区域之间存在的各种结构差异在客观上也为金融调整能力的发挥奠定了基础。研究区域金融差异不仅要分析区域间金融运行和发展的差异现状，而且要深入地探讨区域间可能存在的区域金融发展差距、区域金融结构性差异以及与区域经济发展差异的关系等，通过揭示区域间金融发展差异的特点，探讨区域金融合作和增长模式，最终实现区域金融的均衡发展。

### （四）区域金融合作理论

区域金融合作是通过区域货币资金的流动实现的，它是区域间金融资源重新配置、区域金融成长的根本途径。在市场机制的调节下，资金在区域间的流向取决于各个区域投资收益的差别，资金在投资收益的杠杆作用下从低收益区域流向高收益区域，从而通过资金流动引导着其他要素的流动与组合。货币资金流动使资金过剩或短缺状况得到缓解，与其他要素（如技术、劳动）组合比率趋于合理，最终流出、流入方的收益都有所提高。此外，区域间的互补、协调还体现在金融管理资源、金融人力资源等方面。

## 三、区域金融稳定与整体金融稳定的关系

虽然学者们对区域金融和整体金融各自的相关理论都有研究，但是关于两者之间的关系却鲜有涉及，因此这里通过分析金融危机在中国的传播途径来阐述区域金融稳定对整体金融稳定的重要影响。

随着改革开放程度不断加深，中国经济开放水平不断提高，综合竞争力持续增强，外部经济冲击成为引起经济不稳定的重要因素，以 2008 年爆发的全球金融危机为例，它不仅造成了世界范围的经济衰退，还通过各种传播渠道和机制迅速扩散，造成我国连续两年的经济下滑。从区域经济发展层面来看，我国各地区经济发展水平和开放程度有差异，东部沿海地区开放程度较高，而中西部地区次之，因此中国受金融危机的影响具有显著的区域特征，表明了区域金融稳定对整体金融稳定有着显著的影响。

首先，受危机影响程度从东部向西部地区依次下降、时间也依次延迟，东部地区受外部金融危机冲击最直接，时间最早，程度也最深。全球金融危机冲击一般有国际贸易和国际金融两条途径，各地省份由于国际贸易和国际金融的冲击，国外需求缩小，投资规模下降，带来各地区经济增长水平不同程度的下降，从而造成整体金融业的不稳定状况。

其次，如果进一步细化金融危机传播途径和机制，将区域层面（即东、中、西部）拓展到省份层面（31 个省级单位），省份作为一个独立的单元，不仅受到国际金融危机的直接冲击，还会受到国内金融危机二次传播的冲击。由于省份之间的相互贸易和相互投资，各省份的金融机构和金融市场本身存在的风险，以及金融传染性的特征，金融危机在带来各省份经济衰退的同时，进一步引起相关省份内需、投资规模的相应变化和金融危机的进一步恶化，从而导致经济的再次衰退或下滑，这就是所谓的金融危机国内二级传导。其中对于中西部地区来说，外部需求和投资主要来自于东部地区的其他省份，金融危机国内二级传导造成的影响较之金融危机的直接冲击或影响往往更甚。这也体现了区域金融稳定对整体金融稳定的重要影响。

最后，资源型、旅游型地区由于对外需依赖性更大，更容易受到外界的冲

击,受全球金融危机影响同样更早,程度更深。对于国内各省份,这些地区的经济衰退既会导致本省地区居民投资预期水平的下降,从而导致经济增长的下滑,同时还会影响其他地区、省份的金融状况。

显然,区域各自的金融稳定、区域之间的金融稳定的影响以及区域对整体金融稳定的影响是不可避免的,但我们完全可以通过对金融风险的识别、度量和评估,分析金融危机的传播渠道、传播机制以及影响特点,结合我国各区域产业发展特点,通过适当的方法弱化其金融稳定相互影响的程度,缩短其相互影响的时间,从而有效促进中国整体金融的稳定持续发展。

# 03 第三章 金融风险传导实例分析

## 第一节　次贷危机的传导背景与发展

### 一、美国住房抵押按揭贷款及其衍生品市场

美国金融市场的发展一直处于全球领先的位置，18 世纪开始就出现了住房贷款，19 世纪抵押贷款公司应运而生。抵押贷款市场发展到 20 世纪，其内部的运行体制就已经比较完善了。美国的住房抵押贷款市场发展到今天，大体可以划分为一级市场和二级市场。

#### （一）美国住房抵押贷款一级市场

房地产抵押贷款一级市场由金融机构、购房借款人和保险机构三个主体组成，其中金融机构主要包括各个商业银行、储蓄贷款协会、互助储蓄银行等。美国是个消费大国，消费的资金大部分来自于贷款，其中对购置房产的消费也主要通过住房抵押贷款来提供。随着房地产抵押贷款业务的需求增大，抵押贷款一级市场日趋完善，根据贷款人的信用等级，发放贷款的金融机构将贷款人划分为三个层级，分别是优质贷款人、次优级贷款人和次级贷款人，如表 3.1.1 所示。

表 3.1.1　FICO 信用评分标准及抵押贷款市场划分标准

| 信用市场 | 信用等级 | 信用评分 | 负债比率（DTI） | 信贷比率（LTV） | 征信特点 |
|---|---|---|---|---|---|
| 优质 | A + A − | 670 + | 36 ~ 38 | 95 ~ 100 | 过去 2 ~ 5 年信用优等，24 个月内没有延期支付行为，过去 2 ~ 10 年没有破产记录 |

续表

| 信用市场 | 信用等级 | 信用评分 | 负债比率（DTI） | 信贷比率（LTV） | |
|---|---|---|---|---|---|
| 次优级 | A- | 650 | 45 | 95 | 没有延期60天的抵押贷款，过去2~4年没有破产记录 |
| | B+B- | 620 | 50 | 75~85 | 过去2~4年没有破产记录 |
| 次级 | C+C- | 580 | 55 | 75 | 过去1~2年没有破产记录 |
| | D+D- | 550 | 60 | 60~70 | 过去12个月没有破产记录 |
| | E | 520- | 65 | | 可能面临破产或放弃赎回抵押物 |

资料来源：辛乔利，孙兆东. 次贷危机[M]. 北京：中国经济出版社，2008.

优质贷款的市场份额始终是有限的，进入21世纪后，优质贷款市场基本饱和，放贷机构开始将目光锁定次级贷款市场以寻找新的利润点。次级贷款市场的发展非常迅速，到2007年次级贷款的总额已经达到1.2万亿美元，次优级贷款和次级贷款已占到全美抵押贷款市场份额的一半。为了更广阔地开拓次级贷款市场，为更多次级贷款人提供服务，放贷机构开发了很多新兴的抵押贷款产品。

无本金贷款（Interest Only Loan）。主要针对低收入以及无储蓄支付本金的消费者，借款人在一定的时期内不需要支付本金，只需要每月支付利息即可。但超过这个时期之后的时间里，借款人则需要以一个较高的比率分期偿还本息。

选择性可调整利率贷款（Option ARM）。这种抵押贷款灵活性比较强，借款人可以根据自己的实际情况选择支付结构，既可以选择从一开始就分期偿还本息，也可以选择类似无本金贷款那样先支付利息一段时间之后分期偿还本息，还可以选择每月支付一个最低限度的款项，这个最低限度的款项通常会低于每月仅需支付的利息，但是其差额部分将自动计入贷款本金，这种方式称为负摊销（Negative Amortization）。按这种情况计算，借款人最终应偿还的本金金额往往要超出最初的贷款金额。

无首付抵押贷款。这种抵押贷款主要针对无法支付首期房款的借款人，选择此类贷款的借款人只需支付少量首期房款，甚至可以不支付首期房款，并且不需要购买个人抵押贷款保险就可取得贷款。

以上三种抵押贷款产品的风险都很大，但是在产品设计的初期，都假定房地产价格将会持续上升，在这个假定前提下即使到期贷款人不能偿付本息，也可以通过出售房产或者再融资偿还债务。

### （二）美国房地产抵押贷款二级市场——衍生品市场

美国住房抵押贷款二级市场的主要职能是把贷款进行资产证券化以形成可流通的债券在市场上发行，并且在资产证券化流转过程中会产生新型的金融衍生产品。美国的住房抵押贷款二级市场主要被房利美、吉利美以及房地美三大专业融资机构所控制，这三大机构共占到二级市场90%的市场份额。

1. 房屋按揭抵押支持证券（Mortgage Backed Security，MBS）

为了提高抵押贷款资金流动性，放贷的金融机构将其持有的抵押贷款债权合法地转让给专业融资机构，专业融资机构将该资产的所有权集中起来，形成一个抵押贷款的资金池（pool），利用贷款资金池定期收到的本金及利息的现金流入发行证券，并由政府机构或具有政府背景的金融机构对该证券进行担保，这就是房屋按揭抵押支持证券（MBS）。MBS是最早的资产证券化品种，最早可追溯到20世纪60年代。

2. 资产担保证券（Asset Backed Security，ABS）

ABS是另一种新型的债券，以项目所拥有的资产为融资基础，以项目资产带来的预期收益为保证，通过在资本市场发行债券来募集资金，其本质就是资产证券化。

3. 债务抵押担保证券（Collateralized Debt Obligation，CDO）

CDO是资产证券化家族中重要的组成部分，其以抵押债务的信用为基础，利用各种资产证券化技术对债券、贷款等资产进行结构性重组，以适应不同投资者的需要。债务抵押担保证券的资产组合里包括资产担保证券、房屋按揭抵押支持证券、垃圾债券、新兴市场债券和银行贷款等固定收益资产，通过打包证券化的手段获得较高信用评级进而出售给养老基金、保险机构和投资银行等。债务抵押担保证券的风险极高，在此基础上又衍生出信用违约互换（Credit Default Swap，CDS）、合成抵押债务债券（Synthetic CDO，合成CDO）等经过包装的高风险衍生品。

美国次贷危机的影响面积如此之广，影响程度如此深远，这源于对次级抵押贷款的资产证券化和再证券化处理，形成了以次级抵押贷款为源头的庞大且复杂的"次贷"金融链条,精心包装的债券和衍生品销售到全球各个角落,危机的隐患也蔓延到全球各个角落。资产证券化原本只是为了防范抵押贷款机构破产而出现,但是经过复杂的打包以及再证券化,利润被不断放大的同时原始的风险也被无限放大。次级贷款通过多次证券化使最后设计出来的衍生品变得十分复杂,即使是设计机构本身都很难对其风险进行估计和预测。

## 二、美国次贷危机的根源——基于"明斯基模型"的分析

### (一)"明斯基模型"概述

在分析研究费雪的"债务—通缩"理论和长波周期论断的基础上,明斯基的金融危机理论指出,长周期的经济繁荣就会埋下金融危机的种子。明斯基指出,危机和繁荣都始于外部冲击,外部冲击可以来自很多方面,具体可以表现为农业的丰收或歉收、战争的爆发或结束、新的技术科学转化为生产力、公司的倒闭或政府货币政策的突然变革等。众多的外部冲击大体可以根据对经济影响方向的不同而分为正向的外部冲击和负向的外部冲击。

正向的外部冲击会给经济参与者带来获利的机会,如果正向冲击的规模大且影响深,使经济中的盈利总和大于亏损总和,那么经济将会走向繁荣。正向的外部冲击会使银行信用扩张,增长的投资需求使资产价格上涨,从而会吸引更多的投资者进入市场,这样积极的连锁反应会不断重复。当越来越多的人进入投资者行列,连原本对高风险市场比较冷漠的人群也被卷入时,那么说明投资偏离了理性,泡沫开始产生。当资产价格不断上涨,泡沫越来越大,总会有一些内部投资者最先意识到风险并开始撤出资金,资金的撤出会使资产价格逐渐下滑,价格的下滑会使一些企业和投资者的资金流动性产生障碍。这时,危机往往会由一个负向的外部冲击引发,如某一投资产品的价格大幅下降、大公司或大银行倒闭等,这样的外部冲击会使市场上大部分投资者改变预期甚至恐慌,大家纷纷开始抛售资产以自保,流动性困难将进一步加剧,更多的负向冲击会产生更多的抛售,流动性更加困难,这样的恶性循环不断加剧,最终危机爆发。

### (二)正向冲击

20 世纪 90 年代早期,次级贷款市场并不存在,然而一系列因素组合形成的正向冲击却促使了该市场的迅速发展,具体包括:

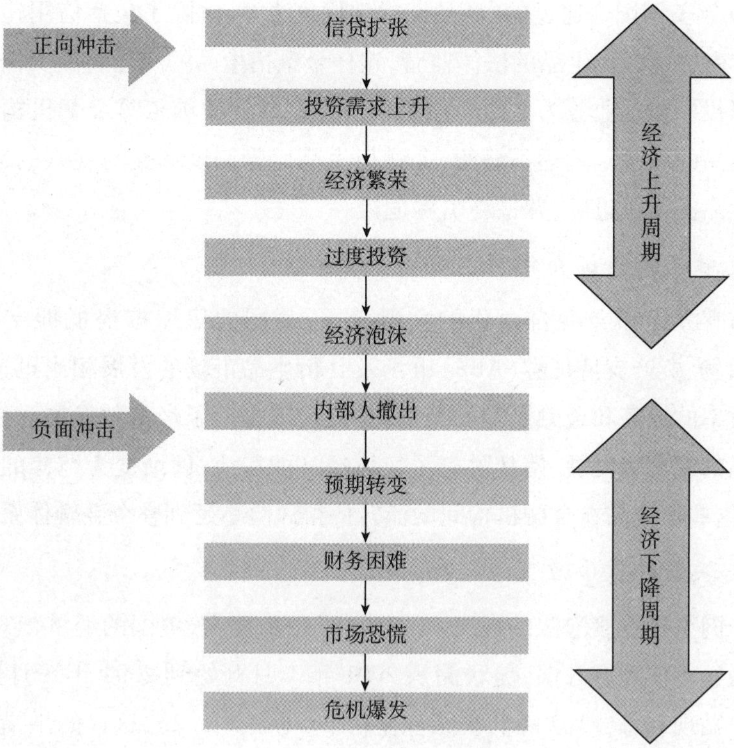


**图 3.1.1　明斯基模型图**

1. 监管放松与金融自由化

20 世纪 80 年代开始，西方各国先后推行了金融自由化，首先是利率自由化，接着是业务自由化。通过颁布《1980 年存款机构接触监管与货币监控法案》等，金融自由化开始了。这些法案使金融机构依照借款人的信用度来确定贷款利率高低完全合法化，从而大大降低了抵押贷款的拒绝率。1999 年 11 月颁布的《金融服务现代化法案》结束了银行、证券、保险等严格分业经营的局面，进一步推行了金融自由化。放松监管与金融自由化使美国金融市场成为世界上最发达的金融市场，可是，这也使得金融衍生品的创造越来越复杂，越来越背离基础产品的质量。在对住房抵押贷款债券（MBS）和担保债务权证（CDO）的发行与买卖炒作中，资产权益比率不断提高，各大投行、对冲基金的杠杆比率不断加大，金融风险不断累积。

目前的金融危机证明，美国金融监管当局的监管放松有着不可推卸的责任。2000年美国国会通过的《商品期货现代化法案》解除了包括信用违约互换(CDS)在内的金融衍生品的法律监管,这样金融衍生品的风险监控责任就全部转移到以投资银行业务为主的金融机构身上。然而单纯依靠金融机构自身来控制衍生品的风险是远远不够的,金融衍生品监管制度和交易规则的缺失,助长了衍生品的投机过度,并最终引爆危机。

2. 金融创新与证券化

在监管方式和金融自由化的大背景下,美国的房屋按揭抵押支持证券(MBS)市场、资产支持证券(ABS)市场及其衍生品市场的发展相当迅速,促进了金融效率的提高和金融风险的分散,并极大地推动了经济的发展。但是,大量衍生品的超常规发展,使其脱离了实体经济的需要,逐渐变为纯粹的金融投机工具,这些衍生品在金融机构间的流转使得风险蔓延到整个金融体系中。

3. 美联储的货币政策

由于网络科技股泡沫的破灭和"9·11"恐怖袭击,美国的经济出现衰退。为了刺激经济使经济升温,美联储从2001年1月开始到2004年6月连续14次降低再贴现利率,13次降低联储基金利率(见表3.1.2),这样的举措使美联储的隔夜拆借利率在2003年6月达到50年来的最低水平1%,并且这样的情况维持了整整一年。长时间的低利率政策使流动性过剩,资产价格的泡沫开始膨胀。

**表3.1.2　13次降低联储基金利率**

| 日期 | 次数 | 联邦基金利率/% |
|---|---|---|
| 2001年1月3日 | 第1次减息50点 | 6.00 |
| 2001年1月31日 | 第2次减息50点 | 5.50 |
| 2001年3月20日 | 第3次减息50点 | 5.00 |
| 2001年4月18日 | 第4次减息50点 | 4.50 |
| 2001年5月15日 | 第5次减息50点 | 4.00 |
| 2001年6月27日 | 第6次减息50点 | 3.75 |
| 2001年8月21日 | 第7次减息25点 | 3.50 |
| 2001年9月17日 | 第8次减息50点 | 3.00 |
| 2001年10月2日 | 第9次减息50点 | 2.50 |
| 2001年11月6日 | 第10次减息50点 | 2.00 |
| 2001年12月12日 | 第11次减息25点 | 1.75 |

续表

| 日期 | 次数 | 联邦基金利率/% |
|---|---|---|
| 2002 年 11 月 6 日 | 第 12 次减息 50 点 | 1.25 |
| 2003 年 6 月 25 日 | 第 13 次减息 25 点 | 1.00 |

资料来源:根据财经新闻整理。

## (三)信贷扩张与金融脆弱

据联邦住房企业监督办公室(OFHEO)的统计,从 1993 年开始,次级贷款的发行量从零增长到 2005 年的 625 亿美元,仅仅 2005 年一年的发行量就占到其中的五分之一,年平均增长率达到 26%。数据显示,这种迅猛上升的势头在 2006 年上半年还丝毫未减,当时对信用评分 650 以下,即次优级贷款人和次级贷款人的个人贷款发放额度为总量的近四分之一。从 1993 年到 2006 年短短的 13 年间,美国共有 1200 万人通过次级贷款实现了自己的“美国梦”,拥有了自己的住房,这其中大部分为首次购房者、弱势群体和低收入家庭这种曾经不能贷款购房的次级贷款人。

1. 门槛降低,放贷扩张

2005—2006 年美国房价高涨,使很多人无力购买房产。但是各个金融机构为了能更多地争取次级贷款市场的利润,不断地进行金融创新,推出很多新型的房贷产品以适合更多低收入的贷款者。其中最为常见的次级贷款形式便是 2/28 和 3/27 混合次级浮动利率按揭贷款(Hybrid Subprime Adjustable Rate Mortgages),这种贷款的机制是在最初的 2 ~ 3 年内采用十分优惠的固定按揭利率(fixed teaser rate),之后,按某一市场利率指数加上一定的息差进行计息,并且每半年调整一次。数据显示,2006 年非代理机构(non - agency)发行的次级贷款产品中近四分之三都是由可调支付利率抵押贷款 ARM(adjustable rate mortgages)构成,其中又以 2/28 和 3/27 混合次级浮动利率按揭贷款为主。事实上,此类贷款申请人的信用和收入情况往往只能承受最初几年的优惠固定利率,而在固定利率期以及其他的提前还款处罚期后,贷款人往往会通过将这些 ARM 再融资的方式来降低每月还款额。

降低首付比率也是信贷机构常用的信贷模式之一。美国通常的借款情况是借款人必须首付房款的 20%,剩下的 80% 可通过按揭贷款的方式进行融资,如果一些借款人仍然无力支付20%的首付房款,那么贷款人一般会要求借款人购买抵押贷款保险或担保。然而2005年以来,金融不断创新使得次级贷款的借款人可以用其房产抵押得到两个按揭,即房款的80%可以按照传统的按揭贷款(第一级按揭,first mortgage)进行融资,剩下的20%还可以自动得到第二级按揭贷款(second mortgage),第二级按揭又被称为背负式贷款(piggyback loan),通常情况下,传统的按揭贷款和背负式贷款是由两家不同的机构合作发放的。这种创新的贷款模式极受欢迎,因为这样的贷款模式实际上能够使借款人可以零首付,即100%依靠融资来购买自己的房产。

为了保障安全、控制风险,美国早期的贷款都需要贷款人提供完全的收入和资产证明,同时这些收入和资产的核算方法也是透明的,这些具备完全证明文件的贷款(Full - Doc Loans)将会由独立的第三方机构审核信息的真实性和有效性,优质贷款市场的饱和和次贷市场的兴起,使得越来越多缺乏有效证明文件的贷款者也能得到相应的贷款。一个比较极端的例子便是骗子贷款(Liar Loan),这种贷款不要求贷款人提供相应的收入证明文件,而是根据贷款人在申请表上填写的数额不做审核而直接放贷。在这种情况下,贷款人往往为了得到贷款而填报失真的收入数额,骗子贷款由此而得名。数据显示,2005年和2006年这两年的时间里,大约50%的次级贷款人都没有提供完全真实有效的证明文件。

次级贷款市场的火爆也使以次级债券为基础资产的证券化产品日益火爆。证券化产品的发行商和承销商作为中间商赚取大量佣金,同时政府也获得了大量的房产交易税以及随着房产价格上涨的物业税,利益驱使又进一步刺激了各参与方的投资,使得房价进一步上涨,由此看来,明斯基所述的“导致经济繁荣的过度投资”拉开序幕。根据Lehman Brothers的统计,2000—2006年以次级贷款为基础的CDOs的发行量由100亿翻了将近20倍,到2006年大约为2000亿。

2. 信贷安全监管体系的不足

美国的次级贷款市场中,商业银行和储蓄机构发放的次级贷款占20%左右,附属银行和控股公司发放的约占30%,剩下的50%由独立于联邦审核系统之外的州立按揭公司发放。

商业银行和储蓄机构的监管十分严格,联邦监督员会每三年检查一次放贷的程序、信用风险以及相关事宜，并且还有相关的法案、条例和章程对这些机构进行约束和控制，包括《平等信用机会法》（the Equal Credit Opportunity Act）、《房产结算程序法案》（the Real Estate Settlement Procedures Act）等。

相对的，附属银行和控股公司就不是由联邦监督员直接监督，而是通过联邦机构对母公司的监督而间接监督。州立按揭公司不受联邦审核系统监督，直接由州政府监管，但州政府的监管相对而言更放松，所以大部分的高风险次级贷款是由这些机构放贷出去的。

由于优质贷款人信用记录良好、收入情况稳定，所以监管相对次级贷款而言不需十分严格。但实际情况是几乎所有的优质贷款由监督十分严格的商业银行和储蓄机构发放，而需要严格监督的大部分次级贷款却由监督并不严格的机构放贷。这样的监督体系造成了安全性的不足，加大了金融的不稳定性。

3. 信用评级体系的缺失

正如前文所述，次级贷款经过打包、拆分和评级多次循环后，成为证券化投资品散布于全球各个角落。如果整个证券化的过程受到严格透明公正的评估，那么安全性和稳定性就可以得到相应的保障。但是，整个评估体系自身的缺失使评估丧失了客观性、可信性，埋下了金融不稳定的隐患。

首先，美国的信用评估体系长期被标准普尔（STANDARD&POOR'S）、穆迪投资（Moody's Investors Service）和惠誉评级（Fitch）所垄断，竞争机制的长期缺失难以保证公平性和透明性。

其次，评级体系内部混乱，各评级机构的评级结果不统一，缺乏可比性。第一，各评级机构对于评级时采用的模型和评定标准不统一，导致对于同一产品，评级结果存在较大差异，不具有可比性，对于非专业的投资者来说评级结果不能有效参考。第二，风险完全不同的投资品却给以相同的评级结果。评级机构评定以优质贷款为基础的证券化产品为 AAA 级，同时将以 BBB 级贷款为基础的 CDOs 产品中的优先层也评定为 AAA 级，这样的评级就使以次级贷款为基础的衍生品在次级贷款部分的风险被掩盖了，给投资者造成一定误导。

最后，利益的牵扯使得评级机构的独立性、公正性丧失。评级机构中的一些部门直接参与到衍生产品的设计之中，另一些部门为这些产品评级的同时还收取约 7 个基点的评估费用，这样的利益关系难免使评级结果失真。数据显示,大约75%的以次级贷款为支持的证券化产品被评定为AAA级,使得大部分投资者受误导而大量购买该类投资品。

4. 定价模型的漏洞

对于结构性金融产品的评估和定价,基本都是采用定量投资研究和建立模型分析的方法。要使模型绝对完美十分困难,但是为确保模型的可信度和预测的准确度,保证数据的充足并尽可能多地考虑各方面的影响因子是十分必要的。但是次贷衍生品估值的模型中,采用的变量都偏于乐观,即假定房价会不断上升,经济会一直良好发展,而忽略了一旦出现熊市的情况。即使有理性的参与者意识到这个问题,但在利益的驱动下,各方参与者均能得到自身的利益,除了如何使自己在这轮不断扩张的投机中获得最大利益之外,风险是否暴露、危机是否爆发以及市场能否稳定都无人顾及。

### (四)资金链断裂与危机爆发

1. 利率上升,房价下跌

在房价不断上涨的背景下,以次级贷款为基础形成的金融链条使各个参与者都获得相应的利益,达到多方共赢的乐观局面:贷款人实现了自己的"美国梦"拥有了自己的房产;放贷机构不仅增强了自身流动性增加盈利,还通过证券化的方式把风险转移出去;证券化产品的购买者通过再证券化方法把风险转移给个人和机构投资者,也使次贷风险通过这个金融链条传递到全球各个角落。由于房价的上升,抵押的资产价格始终高于放贷额,各参与方都对未来有乐观的预期,整个次级贷款市场和衍生品市场一片繁荣。

如果美联储连续13次降息的举动是正向刺激的话,那么从2004年6月30日开始连续17次升息(如图3.1.2所示)的政策就属于明斯基模型中所述的负面刺激。连续17次升息政策的直接结果是房价开始转升为降,前文已经提到,次级贷款以及衍生品市场一片繁荣是基于房价不断上升的背景下,房价一旦下跌那么资金链就不能完好运转。利率升高、房价下跌使得次级贷款人的还贷压力加大并且还贷积极性大幅减弱,接着逾期还款率和违约率开始不断上升。一方面,越来越多的房屋被撤销赎回权并且进入销售市场,这使得在房价已经下跌的情况下又增大了房屋的供给量;另一方面,风险暴露、流动性骤减使按揭贷款和证券化投资产品市场也开始冷却,市场需求大幅度缩减。供给增加、需求

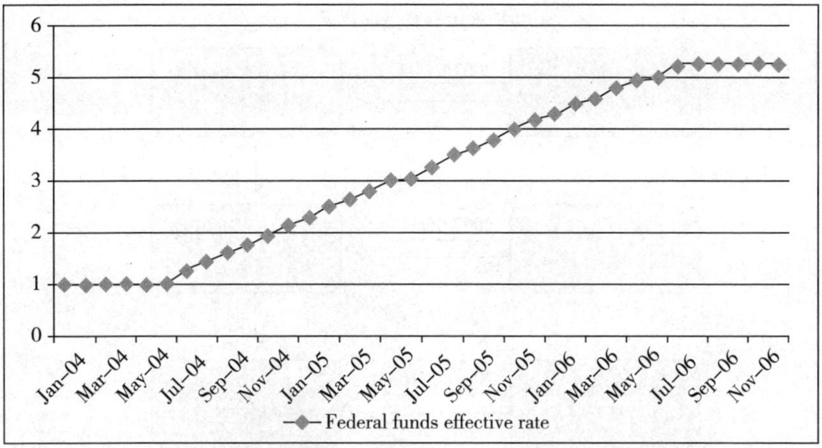


**图3.1.2　美联储基准月利率(2004 年 1 月—2006 年 12 月)**

数据来源:美国联邦储备局。

减少的市场变化进一步推动了房价的下跌,房价下跌使供求关系进一步恶化,形成一种"恶性循环",使得整个按揭贷款市场和衍生品市场开始陷入混乱和流动性枯竭的局面。

此时,多赢的次贷资金链条也开始出现断裂情况。由于贷款者不能按期还贷,次级贷款发放机构的不良贷款金额不断增加,以次级贷款为基础的衍生品价值开始缩水,没有资金链的支持,抵押贷款机构和众多购买衍生产品的投资机构和个人相继出现了财务困难,危机一触即发。

2. 负面冲击,危机爆发

危机爆发的根源是信贷扩张、金融不稳定和过度投机,但爆发危机的导火索往往是打击市场信心的一系列事件,投资者对市场失去信心使大家担心被风险波及而纷纷将手中的投资品转换为现金以保值资产,这导致流动性骤减进而引发危机。

如图 3.1.3 所示,一系列事件引发了全球性危机负面冲击,负面冲击不断出现造成市场恐慌、流动性紧缩,市场情况更加恶化,危机最终被引爆。

## 三、次贷危机的发展与蔓延

次贷危机从风险暴露开始,其势头犹如多米诺骨牌,风险沿着整个经济链条蔓延各处,并且影响面积越来越大,影响程度也越来越深。大体可以将次贷

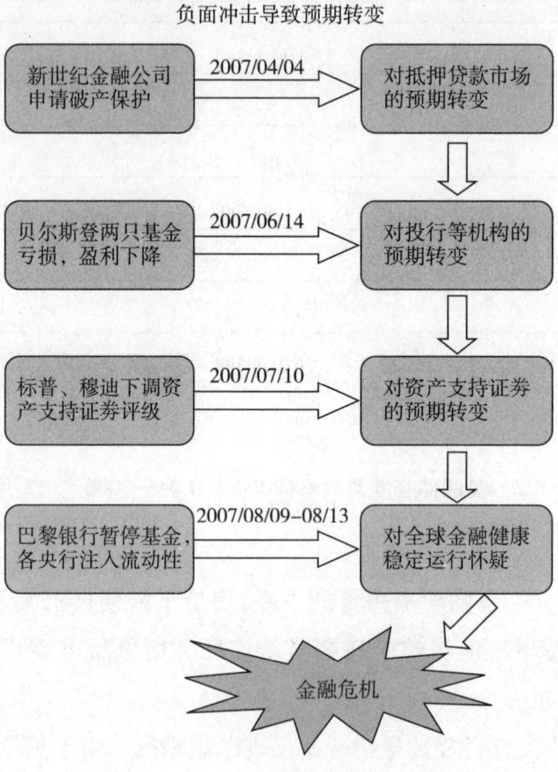


图 3.1.3　负面冲击导致危机爆发

危机的发展与蔓延划分为四个部分，分别是危机孕育阶段、危机爆发阶段、持续升级阶段和掀起高潮阶段。

### （一）危机孕育阶段（2001—2006 年）

在信息技术革命的推动下，美国经济经历了将近十年的繁荣时期。2001 年网络股泡沫破灭之后，美国政府为刺激经济增长，开始大力推行扩张性货币政策，大量的资金流向房地产市场，使美国房地产从 2001—2005 年持续繁荣。房地产作为美国国民经济的三大支柱之一，有效地引导了大众的消费和投资，进而促进了国民经济在这一阶段的增长。

正如明斯基模型所述，过度的繁荣往往孕育着危机。随着美国房地产市场价格的不断攀升，泡沫也不断膨胀。从 2002 年开始，美国房价的年增长率均超过 10%，最高时达到 17%，到了 2005 年房产价格达到顶峰，2006 年美国的新屋销售和成屋销售等房地产行业指标大幅回落。房地产价格的下跌释放了住房抵押贷款市场的风险，抵押贷款的违约率和丧失抵押权赎回率逐步上升。到2006年末，美国次级抵押贷款的不良率达到13.3%，抵押贷款违约率超过4.95%，这是2003年以来的最高纪录。

### （二）危机爆发阶段（2007年2月—2007年6月）

2007年2月，美国第二大次级抵押贷款公司——新世纪金融公司宣布重置2006年前三个季度的业绩报告，并且称第四季度可能会出现亏损。之后，美国最大次级房贷公司全球金融公司宣布减少次级贷款投放量，英国汇丰控股宣布为美国抵押贷款计提105亿美元的坏账准备。至此，次贷危机开始浮出水面。

2007年3月，新世纪金融公司出现财务危机，股价从32.06美元直线跌至67美分，2007年4月2日，新世纪金融公司因资不抵债申请破产保护并裁减50%的员工，新世纪金融公司的危机标志着次贷危机的彻底爆发。在随后的几个月里，危机开始在次级抵押贷款市场蔓延，期间美国有30多家次级抵押贷款公司倒闭。

### （三）持续升级阶段（2007年7月—2008年8月）

2007年7月，穆迪和标准普尔宣布降低对次级抵押贷款债券的信用评级，持有次级抵押贷款证券化衍生产品的金融机构遭受巨额损失，至此，危机传递至整个国际金融市场，次贷危机不断升级。

首先受到冲击的是对冲基金和投资银行。2007年7月19日，身为华尔街五大投行之一的贝尔斯登投资银行旗下的两只对冲基金净值清零。澳大利亚麦格理银行、法国巴黎银行、德国IKB工业银行等金融巨头都因投资次贷的相关债券，纷纷宣布冻结旗下基金资产或停止赎回资金。

紧接着，由于资金链的联动作用，商业银行开始出现剧烈震荡的现象。不仅仅是美国金融市场，国外的金融市场也不可避免地遭受冲击，德国萨克森LB银行被迫出售。2007年9月14日至17日英国北岩银行发生挤兑事件，这是从1866年以来英国的首次挤兑事件。

2008年1月，全球三大国际评级机构之一的惠誉国际信用评级有限公司（Fitch）将债券保险商安巴克公司的信贷评级从AAA降到了AA，标志着次贷危机传递到了保险市场。同月，阿根廷养老基金委员会宣布其养老基金总额账面损失超过18亿美元,至此,养老基金行业也受到次贷危机的冲击。

2008年1月之后,次贷危机进一步加深,摩根大通、花旗银行、瑞士银行、德意志银行、日本村野证券、法国兴业银行等金融机构纷纷披露与次贷相关的巨额亏损。2008年3月16日,身为美国第五大投行的贝尔斯登被迫以2.36亿美元的清仓价出售给摩根大通。2008年7月,美国房地产抵押贷款巨头房地美、房利美身陷700亿美元的亏损困境。

在这一阶段,各大金融机构的风险不断暴露,财务报表纷纷出现巨额亏损,这导致投资者产生恐慌情绪,全球股票市场出现大幅震荡,其震荡幅度和迅速程度是许多国家证券市场比较罕见的。不仅如此,股票市场的恐慌情绪还蔓延到债券市场、商品期货市场和外汇市场,投资者不约而同地撤出高风险市场,使市场价格大幅下降。此时全球的金融市场危机四伏,市场恐慌加剧、银行“惜贷”,全球流动性趋紧,次贷危机的阴云笼罩着全球。

**(四)掀起高潮阶段(2008年9月)**

2008年9月7日,美国政府宣布从即日起接管陷入困境的美国两大住房抵押贷款融资机构房利美和房地美。9月14日起的一周之内,华尔街发生巨变。9月14日,有着158年历史的美国第四大投行雷曼兄弟宣布申请破产保护。9月15日,美国第一大零售银行美国银行宣布以440亿美元协议收购美林公司。9月16日,美国政府同意向保险巨头——美国国际集团AIG提供850亿美元紧急贷款,以控股79.9%的方式接管AIG。9月21日,华尔街仅存的两大投行高盛和摩根士丹利发布公告将接受美联储监管,转型成为银行控股公司。至此,名噪一时的华尔街五大投行全部消失。

2008年9月15日,全球股票市场遭遇“黑色星期一”,纽约三大股指创“9·11”恐怖袭击以来最大单日跌幅,欧洲、亚太、拉美的主要股票市场全线下挫,部分股票市场一度跌至停板。随后,美国、欧洲和亚洲国家政府纷纷公布巨额救市方案,世界各大央行为稳定市场纷纷宣布降息。10月6日冰岛宣布破产。韩国的外债规模突破警戒线,韩元暴跌,逼近1997年亚洲金融危机时的最低水平。巴基斯坦通货膨胀率高达25%,濒临破产。匈牙利、乌克兰、白俄罗斯等国也纷纷向IMF寻求经济援助。

# 第二节　次贷危机的风险传导及影响

## 一、次贷危机对金融稳定造成冲击的作用机制

全球化使美国金融危机的风险在全球扩散，危及全球金融的稳定。美国是全球最主要的投资目的地，欧洲、新兴经济体和石油出口国等都是美国的投资来源国。美国金融创新产品的很大一部分也被海外投资者所持有，此次危机波及世界正是由于美国金融机构把次级贷款打包成了债券，大量出售给国际投资者。更为严重的是，金融危机会对美国实体经济造成影响并促使美国调整宏观经济政策，而在全球化不断深化的今天，美国经济政策的调整必然会越过国境传导到全世界。

### （一）次贷危机对金融稳定造成冲击的短期作用机制

次级贷款人、次级贷款发放机构以及投资银行等，他们之间由资金链的链接形成了一个连续不断的循环体系，这个体系之所以能不断地运行下去是因为房价不断上涨和低利率两方面的因素，房价的上涨会吸引人来贷款买房，也会让已经贷款买房者有动力去还贷供楼，因为房价的上涨会使他们名下的资产增值，那么日后即使不想继续供楼，转手把房产卖出去还会有所收益。另一方面，极低的利率也使得还贷压力不算太大，所以贷款的逾期还款率、违约率都不算高。次贷的循环体系能不断运行离不开这两个因素，当这两个因素不存在之后，循环体系就会停滞，甚至崩溃。随着房地产市场的降温、美联储基准利率的连续上涨，贷款者面对的还贷压力与日俱增，同时房价的降低使他们的房产不断贬值，还贷的动力也随之削减，于是大面积的违约情况开始出现，信用风险也充分暴露。

违约率和坏账率的大幅攀升，使放贷机构陷入水深火热之中。由于这些小型的放贷机构并不依靠存款来开展业务，而以按揭贷款为抵押向大型金融机构融入资金，按揭贷款的违约使这些机构无法继续融入资金，而且还被迫赎回已经出现坏账的资产，资金链的断裂使这些机构无法正常运转，甚至只能被迫倒闭破产。有数据显示仅在2006年11月到2007年7月的这段时间里，整个美

国大约有80家左右的次级抵押贷款公司宣布停业,其中有50家关闭。

MBS、ABS、CDO或CDS都是在基础资产上创造出来的衍生品,其创设的目的是转嫁风险,基础资产(即次级按揭贷款)出现问题,那么其风险必然传递到相应的投资人手中,基础资产的折损最终使证券价值下降。CDO和CDS的信用级别都是预先设定好的,一旦出现亏损,将由低信用级别证券的购买者率先承担,因此对冲基金的投资人首当其冲。2007年6月,从华尔街第五大投资银行贝尔斯登所管理的两只对冲基金破产开始,次贷风险开始向以这两只对冲基金为基础发行的证券扩散,并引发了包括法国、荷兰、澳大利亚等其他国家和地区一系列对冲基金投资受损的事件。

标普和穆迪分别于2007年7月10日下调了612种和399种抵押贷款债券的信用等级,那就说明高信用等级的养老基金、保险基金也会受到次级贷款风险的冲击。由于此类机构往往设有严格的投资标准,他们的投资必须是高于一定级别的证券,标普和穆迪调低信用等级就使得这些机构为遵守其投资标准必须立即抛出不符合信用级别的证券。北美证券大批量抛出会导致相应证券的价格大幅下跌,进而使持有此类证券的投资者出现浮亏,至此,次贷危机传导至衍生品链的末端投资者。

### (二)次贷危机对金融稳定造成冲击的中期作用机制

次贷市场信用危机沿着衍生产品链传导仅仅是全球金融危机爆发的开始。图3.2.1显示,危机从心理预期下降、资金流动困难到风险重估引发、传导至全球金融市场。

首先,次级危机导致次级贷款发放机构、MBS以及CDO投资者的损失。这些损失体现在基金净值中,因此投资者产生担忧与恐慌并日益加剧,纷纷要求基金赎回,为此,基金需要通过抽调其他资金来满足其流动性需求。与此同时,投行、商行、保险公司等机构也由于投资产品的信用级别降低而进行较大规模的资金抽调。因此,引发了股票市场、商品期货市场、外汇市场及各类相关衍生品市场的大幅波动。

美国房地产泡沫破灭,证券市场价格也经历了深度调整,美国居民的消费意愿和消费能力显著下降。2008年9月美国汽车销量剧减28%,表明美国最大消费品市场急转直下。2007年8月以来,美国股市累计跌幅最大的为房屋建设和金融板块,3个月累计跌幅分别为20%和12%。随着次贷危机不断蔓

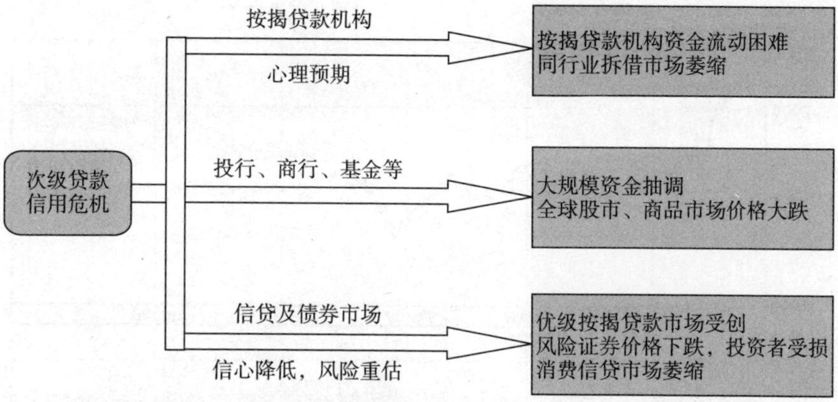


**图 3.2.1　次贷危机的中期传导机制**

延，一些周期性股票也出现较快的下跌。

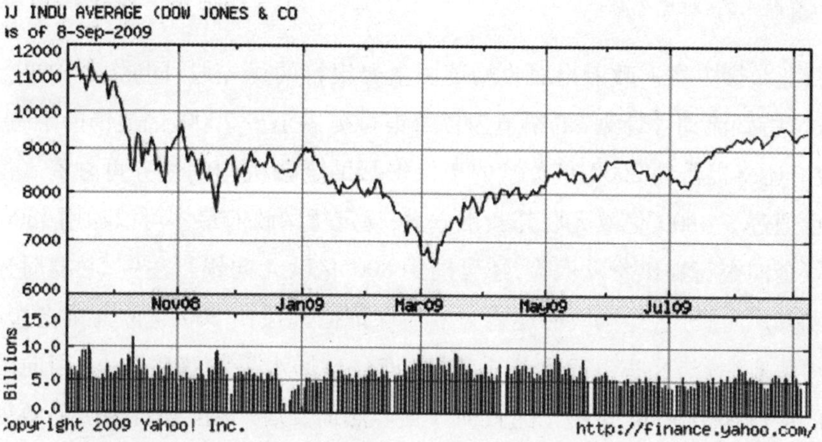


**图 3.2.2　截至 2009 年 9 月 8 日的美国道琼斯工业指数**

由于面临资金流动问题，各大金融机构大规模抽调资金，同行业拆借市场也开始停滞，导致全球金融系统流动性迅速下降。为了避免整个金融市场因流动性丧失导致更大的损失，各国中央银行不得不向市场注资以缓解各个市场的流动性不足。欧洲是受危机影响较深的地区，危机之初，各国政府均采取了一系列应对金融危机的措施，但各国政府各自为战的救市行为反而加剧了欧洲内部的不稳定。例如，爱尔兰对其国内银行存款提供担保，降低了欧洲其他银行体系存款者对市场的信心。以英国为例，为了防止银行业因为全球信贷危机而出现“崩盘”，英国于 2008 年 10 月 8 日宣布了一项总额达 2000 亿英镑的一揽

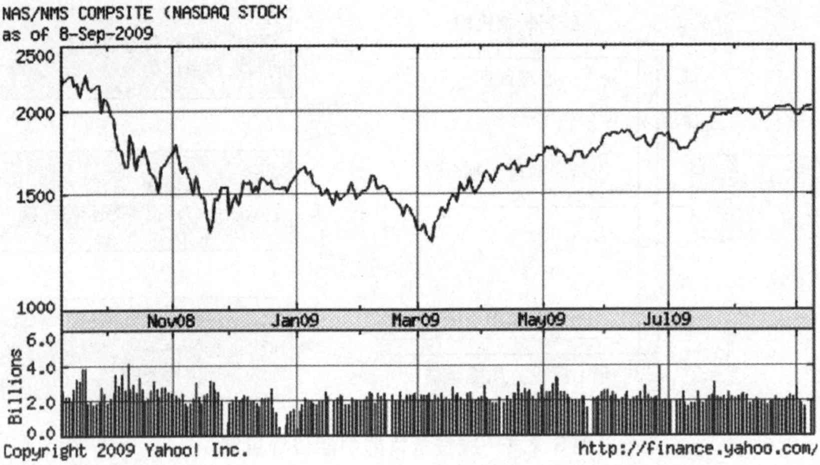


图 3.2.3　截至 2009 年 9 月 8 日的纳斯达克综合指数走势图

资料来源：雅虎金融。

子银行业救援方案。政府出面收购英国主要银行的优先股，同时，英国央行还将通过“特别流动性计划”的渠道为各家银行提供至少 2000 亿英镑的融资，此外，政府还将提供约 2500 亿英镑的担保来帮助金融机构的债务再融资。德国议会也通过了 4800 亿欧元联邦救市方案，规定德国政府最多可以动用 4800 亿欧元资金向银行提供贷款保险，还可动用 800 亿欧元向银行注资，必要时还可以收购其风险资产，德国政府还将为上述保证措施拨出 200 亿欧元准备金，为了获得政府注资，这些银行还必须支付“符合市场水平的费用”。法国向陷入困境的银行提供 3600 亿欧元的救助计划。然而，欧洲各国各自为政的救助并没有从根本上稳定市场信心。由于美国次级危机导致整个美国经济受损，各行业均出现不同程度的下滑，世界各国也开始审视自身的按揭贷款市场，从而全球各种金融风险层出不穷，愈演愈烈。

次贷危机引发全球市场信心不足，各国开始对风险进行重估，引发优贷市场、信用衍生品市场、风投产品和信用卡市场的震动。随着投资者躲避风险情绪增加，优级按揭抵押债券收益率的基差明显上升，信贷按揭和房产市场变得十分悲观。据彭博数据显示，自 2007 年 9 月，3 年期优级按揭抵押债券的基差迅速升高，甚至有短期与长期基差倒置情况出现。

其次，投资产品市场也受到损害。美国前十的货币市场基金投资超过 500 亿美元在资产短期债上，导致资产管理公司有可能成为继信贷和按揭保险市场之后的又一受害者。

最后,传统行业也开始受到次贷危机影响。投资者开始对商业按揭支持债券进行风险回避。中金调查报告显示,CMBS 的月发行量 7 个月内从 385 亿美元下降到 63 亿美元,收益率基差上升近两倍。次贷个体的消费和还款能力不断减弱,产生拖欠信用卡和车贷还款的现象,这又使得靠此现金流为支撑的 ABS 出现较高违约率,而这类资产支持证券的投资者再次经历又一轮的损失。

## (三)次贷危机对金融稳定造成冲击的长期作用机制

从长期角度来看,次贷危机将造成全球经济的衰退,如图 3.2.4 所示。

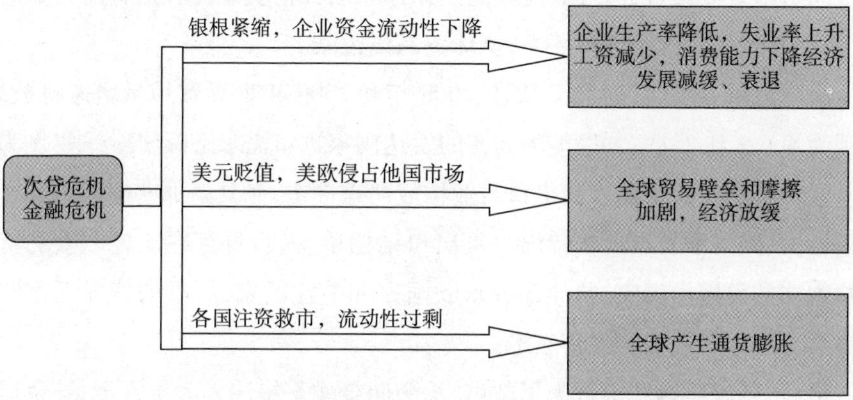


**图 3.2.4 次贷危机对金融稳定造成冲击的长期作用机制**

首先,银根紧缩、企业借款困难,导致失业率升高,工资水平下降,从而消费能力锐减,经济增长减速。金融危机通过国际贸易渠道传导到对外依存度较高国家的实体经济,市场信贷紧缩、信心下降导致跨国公司的国际投资纷纷撤资,使国际投资东道国的经济增长滞缓。各主要国家经济情况如下:

美国:2008 年全年 GDP 为 147185.82 亿美元,增长率为 -0.3%;2009 年全年 GDP 为 144187.39 亿美元,增长率为 -2.8%;

英国:2008 年全年 GDP 为 27933.77 亿美元,增长率为 -0.5%;2009 年全年 GDP 为 23145.77 亿美元,增长率为 -4.2%;

日本:2008 年全年 GDP 为 48491.85 亿美元,增长率为 -1%;2009 年全年 GDP 为 50351.42 亿美元,增长率为 -5.5%;

冰岛:外债高达 1380 亿美元,本币克朗一周内缩水 35%,国家面临破产。2008 年全年 GDP 为 175.31 亿美元,增长率为 1.5%;2009 年全年 GDP 为

128.55亿美元,增长率为-4.7%;

韩国:2008年8月经常性收支赤字达47.1亿美元,为1980年以来最高点。2008年全年GDP为10022.19亿美元,增长率为2.8%;2009年全年GDP为9019.35亿美元,增长率为0.7%。

(注:以上数据来自世界银行,其中市场价格GDP年增长率基于不变价本币计算,总额计算基于2005年不变价美元。)

其次,由于投资资金外撤、美元走弱、英镑和欧元压力增大,导致欧美各国积极进展新型市场,带来一系列的贸易摩擦。由于全球资产价格下跌,其造成的负向财富效应使世界各国,尤其是发达国家居民消费意愿和消费能力显著下降,直接导致发达国家进口萎缩,全球贸易量锐减。

次贷危机爆发后,据IMF估计,2008年和2009年世界贸易量增速将放缓,分别为4.6%和2.1%。以美国为首的发达国家进口需求下降将对一些作为其贸易伙伴国的发展中国家的出口行业构成严重冲击,尤其是那些金融市场外资比重较大、经济增长高度依赖出口且出口结构单一、自身存在比较严重的资产价格泡沫的发展中国家,譬如部分东欧国家和中亚国家,严重的情况下这些国家将会出现金融危机和经济衰退。

最后,各国政府和银行为了救市,均会向金融系统注入大量资金,导致流动性过剩,随之全球将出现新一轮通货膨胀。

## 二、次贷危机风险传导过程

从总体路径角度来看,美国次贷危机演变成全球经济危机主要经历了"住房抵押贷款危机—次贷危机—金融危机—全球金融危机"演变的历程。

### (一)从住房抵押贷款危机到次贷危机

金融机构在为居民提供住房抵押贷款时面临着诸多风险,其中主要是流动性风险和利率风险。首先,金融机构在提供住房抵押贷款时,一般期限较长,但是资金主要来源于居民储蓄存款,期限普遍较短,"借短贷长"现象造成银行的资产—负债结构不匹配,从而出现流动性问题。其次,传统住房贷款普遍采用固定利率定价,在放松金融管制和利率市场化条件下,市场利率波动的频率和幅度加剧,贷款机构面临较大的利率风险,甚至还会出现"利率倒挂"现象,致使其亏损甚至倒闭。

美国的住房抵押贷款市场分为一级市场和二级市场,一级市场是二级市场形成的基础,二级市场提供了风险转移机制。同时二级市场创新是把"双刃剑",二级市场的金融创新拥有拓展银行融资渠道、改善银行资产—负债结构、摆脱资本充足率约束、提升市场流动性和提高市场风险容忍度等优点,但是抵押贷款证券化实质上是风险转移技术,并没有减少市场上既定的信用风险总量。由于住房抵押贷款证券化过程复杂,产品复杂、信用链条长、涉及的中介人众多,因此可能助长放款机构和中介机构的道德风险,从而加大风险总量。

从住房抵押贷款危机到次贷危机的传导过程中,首先,一级市场信用风险急剧累积。一是一般抵押贷款迅速增加,政府支持贷款稳中有降,二是一般抵押贷款中优级贷款的比重迅速下降,次优级贷款比重迅速上升。其次,由于美国大量的住房抵押贷款通过二级市场进行证券化并出售给投资者,在住房抵押贷款一级市场大量累积的风险也传递给二级市场,从而直接诱发了次贷危机。

### (二)从次贷危机到金融危机

次贷危机发生后,风险从信贷市场向资本市场传导,继而向实体经济蔓延,引发美国金融危机。

1.从信贷市场到资本市场

由于持有大量信用评级较低的 MBS、CDO 以及基于 CDO 的各类衍生产品,对冲基金和投资银行最先受到冲击。商业银行、外国政府、养老基金、保险基金主要购买风险度较低的 CDO 产品,而投资银行、对冲基金这些风险偏好者们则选择风险较高,杠杆化程度更高的证券化产品。具有较高风险的次级抵押贷款被投资银行买进后,即对其风险进行拆分,形成担保债权凭证(CDO),来自美国投资银行发行的 CDO 基本分散在 5 类金融机构手中,包括银行(31%)、资产管理公司(22%)、对冲基金(10%)、保险公司(19%)和养老基金(18%)。这个过程使得次贷风险从贷款机构经过投资银行传递到资本市场,完成了风险汇聚机制向风险分散机制的转变,将风险从少数的贷款机构分散到由社会公众承担。

受低信用评级资产恶化的影响,投资者也将调低高信用评级资产的信用等级,并通过资产处置效应引起高信用等级衍生工具的投资者出现浮亏。信贷市场的危机使证券化的次级抵押贷款的信用风险增加，信用评级机构调低了相关MBS和CDO的信用评级，相关风险就从次级抵押贷款公司的资产负债表中转移到持有MBS和CDO的机构投资者的资产负债表中，或者说，美国次贷危机就从传统的信贷市场传导到了创新的资本市场。对金融市场形势继续恶化的担心使得投资者纷纷要求赎回基金，为满足自身流动性需求，一些基金被迫或主动缩减资产负债表，变现其他市场的资产，大量抛售资产引起股票市场、黄金市场等一系列与次级债券市场没有直接联系的相关市场大幅震荡。

2. 从资本市场到信贷市场

由信贷市场传导到资本市场的次贷危机又通过杠杆融资回流到了信贷市场，加剧了商业银行的惜贷行为从而造成了信贷紧缩和流动性缺失。

首先，在资本市场上，以商业银行为主的次级抵押贷款公司投资了大量的次级抵押贷款来支持MBS、CDO以及基于CDO的各类衍生产品，使资本市场上的次贷危机回流到信贷市场。其次，购买MBS和CDO的投资银行、对冲基金等机构投资者反过来又以其持有的MBS和CDO作抵押向商业银行等次级抵押贷款公司进行杠杆融资，加之次级抵押贷款公司向投资者承诺的某些“赎回条款”，使得次贷危机爆发后，试图通过资产证券化来逃避风险的商业银行等次级抵押贷款公司被动地承接了资本市场的系统性风险。

3. 从信贷市场、资本市场到实体经济

由次贷危机到华尔街风暴导致的全球房地产、股票等资产价格的大幅下跌，使投资者的资产价值大幅缩水，同时金融市场流动性短缺，融资变得困难。资产价格下跌和流动性短缺通过财富效应、托宾Q效应和金融加速器机制抑制居民消费与企业投资，进而对实体经济产生严重负面冲击，危机从资本市场向实体经济传递。

从消费层面来看，美国居民消费在次贷危机爆发后持续疲软。自2006年底次贷危机爆发以来，美国的居民个人消费、私人部门投资、住房投资对GDP的贡献一直趋于下降，显示了次贷危机对美国实体经济的严重影响。次贷危机造成美国房价持续下跌、住房资产萎缩以及股市价格和基金价格的高位下调，这些通过财富效应对居民消费带来负面影响。从投资层面来看，次贷危机的爆发使得美国房地产行业深受打击。由于经济形势没有好转的迹象，新房潜在购买者预期房价将继续下跌，纷纷选择持币观望。同时，次级抵押贷款违约率上升造成二手房供给增加,新房需求减少和二手房供给增加双重作用使得房屋库存处于历史最高水平。此外,新屋开工数也大幅下滑,表明美国房地产投资大幅减少,次贷危机造成的股市价格大幅跳水,托宾Q值显著降低也进一步削弱了企业新增投资的动力。根据托宾理论,随着上市公司股票价值的减少,上市公司进行投资的能力和意愿都大大减弱,再者,由于自身股票价值缩水,企业能够以股票作为抵押申请银行贷款的规模也显著下降。上述两个机制从直接融资与间接融资两个渠道减少了企业的融资来源,迫使企业不得不调整固定资产投资计划。从出口层面来看,受益于欧元区、日本仍然保持了比较平稳的经济增长,美国出口增长强劲成为拉动经济增长的最重要引擎。2008年第2季度美国GDP同比增长2.8%,其中净出口贡献了2.93%。但是,从2008年第2季度起,随着欧元区经济与日本经济陷入了负增长,导致对美国商品进口需求下降,从2008年第3季度起,美国出口的同比增速逐渐放缓,对外贸易萎缩明显,贸易逆差收窄,全年贸易逆差为6771亿美元,比上年减少231.6亿美元。虽然由于次贷危机和美元贬值的影响,美国净出口对经济增长的贡献有所上升,但受到投资和消费的拖累,美国GDP在2007年第四季度和2008年第一季度的增长率则下降到0.6%。

### （三）从金融危机到全球金融危机

美国次贷危机爆发的背景是金融全球化、全球流动性过剩化和后金融创新化的经济时代,在这一国际背景下,美国次贷危机通过金融市场和实体经济从美国的国内市场传导到国际市场,并对全球经济发展造成冲击。第一,贸易往来使本国经济暴露在国际经济波动的冲击之下。第二,产业联动使得出口产业把各国经济紧密地联系在一起,同时,一国出现的金融危机也会沿着产业联动效应的渠道传向其他国家。第三,资本流动有力地影响着国际金融资源在全球范围内的配置,使各类金融交易的供求关系和价格信号的可变性和不确定性增强。一国发生货币危机可能导致其市场流动性不足,从而使金融中介为规避风险开始清算其在其他市场上的资产,这导致了另一个与其有密切金融关系的市场资金流动性不足,进而引发另一个国家大规模的资本抽逃行为。第四,社会公众对金融危机十分恐惧,因为这种危机能使股市大幅下跌,使资产迅速缩水。公众的这种恐慌心理会以异常的速度传播,具有很强的扩散性,并且这种心理将加速信用危机的恶化。

## 三、危机对金融稳定造成影响的具体方面

美国次贷危机的爆发,其影响随着由次级贷款、证券化产品和衍生品交织成的金融网络蔓延至全球的各个角落,最后逐渐发展恶化成全球的经济危机,不仅对美国经济带来横向和纵向的挑战,对全球金融体系也带来巨大挑战。美国、欧盟以及新兴市场国家的经济受到严重冲击,全球性的通货膨胀也伴随而来,直到现在,次贷危机的阴霾还未完全褪去,一些国家的经济体还在极力地恢复。

### (一)次贷危机对美国金融稳定的影响

由美国爆发的次贷危机无疑对美国本土的金融经济体系造成致命打击,之前由于为华尔街带来巨大利益的杠杆投资也演变成一个又一个不定时、不定量的炸弹,这些炸弹不知道会在什么时候爆炸,也不知道影响程度到底会有多深远。

#### 1. 次贷危机严重影响了美国金融市场的稳定

2008 年 9 月的美国金融市场可谓是惊心动魄、动荡不断,期间多家威望极高的金融机构被迫破产或者被收购。9 月 15 日,历史悠久的美国第四大投资银行雷曼兄弟无力抵抗危机被迫宣布破产保护;9 月 16 日,美联储向美国国际集团(AIG)注入 850 亿美元紧急贷款,这意味着美国国际集团(AIG)被国有化;9 月 21 日,高盛和摩根士丹利被批准转为银行控股公司,不再是呼风唤雨的投资银行;9 月 25 日,华盛顿互惠银行,作为美国最大的储蓄银行被美国联邦监管机构接管,其部分业务被出售给摩根大通公司,华盛顿互惠银行的倒闭成为美国历史上最大银行倒闭案的主角;9 月 29 日,花旗银行以 530 亿美元收购了作为美国第四大商业银行的美联银行;9 月 29 日道琼斯工业指数(Dow Jones Industrial Average,DJIA,简称“道指”)下降了 778 点,成为美国历史上该指数单日最大跌幅日,当日美国股市蒸发掉 1.2 万亿美元市值,为首个单日损失超过 1 万亿美元的交易日。

2009 年 3 月,美国华尔街第五大投资银行的贝尔斯登公司(Bear Stearns Cos.)被摩根大通收购。至此,美国华尔街五大投行无一幸免,次贷危机愈演愈烈。

#### 2. 次贷危机冲击美国的工业生产

次贷危机的爆发使美国的家庭财富大大缩水,从 2007 年 6 月底的64.36万

亿美元缩水到2009年3月的51.48万亿美元,损失达到12.88万亿美元。反映居民消费率的数据都显示美国居民的消费能力不断减弱,消费者信心指数(Consumer Confidence Index,CCI)不断下滑,从2007年9月的99.5到2008年6月的56.7最后到2008年12月仅为26.0;同样反映消费水平的居民储蓄率也开始回升,2005年到2006年均为负数,之后便不断上升,从2007年的0.5%到2008年的1.0%到最后2009年1月的5.0%。消费水平不足直接导致美国制造业生产疲软,数据显示,美国制造业指数(PMI)从2008年9月的43.5%下降到12月的32.4%,工业生产低迷,导致企业利润、流动资金大幅减少,上下游的企业也难免陷入危机。美国次贷危机传递到美国实体经济的各个方面,实体经济受到波及,紧接着失业率不断升高,不稳定性局面进一步恶化。2009年4月美国的失业率升至8.9%,并一直居高不下。

3.次贷危机冲击美国的服务业领域,以致出现近五年来首次收缩

服务业对美国经济和就业具有重要影响,其占到美国经济活动的比重超过80%,但是在次贷危机影响程度不断加深的背景下,各行业生产商、零售商、金融企业以及各服务业公司不得不进行全面裁员以节省开支。此外,据统计,美国信用卡的债务规模超过9000亿美元,汽车及其他消费的债务规模超过1.5万亿美元,还有超过10万亿美元的私人抵押债务,与此同时,各银行及房贷机构更是紧缩信贷以保全自身,市场的流动性急剧紧缩。裁员的加剧、信贷紧缩以及流动性不足使市场上的消费能力严重不足,服务业没有了消费市场,只能不断萎缩。

4.信贷紧缩转变成为消费紧缩,进一步恶化危机

前面已经提到,在危机加深、房产价值下降和失业率不断升高的严峻形势下,美国的消费者大幅缩减各个方面的开支。在美国,拉动经济的三驾马车中消费占GDP的比重达到72%之高,其中大部分是信用和贷款消费。数据显示,2007年美国共销售汽车1610万辆,到2008年下降了300万辆左右,而2009年一季度却只销售了220.7万辆,下降了86%之多。

### (二)次贷危机对全球金融稳定的影响

1.全球股市剧烈震荡

由于次贷危机的影响,全球房地产业和金融业经营状况急剧恶化,并且危

机的程度还在不断加深,严重打击了投资者的信心,全球流动性骤减,资金大面积撤离,在这样的形势下,全球的股市基本全面下跌,并且跌幅巨大。纽约综合指数收盘价由最高时的2007年10月31日的10311.61点一度下跌到2009年3月9日的4226.31点;英国伦敦金融时报100指数的收盘价由最高时的2007年10月12日的6730.7点一度下跌到2009年3月3日的3512.1点;日本日经225指数收盘价由最高时的2007年10月11日的17458.98点一度下跌到2009年3月10日的7054.98点;香港恒生指数(HSI)的收盘价由最高时的2007年10月29日的31586.9点一度下跌到2008年10月27日的11015.84点,如图3.2.5所示。

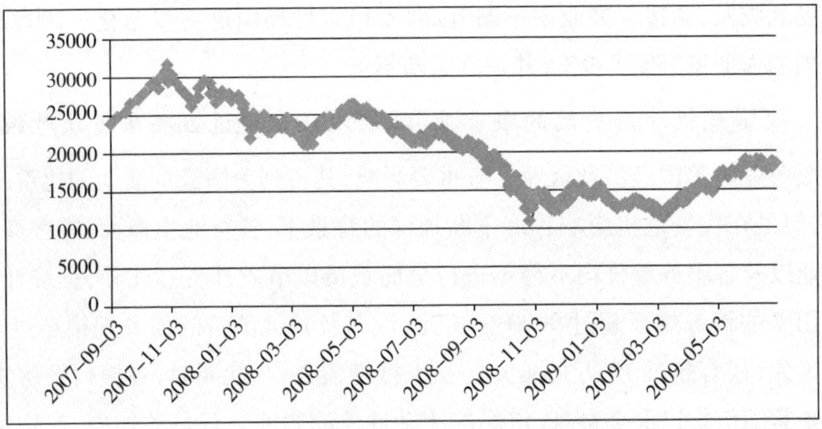


**图3.2.5 香港恒生指数(HSI)的收盘价走势图**

**(2007年9月3日—2009年6月30日)**

2. 全球通胀压力加大

美元在国际金融体系中处于十分特殊的位置,大部分的国际交易和国际大宗产品都是用美元来标价的,所以美元的贬值成为使石油、黄金、矿产品等疯狂涨价的重要因素。这些产品的大幅涨价给很多国家造成了进口输入型通货膨胀和成本推动型通货膨胀。

3. 全球各国货币政策稳定受到影响

次贷危机的爆发,使各投资银行和对冲基金损失巨大,危机的程度还在不断加深,市场的信心受到严重打击,在这样的形势下,各银行纷纷紧缩信贷,投资者也纷纷大面积地撤离资金以保住自己的资产,这也就加深了市场流动性的严重不足,西方各国的中央银行不得不纷纷增加本国货币的流动性以达到稳定市场的目的。截至2008年3月,美国的中央银行注资2452.5亿美元,欧洲各国注资约7441.6亿美元,日本注资规模也达到467.7亿美元,此外,澳大利亚、加拿大也对本国金融市场注入大规模的资金以增加流动性。如表3.2.1所示。

表3.2.1　各个国家/地区央行注资救市一览表

| 日期 | 国家/地区 | 注资金额(亿美元) |
|---|---|---|
| 2007.8.9 | 加拿大 | 13.7 |
| 2007.8.9 | 美国 | 240 |
| 2007.8.10 | 欧洲 | 2136.4 |
| 2007.8.10 | 澳大利亚 | 41.9 |
| 2007.8.10 | 日本 | 85 |
| 2007.8.10 | 美国 | 380 |
| 2007.8.13 | 日本 | 50 |
| 2007.8.10—13 | 加拿大 | 23.3 |
| 2007.8.14 | 欧洲 | 753 |
| 2007.8.13—16 | 美国 | 260 |
| 2007.8.15—16 | 加拿大 | 6.69 |
| 2007.8.16—17 | 日本 | 140.79 |
| 2007.8.17 | 澳大利亚 | 30.16 |
| 2007.8.18 | 美国 | 60 |
| 2007.8.20—21 | 日本 | 157.3 |
| 2007.8.21 | 澳大利亚 | 28.5 |
| 2007.8.21—23 | 美国 | 230 |
| 2007.8.24—30 | 澳大利亚 | 51.5 |
| 2007.8.27—29 | 美国 | 147.5 |
| 2007.8.28—29 | 欧洲 | 3552.15 |
| 2007.8.30 | 美国 | 100 |
| 2007.8.31 | 日本 | 34.64 |
| 2008.3.11 | 美国+欧洲 | 2000 |

资料来源:韩建.基于金融不稳定理论的美国次贷危机研究。

## (三)次贷危机对中国金融稳定的影响

### 1.美国次贷危机对中国金融市场的影响

中国股票市场对次贷危机的反应是比较明显的,股票市场受到的影响主要来自于三方面：

首先，次贷危机最直接的影响是使那些投资美国次级贷款及其衍生品的国内金融机构蒙受损失，其中大型国有控股商业银行在海外的投资比较多，次级贷款及相关产品也是投资的重要部分。中国工商银行就曾持有美国雷曼兄弟公司债券及雷曼信用相挂钩债券余额1.518亿美元，占工行资产总额的万分之一，如果以比较乐观的30%能够收回来计算的话，亏损也在1.0626亿美元。中国银行曾名列雷曼兄弟30大无担保债权银行，居同业拆借第19位，中行5000万美元贷款的损失要视市场定价和中行的对冲交易策略而定，而雷曼的资产处理过程将长达六七年，如果中行能收回20%以上就算比较幸运的，但是最大的可能却是血本无归。

其次，次贷危机导致了美国以及世界各国股市的大幅下降，在经济全球化的大背景下，中国的股票市场不可能不受到波及。在美林等爆出巨额亏损，进而引发欧美及亚太股市暴跌之后，由此形成的冲击并没有被未完全开放的中国资本市场所抵挡。道理很简单，国际化程度很高的香港股市连续暴跌，中国石油H股都下跌到10元以下，那么中国石油A股怎么可能还处在高位不下跌呢？由此可见，海外市场的这种拖累对境内市场的影响巨大，人们对此无法回避。

最后，美国次贷危机爆发以后，全球投资者的信心严重低迷，全球流动性严重不足，这对整个金融市场都是非常不利的。数据显示，上证综合指数从2005年6月6日的998.23点，经过575个交易日上涨至2007年10月16日的6124.04点，涨幅高达501%，平均市盈率超过50倍，建筑业和零售业更是高达100倍。危机爆发后，截至2008年4月21日，指数在129个交易日中跌至最低3073.56点，跌幅达49.8%。

从实体经济来看，由于金融危机导致世界经济形势发生变化，给我国的出口、经济增长带来下行压力，但是，美国金融危机对中国来说，也不完全都是负面影响。在危机恶化之前，世界面临通货膨胀上升，经济下行的滞胀风险，与此相一致，中国经济也面临较大挑战，经济增长速度快速下降，通货膨胀受国际市场的影响居高不下。美国次贷危机的恶化，加速了美国经济的调整，缓解了世界能源、原材料以及粮食等大宗商品市场的供求紧张状况。更重要的是，美国次贷危机的恶化，严重打击了国际投机势力，石油、大宗商品中的投机因素大大降低,价格快速下降。这在相当程度上缓解了中国通胀的压力,舒缓了中国宏观政策方面面临的困境,可以将更多的精力投向防止经济过快下滑上。

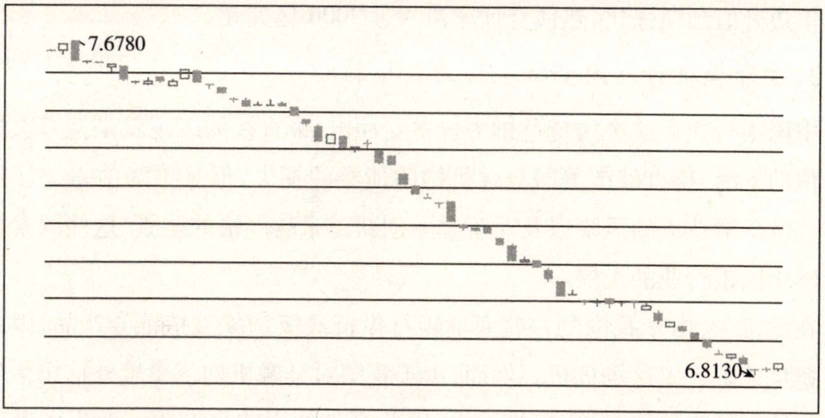


图3.2.6　美元兑人民币周线图(2007.6.1 - 2008.8.1)

数据来源:东方财富。

2. 美国次贷危机对中国外汇市场的影响

首先,次贷危机造成美元持续疲软给我国巨额的外汇储备带来巨大损失。受此次危机影响,美元对大多数新兴市场经济体的货币不同程度贬值。据中国人民银行统计表明,美元对巴西雷亚尔、新加坡元、泰铢、马来西亚林吉特、俄罗斯卢布分别贬值16.2%、5.3%、4.9%、5.3%和6.1%。境外人民币无本金交割远期市场(NDF市场)更是一路震荡下跌,于2007年年末收于6.715,人民币全年升值约9.49%。以此估算,我国外汇储备一年的缩水近10%。

其次,次贷危机增加了我国外汇储备的战略投资风险。投资者面对危机产生风险厌恶情绪,从而采取避险投资行为,造成美国国债利率下降。截至2007年末,美国10年期国债收益率收于4.035%,较上年末下降66.9个基点,2年期和5年期国债收益率分别较上年末大幅下降176.5个和124.6个基点。这一方面使我国投资美国国债的外汇储备资产出现浮亏,另一方面增加了今后我国外汇储备的投资难度和风险。

最后,由于美国次贷危机的爆发,投资者纷纷出逃美国金融市场,为了避险和保值,国际资金和热钱纷纷涌入我国内地和人民币升值有关的香港等市场,推动人民币升值加快的预期。2011年中国国家外汇管理局发布了第一个跨境资金流动监测报告,首度披露了中国官方对热钱的估算数据:2010年热钱净流入355亿美元,占外汇储备增量的7.6%,占当年GDP的0.6%。在过去10年,热钱年均流入中国近250亿美元,占同期外储增量的9%。2003—2010年,人民币单边升值预期强化,热钱合计净流入近3000亿美元。

3.次贷危机对我国金融机构的直接影响

中国银行业在这次次贷危机中也备受冲击,最直接的表现就是持有次贷证券价值的下滑,持有破产美国金融机构的债券的损失,但是更为值得关注的是实体经济下滑造成的风险以及对于金融创新越来越严格的监管,这些因素会严重影响中国银行业的发展。

在危机中,由于我国的一些商业银行投资次级贷款支持证券产品,因此也不可避免地陷入了这场危机。然而,由于我国对金融机构从事境外信用衍生品交易的管制较为严格,投资规模不大,因此受到的影响也有限。摩根大通对五家中资银行次级债投资损失估计后指出中行、建行、工行、交行、招行的次贷损失额分别为38.53、5.76、1.2、2.52、1.03亿美元。兴业证券的研究报告中,工行、中行、建行2007年每股收益将较预期分别下降0.01、0.05、0.02元,次贷对利润增速的影响分别为-6.7%、-29.4%、-10%。根据各银行2007年年报数据显示,由于受到的影响有限,损失明显小于预期。以受损失最为严重的中国银行为例,2007年末次贷支持债券账面余额364.54亿元人民币,因此划拨94.61亿元人民币的减值准备以及20.58亿元人民币的公允价值变动储备,同时,由于次优级贷款受到次贷危机的牵连,中行也相应地提取了减值准备2.85亿美元,但净利息收入、手续费及佣金净额以及其他营业收入的大幅增长,抵消了由于购买次级按揭债券而导致的亏损,营业利润最终有了一定的增长,截至2007年底每股收益0.22元,利润同比增长31.33%,共计实现净利润562.29亿元人民币。截至2008年末,中国银行持有美国次级住房贷款抵押债券的账面价值为153.44亿元,占公司证券投资总额的1.08%,集团累计确认了17.85亿元的公允价值变动储备,持有美国次优级住房贷款抵押债券的账面价值为78.45亿元,占集团证券投资总额的0.48%,该类债券的减值准备余额为48.44亿元,持有Non-Agency住房贷款抵押债券的账面价值为240.00亿元,减值准备余额高达102.93亿元,此外,截至2008年末,公司还持有美国"两房"发行债券344.84亿元,"两房"担保住房贷款抵押债券253.60亿元,资产风险不断暴露。工商银行截至2008年9月底,持有与美国次贷相关债券投资面值合计

18.67亿美元，相当于其总资产的0.14%，持有雷曼兄弟相关债券面值为1.52亿美元，房利美及房地美相关债券面值则为16.76亿美元，相当于其总资产的0.12%，公司债务抵押债券面值5.05亿美元，为此，工行已对相关投资做了13.14亿美元的减值拨备，拨备覆盖率达到103.63%，拨备率则为52.06%。而交行和招行年报均披露未受到次贷危机的直接影响。

同样对中国银行业影响深远的还有全球经济下滑背景下的中国经济增长放缓对中国银行业的风险。由于美国金融危机导致的高失业和信心不足使美国购买力下降，对中国的直接影响是出口订单的减少和出口企业的经营出现困难，这种现象在一定程度上影响银行对出口企业的信贷的安全。另外高速增长的经济放缓也会间接影响整个银行的业绩增长。

根据以上的分析，可以看出次贷危机对我国商业银行系统有一定的影响，此次次贷危机应该给我国金融机构的健康运行和发展带来了一定的启示。

## 第三节　欧债危机的背景与风险传导

### 一、欧债危机的背景

2007年8月美国次贷危机席卷发达国家金融市场，欧洲主要银行因持有美国市场资产支持证券遭受损失而面临巨大风险敞口，而且这些银行高度依赖美国货币市场上的美元融资。2008年9月雷曼兄弟破产，危机进一步深化并导致全球金融震荡，对美国和欧洲造成了严重冲击，促使投资者对信贷增长的可持续性和巨额的外部赤字进行重估。特别是那些宏观经济失衡的国家，因私营部门资本流出、信贷收紧、建设项目停滞，银行体系在融资市场上面临严重的贷款损失和流动性短缺问题。在国内经济衰退、银行部门经营困难、国际投资者风险偏好下降等因素的综合作用下，2009年末欧元区债务危机全面爆发，许多国家赤字率增速远超过预期。同时，很多国家面临银行不良贷款损失预期上升和经济衰退幅度加大的问题，银行部门形势恶化加速了风险传导，对政府债券价值造成间接负面影响，之后，欧元区各成员国开始实施财政紧缩，以降低财政赤字和公共债务规模。然而，财政紧缩政策使债务风险有所缓解的同时，也造成经济环境恶化，使得多数国家失业率上升，同时，欧洲央行先后实施超低利率、证券购买计划、流动性招标操作和货币互换、长期再融资操作等措施，在一定程度上缓解了系统性风险，但政策效果较为有限，债务危机难以平息。在债务危机持续深化的背景下，欧元区经济面临中长期衰退压力、流动性压力以及阶段性货币危机的困扰，国家信用风险问题越来越突出。

## 二、欧债危机的风险传导

欧洲国家债务危机主要发生在欧元区，欧元区是经济金融高度一体化的统一货币区，经济开放程度很高，在国家层面呈现出经济国际化，在全球层面呈现出经济全球化。欧洲国家债务危机发端于希腊，但随着风险通过实际经济路径、金融路径和预期路径的传导，不但在欧元区形成了范围更广的债务危机，而且对欧洲整体乃至全球经济产生了巨大冲击。

### （一）欧债风险在欧元区的传导

欧元区作为经济一体化区域的先驱，其发达的债券市场、股票市场不仅对内开放，国际投资者也可进入。任何投资都有风险，不论是专业的投资团队还是信息劣势的投资人都有规避风险的意愿，都会对投资对象的未来发展做出判断，从而形成市场预期。欧元区最大的特点是成员国家经济相互关联，债务危机能在欧元区内迅速传导的因素之一就在于欧元区内统一货币带来的副作用，欧元作为国际结算货币对欧元区国家无论是区外贸易还是区内贸易都带来很大影响，汇率的作用也不可忽视。而投资者不可能完全掌握投资对象的全部信息，所以一旦发现欧元区内任何一个国家有发生债务危机的可能，依据“羊群效应”，考虑到类似国家的情况，尤其是经济基本面相似的国家，出于成本收益的考虑和担心，投资者容易产生恐慌情绪，降低对相似国家信用的信心，由于市场预期降低导致投资环境恶化，引起危机的传导。

一是由欧元区外围国家风险向德法等核心国传导。2010—2011 年 6 月底是由希腊向爱尔兰、葡萄牙和比利时等欧元区外围国家传导；2011 年 7 月—2011 年底是由欧元区外围国家向欧元区第三大和第四大经济体的意大利和西班牙传导；2012 年初至 2013 年第一季度末是由意大利和西班牙向欧元区核心国德国和法国传导。

二是主权债务危机风险逐步引起欧洲银行业危机。2011 年 9 月 14 日，穆迪下调了法国农业信贷银行和法国兴业银行的信用评级,这是欧债危机爆发以来欧洲银行业的评级首次被调低,标志着危机由国债市场传递到银行间市场。随后,意大利、葡萄牙、西班牙和英国等国的数十家银行先后遭遇评级下调。由于市场流动性继续衰竭,一部分银行被迫破产,法国和比利时合资的德克夏银行成为欧债危机中率先倒下的银行。欧债危机向欧洲银行业的溢出效应主要通过以下路径传导。传导路径一:欧债危机致使欧洲银行业持有的欧元区国债资产质量急剧恶化;传导路径二:欧债危机带动银行业融资成本上升,加剧短期融资难度;传导路径三:欧洲银行业对同业及企业授信业务的信用风险也在不断升高(中国工商银行城市金融研究所课题组,2012)。

三是欧债风险由公共部门向私人部门传导。欧债危机起初主要是部分欧洲国家的主权债务危机,但由于种种原因无法在短期内解决,极大地影响了欧洲金融市场、消费者信心和劳动力市场,致使欧元区成员国失业率大幅攀升,股市和房价出现持续下跌,私人部门持有的资产快速贬值,部分家庭财产出现了资不抵债现象,致使欧债风险由公共部门逐步向私人部门传导。

四是欧债风险急剧扩散加大了社会和政治风险。随着欧债危机的不断升级,葡萄牙、西班牙、法国、爱尔兰、意大利等国政府也纷纷采取增加税收、减少薪酬、裁员、养老金冻结和私有化等手段紧缩财政、减少赤字,这遭到民众和工会组织的强烈反对,欧洲各主要城市不断爆发各种游行示威活动,因而社会矛盾日益恶化,引发希腊、西班牙和意大利等国政府发生更迭,欧洲社会安全风险大增,欧债风险已经从经济领域向政治和社会领域传导。

### (二)欧债风险在全球金融市场的传导

#### 1. 欧元汇率大幅波动,呈贬值趋势

随着欧债危机的爆发和不断升级,投资者对欧元区金融和经济状况越来越担忧,致使欧元大幅下挫。欧元对美元汇率大致经历了2010年至2011年上半年的“先抑后扬、整体持平”和2011年下半年至2013年第一季度末的“整体震荡下行”两大阶段。欧债危机的每一次急剧恶化都会引发欧元对美元汇率的持续震荡贬值。

#### 2. 全球股市剧烈震荡

2010年上半年,欧债危机的不断扩散和蔓延引发全球金融市场剧烈波动

并震荡下跌。随着欧债危机在下半年有所缓解以及主要经济体持续宽松的货币政策基调逐渐明确,全球股市呈现出持续上涨态势。但 2011 年欧债危机升级恶化对全球股市的影响程度不断加大,致使全球股市在第二季度开始大幅下挫。2012 年上半年,受欧债危机反复不定和美国经济数据喜忧参半影响,投资者在避险或是趋利的选择中左右摇摆,致使全球股市呈现 N 字形走势。三季度以来,由于美欧等经济体竞相加大货币宽松力度、欧债危机有所缓和以及美国经济复苏渐趋稳固等因素的共同推动,全球股市基本呈现震荡上行走势。截至 2012 年底,全球股市市值较 2011 年末增长 4.59 万亿美元至 50.6 万亿美元,上涨幅度为 9.9%。

3. 欧洲债券市场收益率大幅攀升且分化加剧

欧债危机爆发以来,欧洲债券市场呈两大变化趋势:一方面,欧债风险的大幅上升导致受危机冲击较为严重的欧元区成员国国债收益率整体呈大幅上升趋势。从 2010 年起,希腊、爱尔兰、葡萄牙、西班牙和意大利的国债违约风险持续加大,致使其 10 年期国债收益率整体大幅震荡上升。另一方面,金融机构、政府等国际债券投资者更倾向于将持有的欧洲五国国债转换成主权债务风险较小的德法等国国债,致使欧元区其他国家 10 年期国债收益率与德国的差额不断攀升,加剧了欧洲债券市场的收益率分化。从 2010 年起,希腊、葡萄牙、意大利和西班牙等国的 10 年期国债收益率与德国 10 年期国债收益率的差额不断拉大,差距分别从 2010 年 1 月 1 日的 2.387 个、0.69 个、0.755 个和 0.591 个百分点大幅攀升至 2013 年 3 月 17 日的 9.361 个、4.501 个、3.144 个和 3.465 个百分点。

### (三)欧债危机的风险传导路径机制

1. 实体经济路径

欧元区与世界其他国家间的贸易联系包括出口联系、进口联系以及竞争关系等,这是风险跨境传导的直接因素。欧元区陷入债务危机,内部消费能力下降,进口需求减少,这导致经济往来国家的出口条件恶化,对外贸易受阻。通常债务危机发生国会有不同的贸易伙伴或竞争对手,因此涉及的危机输入国也会有多个。

从实体经济路径来看,欧元区对其他国家的冲击程度主要依赖于国家间的贸易依存度，贸易依存度越高，债务危机对国家冲击就越显著，如英国、中国等国。特别是在国家出口商品种类单一，以欧元区为主要出口地的情况下，危机发生国的总需求下降、进口量萎缩，对国家出口企业乃至宏观经济整体产生巨大影响。在欧债危机爆发之前，西欧国家实体经济向东南欧国家投资资金，西欧资金的流入极大地推动了欧盟整个地区的共同发展，但主权债务危机的爆发打破了稳定的合作关系，东南欧国家信用破产，出于避险目的西欧投资者纷纷收回了先前的投资，大量的资本流动使原来并没有主权债务危机的国家也相继爆发危机。西欧国家将资金撤离转而投入其他国家或市场也会相应导致该市场面临较大的通货膨胀，迫使政府使用货币政策加以调整和控制。

2. 金融路径

从金融路径来看，欧洲国家债务危机的风险传导表现为直接双边传导和间接多边传导。直接双边传导是指一个国家发生投机性冲击导致的货币危机造成的市场流动性不足会迫使金融中介机构清算在与其有直接金融投资联系的另一国家的资产，从而导致或加剧另一国的投机性冲击压力。间接多边传导是指两个国家间虽然没有直接的金融投资联系，但均与第三国有联系，一国发生金融危机会引起第三国同时从这两个国家撤资，从而导致另一个本与危机国无直接金融投资关系的国家的投机性冲击压力。在欧洲国家债务危机中，希腊、爱尔兰、葡萄牙、西班牙和意大利等国家因国家信用风险极为突出，投资者大幅减少这些国家的投资头寸，卖出那些收益率与危机国资产相关的资产，导致这些国家的资本外逃。

金融路径是通过银行体系、投资者运作产生的国际资本流动形成传导机制。因为一国基本上是通过金融市场和贸易市场来拓展外部经济发展的，由于金融市场本身就具备市场主体相互关联的特点，特别是国家间有资本流动关系时，当一国面临经济风险时，经济危机容易通过资本和货币等市场向其他国家传递，使货币和资本流动性危机扩散。

3. 预期路径

在主权债务危机爆发后，一方面，心理预期传导机制可以表现为债权人出于规避风险的心理预期而降低资产组合的风险。国内企业可能会担忧未来经济发展的前景而减少投资活动，以此来降低风险，从而影响实体经济，民众对经济发展、未来收入、就业等问题的忧虑而导致其减少投资种类，增加储蓄，投资者由于心理预期改变其对资产投资组合的认可度，投资其他国家更高质量的资产，最终造成部分国家主权债务危机的爆发。另一方面，也可表现为羊群效应和从众行为导致的主权债务危机传导。由于信息不对称，投资者往往还会受到羊群效应的影响，投资者根据市场反应做出决策，一旦投资者出现从众行为，一个冲击就对社会造成极大的影响。一般用消费者信心指数来衡量大部分消费者的心理预期，它对预测整个经济形势的发展趋势有比较大的参考价值。

## 三、欧债危机的影响

### （一）欧债危机对欧元区金融稳定的影响

欧洲国家债务危机不断深化和升级，并从欧元区外围国家向核心国家扩散，欧盟组织及其统一货币欧元面临巨大挑战。由于债务危机加速了系统性风险在国际国内市场的传导，国际金融市场出现动荡局势，发达国家经济下行趋势显著，全球经济复苏的不确定性加大。Arestis & Sawyer（2011）研究指出，欧洲国家债务危机会导致欧元汇率的波动，使得欧元区各国融资成本上升、利润下降，给欧洲内部经济造成了巨大影响。这些影响在短时期内难以缓解，将持续较长一段时期，甚至可能会破坏欧洲内部经济状况较差国家的经济基础。与此同时，债务重组和化解更是一个长期过程，对于处在经济衰退和复苏阶段的欧洲国家，其财政赤字将在较长时期内处于高水平。即使是经济开始上行，增长速度也会受到巨额公共债务的制约。欧盟整体 GDP 总量受欧债危机的影响，增速发生了非常大的改变，欧元兑美元的汇率一直处于大起大落的波动之中。

表 3.3.1　欧盟国家 GDP 总量变化

| 年度 | 欧盟 28 国名义 GDP 总量（现值欧元） | | 欧盟 28 国实际 GDP 总量（连锁欧元，以 2010 年为基准年） | |
|---|---|---|---|---|
| | GDP 总量（百万欧元） | 同比增长（%） | GDP 总量（百万欧元） | 同比增长（%） |
| 2014 年 | 13920016.1 | 3.0 | 13127843.9 | 1.3 |
| 2013 年 | 13520970.2 | 0.8 | 12956634.1 | 0.1 |
| 2012 年 | 13420178.5 | 1.9 | 12943502.9 | -0.5 |
| 2011 年 | 13173449.7 | 3.0 | 13011650.7 | 1.7 |
| 2010 年 | 12789849.3 | 4.4 | 12789849.3 | 2.1 |

续表

| 年度 | 欧盟 28 国名义 GDP 总量（现值欧元） | | 欧盟 28 国实际 GDP 总量（连锁欧元，以 2010 年为基准年） | |
|---|---|---|---|---|
| | GDP 总量（百万欧元） | 同比增长（%） | GDP 总量（百万欧元） | 同比增长（%） |
| 2009 年 | 12245901.4 | -5.7 | 12527716.0 | -4.4 |
| 2008 年 | 12986407.6 | 0.7 | 13103564.7 | 0.5 |
| 2007 年 | 12900956.7 | 6.0 | 13037860.6 | 3.1 |

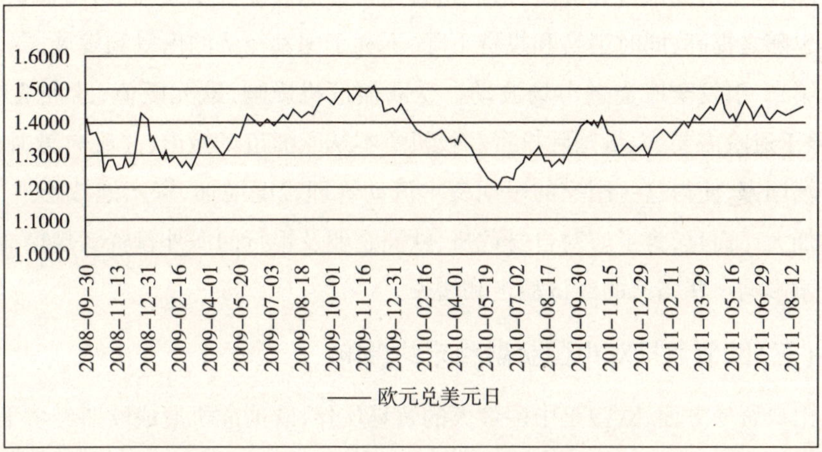


**图 3.3.1　欧元兑美元汇率走势图（2008.9－2011.8）**

数据来源：WIND 资讯。

欧元区经济增长陷入了两难境地，第一，各成员国融资成本上升，财政状况继续恶化。欧元区的主权债务危机使整个欧元区国家的信任指数直线下降，大量出现抛售这些国家国债的现象，这在一定程度上增加了欧盟区市场的融资成本，当实体经济出现了融资困境，危机就会波及金融机构和政府，从而造成一种恶性循环，这对欧元区各个经济体以及整个欧盟的经济复苏来说都是极大的障碍。第二，欧元区面临着两大目标难以平衡的局面，即削减赤字和经济增长。一方面，削减赤字就要求政府实行紧缩性的财政政策，这样会导致经济疲软；另一方面，为了拉动经济增长，欧元区各国应该采取扩张性的财政政策，但这样一来必将导致财政赤字扩大、债务负担加重。因此，欧元区在欧债危机的复苏过程中，削减赤字和经济增长这两个目标很难达到平衡。

## (二)欧债危机对全球金融稳定的影响

第一,增加全球经济复苏的不确定性。欧元区经济总量庞大,债务危机不断扩散和深化,财政政策的刺激作用受到很大的制约,为了挽回市场信心又纷纷紧缩财政支出,这势必要拖累全球经济复苏的步伐。欧盟占据着全球7%的消费和20%的贸易额,是全球最主要的商品进口市场之一,所以欧债危机对全球经济的影响较大,全球经济增长也势必会下降。由于相关国家的主权信用评级下降,国债遭到抛售和减持,造成这些国家的国债收益率大幅攀升,企业发债成本也随之提高,同时消费和投资下降,不利于国家经济的恢复和发展。

第二,引发全球金融市场波动。受欧债危机影响,欧元贬值,欧洲股市大跌,出于避险需要,大量国际投资和投机资本从欧洲市场撤出,并流向美国和新兴市场国家,使得这些国家的短期资本流动管理难度增加,资产泡沫形成的可能性加大。而且,为了应对自身危机,欧洲企业及银行的海外投资大规模撤资,这严重影响一些国家的经济稳定和增长。

## (三)欧债危机对中国金融稳定的影响

出口贸易方面,欧盟是中国最大的贸易伙伴,欧债危机造成欧盟经济下滑、进口需求减少,直接影响我国对欧出口,同时欧洲国家债务危机导致出口贸易摩擦增多,诱发贸易保护主义,使中国出口规模下降。对欧盟的出口额占到中国出口总额约20%,在欧盟总体经济呈衰退趋势时,各成员国持续的财政紧缩政策导致欧盟消费市场疲软,一定程度上抑制了欧洲居民的消费需求,使得欧盟对中国进口产品需求下降,出口贸易额的萎缩导致我国出口企业业绩下滑,对出口企业造成巨大的压力。同时,为了应对欧债危机,欧洲央行采取宽松的货币政策,欧元持续贬值,造成人民币兑欧元汇率升值,大大削弱了中国出口产品在国际市场上的竞争力,导致中国对欧盟出口显著下滑。

投资信心方面,在欧债危机的影响下,投资风险增大,投资者为了降低损失的概率会尽可能地减少投资,表明投资者投资信心受挫。第一,欧债危机必然导致中国企业在欧投资后经营比较困难,由于欧债危机直接影响到欧盟区人民的收入,当地居民往往会减少消费收紧腰包。这样,中国在欧洲投资的企业必然面临由于市场消费疲软带来的销售下降、盈利减少的经营风险。第二,欧洲各国政府的债务危机带来违约风险。那些在欧洲主要承担政府项目,如基础设施与公共事业类企业，可能会因为政府出现债务危机，从而无法履行合同，由此导致出现违约风险。第三，随着欧元汇率的宽幅波动，汇率风险加大带来汇率损失也会给中国对欧直接投资企业带来新的挑战。另外，中国对欧投资企业还面临着一定的财务风险，如在欧企业资产缩水、政治风险等引起的，这是因为欧债危机引发了全球金融市场的缩水，这将给中国企业在欧洲的资产尤其是金融资产带来巨大损失。

# 04 第四章 区域金融风险防范机制

## 第一节 防范区域金融风险的现实意义

### 一、区域金融风险的概述

区域金融风险(Regional Financial Risk)是指在某一区域内,由于部分金融机构或某些金融活动而形成的引起各种损失的可能性,其所涉及的范围介于个体金融风险和系统金融风险两者之间。个体金融风险是指单个金融机构或单项金融活动发生损失的可能性,其所涉及的范围最小;系统金融风险所涉及的范围最大,往往波及较大范围甚至全国范围的所有金融业,并对全国金融乃至经济活动和社会安定形成冲击。这三种金融风险由于所涉及的范围不同,其所造成的危害也不一样,但三者之间存在着梯度递增和相互影响的关系,个体金融风险可以蔓延成区域金融风险,而区域金融风险对系统金融风险直接构成威胁。2008 年的金融危机就是个体金融风险的产生导致了区域风险的发生,并最终导致了全球性的金融危机。接踵而至的欧债危机则将欧盟这一全球最大的区域性经济联合体拖入了衰退的泥潭,为全球经济复苏蒙上了一层阴影。

区域金融风险是一种不同于宏观金融风险和微观金融风险的中观尺度的金融风险。其没有宏观尺度的利率风险、汇率风险、购买力风险、政治风险引发整体金融风险的特征,也不完全等同于由于信用风险、流动性风险、经营风险为主的微观金融风险。中观尺度的区域金融风险是指国内某个经济区域内金融体系面临的金融风险,主要是由个别或部分机构的微观金融风险在区域内传播、扩散构成,或者其他经济联系密切的区域金融风险向本区域传播、扩散引起的关联性金融风险,这种风险实际上也是通过区域机构微观金融风险传播、扩散、放大而成，当然也可以是宏观金融风险在本区域内传播引起的。宏观金融风险已经受到了很多关注和研究，所以本章更注重区域内部个别或部分机构的微观金融风险在区域内传播、扩散构成的区域金融风险。

首先我们考察微观金融风险中的主要风险类型和特征。微观金融风险主要由金融或非金融机构的流动性风险、信用风险、经营风险构成，这里也略去了利率、汇率、国家风险类型。流动性风险取决于机构的流动性与盈利性的战略平衡和货币与资本市场发育程度，流动性资产和头寸的增加即意味着收益率的降低，反之则意味着收益率提高和风险的增大，发达的货币与资本市场则有利于降低流动性风险。此外，机构的财务杠杆也对机构的流动性风险具有一定的影响，高杠杆必然影响机构获得流动性授信的可能性和成本。信用风险是处于高增长时期区域金融风险的主要来源，尤其是在公共企业份额比例较大、宏观经济波动频繁时更是如此。信用风险涉及宏观经济形势、经济周期、产业结构、机构的经营决策水平、财务状况、企业家的品格，也涉及经济制度中的执行机构效率和社会中信用文化等方面，显得极具社会性和复杂性。由于现代市场经济、金融经济实质上也是信用经济，信用关系的网络特点和关联性更强化了信用风险在区域金融风险中的地位和意义。信用网络和信用风险的传递性在很大程度上决定了区域金融风险和风险传播、扩散特点。微观经营风险原则上说不会造成系统性的风险和危机，因为经营风险中的决策、财务、操作和欺诈风险都具有随机性和偶然性，单个机构的经营风险即使造成了重大损失，也不易于形成区域性、系统性风险。但是，当经济处于萧条期和高风险状态时，个别机构的经营风险却可能成为区域风险的导火索。

## 二、区域金融风险防范的现实意义

金融机构，尤其是银行类金融机构作为信用中介，掌握着社会的绝大部分资金，其经营风险控制不好就有可能失去公众信任，引发挤兑迫使银行倒闭。同时，金融业是一个社会性最强的行业，联系千家万户，多米诺骨牌效应容易显现，局部金融风险随时可能造成全局金融危机，引起社会和经济的剧烈动荡。在我国，在计划经济体制下，由于政府的行政性干预，金融业基本上处于区域性均衡状态，金融业发展具有相对稳定性。在市场经济条件下，金融体制发生了巨大变化，金融业不再是政府的行政附属物，而是独立的市场主体，融入经济发展之中。在市场经济体制下各种金融机构之间存在着很多联系,它分散了个体金融机构的风险,同时也给这些金融机构带来了系统风险。基于经济发展的区域性,区域金融开始逐步形成并受到人们的广泛重视。区域金融出现风险,不仅会影响区域经济的发展,而且会引起全国性的金融危机,甚至会导致全球性的金融危机,使整个国家乃至全球经济出现紊乱状态,影响着整个社会体系的安全与稳定。因此,防范和化解区域金融风险不仅事关经济发展的大局,而且对社会稳定和国家安全具有特别重要的现实意义。

## 第二节 区域金融风险管理的目标

区域金融风险的防范以有效的风险管理为前提,而区域金融风险管理的目标分为宏观和微观两个层次。对影响区域内的金融安全的总体性因素进行管理的目标称为区域金融风险管理的宏观目标,而区域金融风险管理的微观目标则是指以区域内金融的微观运行活动为管理对象的风险管理目标。全国范围的金融安全需要以各区域的金融安全为前提,因此在区域金融风险管理的宏观目标上,中央金融监管部门和区域金融监管部门是有一致性的,区别主要是在区域金融风险管理的微观目标上。

### 一、区域金融风险管理的宏观目标

区域金融风险管理的宏观目标是有相对性的,是在区域内相对于影响具体金融活动主体风险因素管理而言的目标,并非国家层面的宏观目标。但总体而言,中央金融监管部门和区域金融监管部门都致力于维护区域金融稳定并促进区域金融和区域经济的发展。具体而言,包括以下几点:

#### (一)促进区域金融的平稳发展

任何金融风险管理的首要目标都是实现金融的平稳发展。一个国家的金融平稳发展要以各个区域的金融平稳发展为基础,中央金融监管部门要实现国家的金融稳定与发展,必须首先保证各区域的金融稳定与发展。区域内的金融平稳发展自然也是区域金融监管部门的首要目标。

### (二)保障区域经济健康运行

由于金融业是一个以经营货币为主的特殊高风险行业,并且金融业在服务于经济的过程中要与社会上各种经济主体发生金融关系,因而其经营活动具有社会性,且与经济风险存在较高的关联度,影响着整个社会经济体系的安全与稳定。因此,在中观区域层面,防范区域金融风险,是区域经济稳定发展的基本保障,各项区域金融政策应该将促进和保障区域经济的健康运行作为主要目标之一。

### (三)规范和完善区域金融监管体系

金融监管是维护金融机构的安全和信誉,保护金融机构安全、稳健的运行是维护公平竞争的金融市场环境的重要途径。一个独立、高效的金融监管体系和一套完整且健全的金融监管制度,对防范和化解金融风险,保证金融业稳健运行和实现金融政策目标都有重要意义。由于区域层面相对于国家层面往往更加具有金融监管不规范、不健全的特点,因此在区域层面的金融风险管理更应该注意制定合理的法律法规,确保金融机构的资本充足率,引导和督促金融机构健全风险管理与防范制度,从而建立安全高效的区域金融监管体系,保证区域金融活动的稳定与安全。

### (四)促进区域金融市场的发展

完备的金融市场体系是有效化解和降低金融风险的必要条件,区域金融风险的管理也有利于促进区域金融市场的发展。具体而言,要注意推动金融产品一级市场、二级市场协调发展;在推动金融产品、金融工具创新的同时,不断加强监管制度建设,建立和健全协调一致而又全面严谨的金融市场法律体系;加强市场各监管部门之间的协调与沟通,以防止出现监管重叠、监管遗漏或监管空缺;建立和完善金融市场监管的长效协调机制和信息共享机制,解决带有综合性与全局性的问题,确保金融体系和金融市场的安全、稳定、高效运行。

## 二、区域金融风险管理的微观目标

区域金融风险管理的宏观目标需要区域层面的金融管理机构和国家层面的金融管理机构共同实现,但区域金融风险管理的微观目标则是区域层面金融管理机构的主要任务。其目标具体包括：

### (一)维护区域内信用体系的良好运行

区域金融安全需要金融机构与居民、金融机构与企业、金融机构与政府等方面建立起诚实、可信、可靠的信用关系。只有每个信用主体都遵守基本的信用规则，严格依法办事，才能为防范区域金融风险打下坚实的基础，从而有效避免区域的内生金融风险。

### (二)区域内金融机构布局合理

一个区域内的经济与金融要想做到相互配合与促进，就需要金融机构及其网点的总量、分布与区域经济、金融发展水平相适应，与区域对金融服务的需求相适应。不同类型、不同规模的金融机构有其不同的市场位置，在功能、业务内容、服务手段、服务对象等方面有各自的特点。因此，合理布局各类金融机构，使各金融机构之间保持适度竞争，从而建立和完善功能良好的金融市场体系，将有利于区域金融风险的管理。

### (三)区域内金融机构内部控制机制健全，经营稳健

要想有效防范和化解区域金融风险，需要通过各种管理措施促使区域内各金融机构稳健经营，确保资本的流动性、安全性和效益性，符合资本充足率的要求，并达到资产负债比例的规模对称、结构对称、偿还期对称等。要制定完善合理的区域金融机构管理制度和采取相应措施，促使区域内的金融机构切实建立有效的内部控制机制，明确法人经营管理责任制，完善管理与经营体制，建立起科学的决策程序和制度，完善内部监督机制。

### (四)区域内金融市场秩序相对稳定

金融市场秩序稳定是金融安全的重要标志，因此对区域金融风险的微观管理的一个重要目标就是维护金融市场相对稳定。具体而言，要通过强化金融监管，确保区域内各金融机构规范经营，杜绝超范围经营、账外经营、变相提高存贷款利率等现象，创造一个公平、合理、有效的竞争环境，及时有效地消除不安全因素，保障区域金融秩序稳定。同时，规范和强化区域内金融机构的审批与监管，杜绝乱批、乱设金融机构，乱集资和社会乱办金融等现象。

总体来看，虽然在区域金融风险管理的宏观目标上中央金融监管部门和区

域金融监管部门有其一致性,但由于在完全的市场经济条件下,国家和地方经济发展的目标并不完全统一,这就导致两级金融监管部门的利益诉求会出现不一致,因此其各自最终的主要监管目标还是不同的。中央金融监管部门的主要目标是保持全国范围的金融安全,而区域金融监管部门要以区域金融利益最大化和区域内的金融安全为主要目标。

## 第三节　区域金融风险防范措施概述

金融监管的主要目标的不同,加上中央和地方两级金融监管部门可运用的管理资源的不同,就使得两级金融管理部门对区域金融风险的管理策略有所区别。

### 一、宏观方面——以中央金融监管部门为主体的区域金融风险管理

#### (一)实行差异化区域金融管理政策

各区域的经济发展水平和阶段不一致,其相适应的区域经济金融政策也有差别。中央金融监管部门在整体经济战略部署不变的前提下,从国民经济整体发展战略和金融有序化出发,根据各地区条件、经济基础、增长方式、产业结构和金融生态环境等特点,同时坚持金融总体目标不变,通过有差别的经济金融政策安排,充分发挥各区域间自然、经济和社会等诸多方面的优势,逐渐降低区域金融风险。

#### (二)构建和谐区域金融生态环境

降低区域金融风险是一个系统工程,构建和谐区域金融生态环境是降低区域金融风险发生的一个重要途径。首先,中央金融监管部门应该针对区域金融风险特点,有效整合区域金融生态构成要素,推进区域经济平衡协调发展,推进区域诚信文化建设,保障司法公正,缩小区域金融风险差异,减少地区间对金融资源不注重效率的过度竞争。其次,要注意加强区域金融市场化,提高金融部门的独立性,尽可能地减少和杜绝地方政府对金融资源分配与利用的隐性干预。另外,还应该建立以政府、媒体和社会中介机构为主体的区域经济金融信息公开共享体系,通过信息的及时发布披露有效降低区域金融风险。

### （三）引导资金流向，促进区域经济协调发展

区域经济协调发展是避免区域金融风险发生的重要基础。促进区域经济协调发展的途径很多，最重要的就是通过区域发展政策和相应的有差别的财政金融政策来引导资金向落后和欠发达地区流动，促进区域经济发展均衡化。例如，通过“产业政策区域化”改善欠发达地区的投资环境；支持欠发达地区发行建设债券；通过补贴、贴息、税收优惠和投资财政担保等手段引导资金流向欠发达地区。

### （四）引导和探索设置区域差别化的金融结构体系

合理的金融结构体系能够有效地实现规避、分散风险的目的。中央金融监管部门应该在统一的金融体系下，根据各区域经济特征，通过对不同地区、不同种类金融机构的审批与设置，构建多样化的金融结构体系，使金融体系结构特征更好地适应区域实体经济发展的需要，避免实体经济风险在金融体系中积累放大。例如，对于经济发展较快、社会信用体系比较脆弱的市场化先行地区，可以大力发展信用担保、风险评级等金融中介机构，缓冲实体经济风险向金融机构过度集中；对实体经济产权形式规范、金融资源相对稀缺的地区，可以引导、规范反映市场需求的非正规金融；对于欠发达的贫困地区，为更有效贯彻实施国家的发展战略，可以探索性地发展区域开发性金融机构，逐步形成与地区经济发展相适应的金融资源配置机制，降低区域金融风险。

### （五）加强对区域金融监管的重视

在非区域金融视角下，中央金融监管部门的工作重点一般会放在全局性金融风险的防范与监控上，但是就现实而言，区域金融监管是全局性金融监管的基础，因此必须加强对区域金融风险的监管力度。除此之外，中央金融监管即便注意到了区域金融风险问题，但往往容易将监管的重点放在对发达地区的金融监管上，然而，在一定条件下，欠发达地区金融风险爆发的可能性比发达地区还高，因此，加强区域金融监管不但要关注一般区域的金融风险，还要注意欠发达地区金融风险的可能性。

### （六）完善区域金融监管组织体系

健全的组织体系是金融监管的基础，而监管组织体系建设的职责在中央监

管部门,因此中央监管部门应根据本国金融体系的现状,制定与本国区域金融特点相适应的区域金融监管组织体系。通过完善区域金融监管组织体系,理顺监管当局各级分支机构、区域辖内各金融机构、各级地方政府、各社会中介机构及社会公众的责权利,可以更好地将区域金融风险予以避免、转移和化解。

## 二、微观方面——构建和完善金融机构内部的经营管理机制

### (一)建立资产盈利机制

通过产权制度改革,建立金融资产的保全增值和盈利机制,要从注重信贷资产的发放转移到以信贷资产的流动性、安全性和盈利性的统筹兼顾,运用资产、负债、成本和收益之间的关系以及风险程度不同的资产之间的合理配比,控制好规模与成本、效果的最佳搭配,尽可能地以比较低的成本获取最大的收益。

### (二)建立风险补偿机制

金融业是高风险行业,资产在营运中存在损失的可能,如何使损失降低到最低限度,使之不对金融行业带来致命的损伤,除了信贷资产投放中落实“三查”制度、建立责任制外,还要实行谨慎会计原则,加大自有资金力度,提足用好呆账准备金,尝试办理存贷款保险业务以分散经营风险。

### (三)建立内部监控机制

内部监控是及时发现和校正违规违法经营的第一道防线。内部监控通过检查、督导、审计等工作发现问题,及时向领导反馈,使领导决策具有针对性,减少工作盲目性,并能迅速纠正违规违法经营,把问题消灭在萌芽中,使金融保持一个安全的健康肌体。中国人民银行负有对区域内各金融机构的监管之责,它的监控机制是否健全,执行是否及时、有效,对于金融风险的防范意义重大。

## 三、《巴塞尔新资本协议》

《巴塞尔资本协议》是1988年颁布的,随着银行经营复杂程度的不断增加和风险管理水平的日益提高,作为国际银行界的“游戏规则”,《巴塞尔资本协议》已经越来越滞后于风险监管的需要。在此背景下,1998年10月巴塞尔银行监管委员会前主席麦克唐纳在第十届银行监管者国际大会上提出以新资本

协定更新1988版的资本协定。经过1999年6月第一稿、2001年1月第二稿、2003年4月第三稿,并经过向全球征询意见以后,新资本协议终在2004年6月26日最后定稿。根据委员会的安排,2004—2005年是拟实施新资本协议的银行集团和监管当局按照新资本协议要求建设风险管理体系和过渡的时间。2006年12月底开始正式实施《巴塞尔新资本协议》,为了让新资本协议的影响能够得到充分认识,风险评估中的高级法可以推迟到2007年底实施。根据地区经济差异,不同经济体有着差异化目标,除亚太地区外,许多国家的银行拟于2010年前对信用风险采用高级法,而对于操作风险,2007年采用标准法和高级计量法的银行各占40%,在中期,70%的银行计划到2010年执行高级计量法。

与《巴塞尔资本协议》相比,《巴塞尔新资本协议》的内容更加广泛、更加复杂,它摒弃了"一刀切"的资本监管方式,提出了计算资本充足率的几种不同方法供银行选择。《巴塞尔新资本协议》在以下三方面有重大创新:

一是进一步扩展、完善了最低资本充足率的内容与要求,并就资本充足率计算中的各种风险测算进行了较为深入地探讨。对于信用风险的计量,《巴塞尔新资本协议》提出了由易到难的标准法和内部评级法;对于市场风险,提出了标准法和内部模型法;对于操作风险,提出了基本指标法、内部测量法和标准法。

二是转变监管部门监督检查的方式与重点,监管当局的监督检查既要监督银行的资本金与其风险数量是否相匹配,也要监督银行的资本金与其风险管理水平是否相匹配,以鼓励银行开发和采用更好的风险管理技术来监测和防范它们的风险。

三是对银行的公开信息披露提出了一整套强制规定及要求和建议,对银行全面风险进行社会监管。以上三方面内容构成《巴塞尔新资本协议》的三大支柱。

### (一)《巴塞尔新资本协议》的三大支柱

《巴塞尔新资本协议》总结了旧协议的种种不足,克服了旧协议考虑片面等缺陷,全面考虑了商业银行经营业务时的三种风险:信用风险、市场风险和操作风险,并根据各项资产的风险权重来决定资产充足率标准。同时,新协议从仅仅对资本充足率的单一监管扩展为多维度的监管,使得其资本分配方法对风险更加敏感,对市场和监管机构更加透明。《巴塞尔新资本协议》由775个协议正文条款和9个附录组成，其主要观点可以概括为如下的三大支柱：

**第一，最低资本要求。**

最低资本要求是《巴塞尔新资本协议》的第一支柱。主要包括三个基本要素：监管资本的定义、风险加权资产和资本对风险加权资产的最低比率。在计算资本比率时，市场风险和操作风险的资本要求乘以12.5（即最低资本比率8%的倒数），再加上针对信用风险的风险加权资产得到分母，即总的风险加权资产。分子是监管资本，两者相除得到资本比率的数值。总的资本比率不得低于8%，二级资本仍然不得超过一级资本，即限制在一级资本的100%以内。最低资本要求主要考虑了以下三种风险的影响：

（1）信用风险：委员会提出，允许银行在计算信用风险的资本要求时，从两种主要的方法中任择一种，第一种方法是根据外部评级结果，以标准化处理方式计量信用风险。第二种方法是采用银行自身开发的内部评级体系，其中又有初级法与高级法之分，但选择内部评级法计算信用风险的资本要求必须经过银行监管当局的正式批准。银行资本金充足率的要求，源于银行作为货币经营商和能够吸收活期存款的高风险性和高负债率。由于资本充足比率的提高会影响银行的收益，因此商业银行总是倾向于持有较少的自有资本，具有低资本金的偏好，这在一定程度上导致资本充足性管制的失效。实施内部评级法，对于风险管理能力强的公司，可以减少风险加权资产，降低银行的资本金要求，提高银行在国内和国际市场的竞争能力。而对于风险管理能力弱的银行，则会提高其资本比例，增加经营成本，有效地制约了银行过度追求规模扩张的盲目性。

（2）市场风险：由于金融市场的价格波动和竞争日趋复杂激烈，美国的银行业率先推出金融创新产品，诸如利率互换、货币互换、期权、期指交易，以适应金融业和大公司资产负债管理的需要，并对冲由于利率变动或汇率变动可能引起亏损的交易敞口，以期达到避险保值的目的。同时，衍生工具的大量使用使商业银行面临潜在和巨大的市场风险，而且由于分业界限的日渐模糊，商业银行经营重点的转移，也使得市场风险正日益成为商业银行最重要的风险之一。

1996年巴塞尔委员会推出的《资本协议关于市场风险的补充规定》对市场风险的识别和度量起到重要的作用。《补充规定》提出了两种计量风险的办法：标准法和内部模型法。标准法是将市场风险分解为利率风险、股票风险、外汇风险、商品风险和期权的价格风险，然后对各类风险分别进行计算并加总；内部模型法也就是基于银行内部 VaR 模型的计量方法,这是将借款人分为政府、银行、公司等多个类型,分别按照银行内部风险管理的计量模型来计算市场风险,然后根据风险权重的大小确定资本金的数量要求。

(3)操作风险:从新资本协议来看,在第一支柱要求所覆盖的风险领域中,特别值得关注的就是该协议率先将操作风险纳入风险管理框架,并且要求金融机构为操作风险配置相应的资本金水平。这既是近年来国际金融界日益注重操作风险管理实践的一个总结,同时也是对操作风险的管理提出的新要求。

**第二,监管部门的监督检查。**

监管部门的监督检查是《巴塞尔新资本协议》的第二支柱。这是巴塞尔委员会针对银行业风险制定的监督检查的主要原则、风险管理指引和监督透明度及问责制度,以及如何处理银行账户中利率风险、操作风险和信用风险有关方面(包括压力测试、违约定义、剩余风险、贷款集中风险和资产证券化)的指引。监督检查的目的是,不仅要保证银行有充足的资本来应对业务中的所有风险,而且还鼓励银行开发并使用更好的风险管理技术来监测和管理风险。监管当局应评价银行按自身的风险轮廓确定资本需求,并在必要时进行干预。这样做的目的是在银行和监管当局之间形成有效的对话机制,以便在发现问题时可以及时、果断地采取措施来降低风险和补充资本。第二支柱适合处理以下 3 个主要领域的风险:第一支柱中涉及但没有完全覆盖的风险(如贷款集中风险);第一支柱中未加考虑的因素(如银行账户中的利率风险、业务和战略风险);银行的外部因素(如经济周期效应)。第二支柱中更为重要的一个方面,是对第一支柱中较为先进的方法是否达到了最低的资本标准和披露要求进行评估,特别是针对信用风险 IRB 框架和针对操作风险的高级计量法的评估。委员会为此制定了监督检查的四项基本原则:银行应具备一整套程序用于评估与其风险轮廓相适应的总体资本水平,并制定保持资本水平的战略;监管当局应检查和评价银行内部资本充足率的评估情况及其战略,监测并确保银行监管资本比率的能力,若对检查结果不满意,监管当局应采取适当的监管措施;监管当局应鼓励银行资本水平高于监管资本比率,应该有能力要求银行在满足最低资本要求的基础上,另外持有更多的资本;监管当局应尽早采取干预措施,防止银行的资本水平降至防范风险所需的最低要求之下,如果银行未能保持或补充资本水平,监管当局应要求其迅速采取补救措施。

**第三,市场纪律。**

市场纪律是《巴塞尔新资本协议》的第三支柱。其目的是对最低资本要求(第一支柱)和监督检查(第二支柱)的补充。委员会通过建立一套披露要求以达到促进市场纪律的目的,第三支柱主要涵盖了“适用范围、资本结构、风险敞口与评估以及资本充足率”四个领域,巴塞尔委员会就每一领域都制定了具体详细的披露要求。巴塞尔委员会关于信息披露和市场约束的理念由来已久,其核心思想体系随着协议的嬗变,从《巴塞尔资本协议》的外挂式发展到《巴塞尔新资本协议》的内嵌式。在旧协议中,信息披露和市场约束只是作为监管制度的附属部分,而在新巴塞尔协议中则被作为三大支柱之一列入了主体框架之中。委员会认为,共同的披露框架是将银行风险暴露告知市场的有效途径,并为增强可比性提供了一致、合理的披露标准。

## (二)《巴塞尔新资本协议》的执行与实施状况

2004 年推出《巴塞尔新资本协议》后,巴塞尔委员会设置了 2 年的“过渡期”,即 2004—2005 年是拟实施《巴塞尔新资本协议》的银行集团和监管当局按新资本协议要求建设风险管理体系的时间,2006 年底开始正式实施《巴塞尔新资本协议》。

1. 发达国家对《巴塞尔新资本协议》的准备和实施

(1)欧盟

2005 年,按照《巴塞尔新资本协议》的监管思路,欧洲议会通过“资本要求指令”(CRD),该指令明确规定欧洲国家将实施新协议视为一项法定义务,虽未对监管规则提出新的内容和额外规定,但却将监管文件转换为欧盟法律。与此相适应,欧洲银行监管委员会就银行内部资本评估过程、监管当局检查评估及银行与监管当局之间的对话机制出台了指导性文件,以提高欧洲各国在执行新协议第二支柱上的一致性。在实施对象方面,强调新资本协议不仅适用于欧盟所有信贷机构,也适用于非银行类的投资公司。

此外,欧盟的金融集团指引(Financial Groups Directive)在具体操作上显示了更大的灵活性。例如,该指引提供多样化的计量方法,对低风险投资公司资本监管制定了更为简单的章程,对存在分歧的跨境合作监管规则进行了深入探讨,对风险资本做出部分特殊规定等。

(2)美国

美国实施《巴塞尔新资本协议》的进度则稍显缓慢,2005 年 10 月,美国颁布了 BASEL 1A(ANPR),ANPR 明确新协议推迟至 2008 年执行,增加了风险权重分类的种类,将风险权重种类增至 9 个;允许使用外部评级,因为外部评级的广泛使用促使每项评级与获得国家许可评级机构(NRSRO)评级的风险权重联系起来;扩展抵押品种类,包括拥有 NRSRO 投资评级的短期和长期债券,也包括某些担保人(如优先债务被 NRSRO 评为投资级别的实体)等。

实际上,并非所有美国银行机构都被要求执行新协议中的高级法。联邦金融监管当局计划在新协议实施后将资本监管制度分为两部分,这也意味着将有两种并行的风险资本要求:一种基于《巴塞尔新资本协议》,一种基于现有资本充足监管的修改。《巴塞尔新资本协议》的资本要求主要针对核心银行以及自主性银行,它们必须满足一定的监管框架要求(包括遵守详细的信用风险和操作风险的监管标准),以及披露详尽信息方可获准使用高级法;而对现有资本监管修改的要求主要是针对普通银行。此外,美国证券交易委员会通过更新净资本要求,将新协议对证券交易商作为并表监管实体(CSEs)监管的修订包括在内,以回应欧盟推出的金融集团指引。CSE 监管为美国的投资银行提供了满足欧盟金融集团监管的要求,从而接受 SEC 的监管,而无须接受欧盟或英国的并表监管。

(3)日本

日本中央银行在执行《巴塞尔新资本协议》之前做了较充分的准备。2005 年,日本对 36 家拟实施新协议内部评级法的银行进行了测试,结果表明:9 家国际化大银行依据初级内部评级法计算的最低资本要求比现行资本要求下降 2.1%,其中 5 家如按高级内部评级法计算结果则下降 0.3%;27 家国内银行依据初级内部评级法计算的最低资本要求比现行资本要求上升 1%。在完成《巴塞尔新资本协议》的准备工作之后,日本将对所有金融机构按照新协议计算风险资产,但对占银行业总资产 20%的地方性小银行,最低资本标准仍维持在 4%。就新协议实施的时刻表而言,采用标准法和初级内部评级法的时间定于 2007 年 3 月,高级内部评级法和操作风险高级计量法的时间为 2008 年 3 月,均比规定时间推迟了 3 个月,这主要是因为日本财政年度和日历年度与欧美不同造成的。

2. 新兴市场国家(地区)对《巴塞尔新资本协议》的准备和实施

新兴市场国家银行面临着与发达国家银行不同的市场环境条件,新兴市场经济体的宏观经济波动性较强,依赖于外部资金的流入,一旦新协议付诸实施将约束银行贷款发放规模,进而对流入发展中国家的资金产生负面影响。从表面上看,尽管是否执行新协议是自愿的,但对新兴市场经济体而言,不执行巴塞尔协议几乎是不可能的,因为在国际金融市场上,存在着所谓的"交叉条件"(cross conditionality)默契,即新兴经济体能否获得国际货币基金组织和世界银行的贷款,必须考虑该国有无执行相关的国际协议。如果某国未执行《巴塞尔新资本协议》的规定,获得IMF和世行的贷款将会是十分困难的,这些贷款往往都带有必须服从国际监管标准的附加条件。巴塞尔委员会的这项功能被称为成员国从其他途径获得资金融通的"标准戳记"(seal of approval)。

(1)中国香港

香港货币当局——金融管理局给予商业银行使用新协议所规定各类方法来核算资本充足率的选择权。对于资产额低于100亿港币的中小银行,金管局允许其采用基本法计算信用风险资本要求。2004年,金管局公布了实施《巴塞尔新资本协议》的草案,并在金融界广泛征求意见。草案内容涵盖实施新协议各种方法的基本标准、申请程序、确认过程和过渡期安排,还将内部评级法的最低定量和定性要求包括在内,如内部评级体系设计和测试的详细要求,对银行违约概率、违约损失率和违约风险暴露的要求,以及监管机构估计违约损失率和违约风险暴露的参数要求等。新协议实施初期,金管局暂时限制金融机构使用高级计量法核算操作风险资本要求,只能采用标准法或基本法,以规避银行运营过程中存在的风险;同时,强调银行应专注于操作风险管理,而不是计算操作风险资本要求。金管局实施新协议第二支柱也取得重大突破,在以现有风险为本的监管系统基础上,开发了监管"打分卡"系统,评估商业银行各类风险水平和管理质量,确保商业银行的最低资本要求不低于10%,最高不超过16%,监管检查结果作为确定商业银行最低资本要求和监管重点的依据。

(2)印度

印度中央银行提出从2007年3月开始先对90家银行试点实施信用风险标准法和操作风险基本指标法,待到监管能力与银行经营水平提升后,再考虑采用新协议复杂的计算方法,但时间应不太可能早于2009年。对印度商业银行量化分析的结果表明,《巴塞尔新资本协议》的实施引发印度银行业的资本充足率下降了1.6个百分点,其中信用风险的资本上调0.7个百分点,市场风险的资本下调1.2个百分点,操作风险的资本下调1.1个百分点。资本充足率的下降可能会带来国家对国有银行的注资,但总体来看,印度商业银行现有的资本标准为9%,略高于《巴塞尔资本协议》8%的要求,故继续提高资本要求被认为是可以接受的。

## 第四节 国外区域金融风险防范机制及对我国的借鉴意义

### 一、国外区域金融风险防范机制介绍

早在20世纪30年代资本主义第一次经济危机之后,西方经济学家们就开始了经济预警的探索,60年代起,经济预警系统方法已趋于成熟。但是,由于各国在金融体制、监管理论和方法上存在较大的差异,金融预警系统也千差万别。我们应借鉴西方发达国家金融预警制度中的原理和方法,取其精华,积极探索适合我国国情的金融预警机制。

#### (一)美国金融风险预警机制

美国的金融预警系统最为完善,但也最复杂,其模式采取的是"双线多头"的方式对金融业进行预警和监测。《金融服务现代化法案》开启了美国混业经营、分业监管的阀门,美联储被赋予伞形监管者职能,能同时监管银行、证券和保险行业。货币监理署、联邦存款保险公司、证券与交易委员会和州银行委员会各有其监测、预警重点。

1.美国监管当局金融预警系统

美国金融预警系统分现场和非现场监管两类。在现场监管中最常用的是CAMELS评级体系,该评级效果显著,但费时劳力,美国监管当局通常只能对各金融机构进行一次现场检查。然而金融机构财务状况瞬息万变,仅凭现场检查远不能满足对金融机构监测预警。因此,美国金融监管当局开发了许多非现场金融风险评估及预警系统对金融机构进行检测预警。

美联储评级体系主要有以下三种:

(1)BOPEC评级体系

BOPEC评级体系被用来衡量银行持股公司的综合级别。所考察的指标分

别是:银行子公司或附属机构(Bank)、其他非银行子公司(Other)、母公司(Parent)、总收益(Earnings)、总体资本适宜度(Capital)五项。与现场监管评级的CAMELS评级相似,BOPEC系统评级从金融机构的经营、财务以及合规性各方面综合评价,其范围由好至差分为A~E五个等级,如表4.4.1所示。

表4.4.1 BOPEC综合评级范围

| 等级 | 金融机构状况 |
|---|---|
| A | 经营活动各方面健全 |
| B | 经营基本健全,某些方面存在弱点 |
| C | 经营不太健全,在财务、合规性等方面需加强监管管 |
| D | 经营存在严重问题,有破产的可能 |
| E | 存在致命财务缺陷,极易倒闭 |

该评级活动每一年或一年半进行一次,评级结果通知银行董事长,但不对外公布,同时要求银行对存在问题的方面予以改正。监管部门视评级结果决定是否加强监督力度。

(2)UBSS系统(Uniform Bank Surveillance Screen,统一银行监测屏幕系统)

UBSS系统是在非现场电脑监测系统的基础上进行修改而来的,该系统采用同类组分析法,根据资产规模将银行分为9个同类组,将各组银行每项金融比率的平均值与每家银行各自的金融比率相比较,来判断银行的经营状况是否恶化。根据监管核心报告中的数据,UBSS系统将生成三类共30余个财务比率,分别用于CAMELS评级、跟踪银行的新业务及其发展、监测资本市场三个方面。尽管UBSS这种"财务比率及同类组分析系统"是公认的很有价值的监管工具,但是该系统也存在一定的局限:首先,财务比率是监管人员从大量与银行财务运行相关的变量中挑选出来的,其选择带有主观性,不能准确地反映金融机构风险的实际水平。其次,由于在评估期间UBSS系统中每一个比率的权重不变,使得财务比例指标权重在计算方法上存在缺陷。近年来,美联储已经将该类系统从单纯计算一些财务比率,过渡到用经济计量模型来预测银行的风险方面上来。

(3)FIMS系统(Financial Institution Monitor System,金融机构监督系统)

与早期的模型相比,FIMS系统侧重于数理统计分析模型和预测银行倒闭的可能性,该系统在识别有问题的银行上更加科学精确,同时加强了非现场监管的早期预警作用。该模型设置了30个财务比率参数，并根据地区经济条件设立了一些附加参数，所有参数均采用年变动率表示，根据设计的模型，通过计算机计算出每个参数的级别，并评出综合级别。该系统用于分析有问题的银行，其准确率非常高。

2. 联邦存款保险公司预警系统

在非现场监测方面，联邦存款保险公司开发和应用了三套指标监测电脑系统来加强场外监测预警功能：

(1)CAEL 系统

美国联邦存款保险公司于1985年实施了CAEL系统，并一直使用到1999年12月，该系统是类似于现场CAMELS评级系统的"非现场监管评级系统"。CAEL系统源于CAMELS评级中的资本(Capital)、资产品质(Asset quality)、获利能力(Earnings)、流动性(Liquidity)。虽然少了对管理质量和市场敏感性的分析，CAEL系统在设计仍比CAMELS评级更加复杂，在对银行金融机构进行评级时考虑的要素更加全面。

(2)GMS 系统（Growth Monitoring System，成长性监视系统）

为便于监控异常成长的金融机构，美国联邦存款保险公司于1980年开发了GMS系统，该系统以贷款或资产的高增长为风险信号，其预警指标有5个增长率和4个财务比率。筛选资产与对外贷款每季度成长比较异常的金融机构的具体方法：将单个机构的指标与对比组的平均值相比较，加权计算出GMS综合值，并筛选出资产或贷款增长5%以上的金融机构，然后将其按GMS值的大小进行排序，标识出排名在前的机构，对所筛选出的机构在45天内进行进一步分析，以决定是否进行实地检查。GMS对银行危机早期阶段的预警非常有效。

(3)SCOR 系统(Statistical Camels Offsite Rating)

为更有效地监控银行和储蓄机构风险，联邦存款保险公司于1998年建立了非现场评级SCOR系统，该系统主要利用数理统计方法中的概率回归模型来预测金融机构的风险，通过比较评析最近一次检查评等结果与检查前最近申报资料之间的关联性，然后再用检查后最近一年同期申报资料同当期相比的变化情形，并以此预测下次检查可能的结果。SCOR使用的预警指标主要有逾期贷款、无抵押赎回权的房地产贷款、非增值贷款、流动性资产、流动性负债、投资证券、净收益等。

3. 财政部金融局 CBSS 评级系统(Community Bank Scoring System,CBSS)

自 1985 年起,美国财政部金融局(OCC)通过风险评估的方式对联邦立案银行进行监管,它采用社区银行评分系统来判定社区银行经营状况是否稳定。对于被评为第一、二、三级的银行,利用其预警系统测试该银行状况是否稳定,不稳定者采取项目管理,将实地检查被评为第四级和第五级的银行列入问题银行管理范围,而若测出的银行属于高风险群,则必须采取较严格的监管,如派遣检查人员长驻该机构,或提高金融机构检查频率等。

4. 预警信息系统

美国十分重视预警信息系统的建设,其目前正在使用的预警信息系统主要有银行机构全面桌面系统和全国检查数据库系统。银行机构全国桌面系统通过功能设置,实现了各监管部门信息共享,有效地增强了监管部门之间的信息交流与合作,有助于监管人员对不同机构的同种业务类别和风险特征进行比较分析,并在技术上解决了随时编辑、存储和查询监管资料的困难。该系统监管范围针对三类监管对象:资产规模超过 100 亿美元的美国本土银行及其分支银行;资产规模小于 100 亿美元,但属于美联储监管范围内的美国本土银行以及所有在美开业的外国银行及其分支机构。全国检查数据库系统专门服务于监管职能,是美联储国家信息中心的一部分,只有美联储的监管人员能够进入和使用。该系统最大的优点是有强大的数据共享,货币监理署和将近 30 家左右的州银行监管厅通过与全国检查数据库系统部分联网,可以随时从系统中调出监管对象的有关信息。

在美国,预警数据的采集由专业的信息技术公司 EDS(Electronic Data System)专门负责。美国联邦金融机构检查委员会规定了预警数据的采集内容、标准和格式,被监管对象按规定以报表的形式报送,或通过电子方式,每个季度将监管当局要求的核心报表的数据传输到 EDS,EDS 按照不同的监管权限,将美联储负责监管机构的数据再传送给美联储数据处理中心,将其他监管数据传送到联邦存款保险公司数据处理中心,最后由这两个中心按机构编制出监管核心报表。

5. 预警纠偏机制

1991 年,美国颁布了《联邦存款保险公司改进法》,建立了快速预警纠偏机制,为监管当局提供了一个快速判断金融机构风险状况的框架。它以资本充足状况为主线,资本充足率能很好地反映银行资产与风险资产的比率,是目前国际金融组织最关注的一项指标。根据资本充足率的高低将金融机构划分为几种状况并分别采取不同的预防性监管措施,实现对风险的控制。该模型根据总资本与风险资本的比率、一级资本与风险资本的比率、一级资本与总平均资产的比率三个指标将银行分为:资本良好、资本充足、资本不足和资本严重不足五个等级。对于不同等级的银行,采取不同的监管措施。美国的预警纠偏机制模型如表4.4.2所示。

**表4.4.2　美国预警纠偏机制模型**

单位:%

| 资本级别 | 总风险资本比率 | 一级风险资本比率 | 一级杠杆比率 | 相应纠偏行动 | |
|---|---|---|---|---|---|
| | | | | 强制性校正要求 | 非强制性校正要求 |
| 资本良好 | ≥10 | ≥6 | ≥5 | 不受资本监管命令制约,无须采取特别监管措施 | 无 |
| 资本充足 | ≥8 | ≥4 | ≥4 | 未经 FDIC 允许,不能接受委托存款 | 无 |
| 资本不足 | <8 | <4 | <4 | ①制定资本补充计划;②限制资产增长;③停分红和提取管理费;④不能接受委托存款;⑤兼并、分支机构设立和其他新业务活动需要得到批准 | ①调整资本结构;②限制存款利率;③限制关联交易;④限制其他经营活动 |
| 资本严重不足 | <6 | <3 | <3 | ①同上①-⑤;②调整资本结构;③限制关联交易;④限制存款利率;⑤限制高层雇员 | ①同上①-⑤;②如果不能依照强制性校正要求提呈和履行资本补充及资本结构调整计划,则在90天内派驻财产管理人或监督官;③其他任何有利于履行及时校正措施的行动 |
| 资本致命不足 | | | <2 | ①同上①-⑤;②在90日内选定破产管理人或财产管理人,自动进入破产程序;③如果沦为危险水平等级后4个季度内仍未改变现状,派遣财产管理人停止支付次级债务利息;④限制其他经营活动 | |

## （二）英国金融风险预警机制

与美国的多头监管的银行管理制度不同，英国采取的是自律式监管，长期以来没有采用统一的风险测评模型，一般大银行都有自己的内部监管模型。英格兰银行作为英国的中央银行，是金融预警、监管的主体，银行法赋予它宽泛的自主权，很少对金融机构进行现场检查。1995 年，巴林银行的倒闭暴露出英国金融预警体制方面存在的问题，自此以后，英格兰银行开始重视对银行业务的全面监管和预警。

### 1. 金融风险预警指标体系

英格兰银行通过对资本充足性、外汇持有风险和资产流动性三项指标的测定，对金融机构潜在风险提供预警信息。

（1）基于风险的资本充足性

英格兰银行对于资本充足性的测定，主要是通过杠杆比率和风险资产比率来确定。[①] 英国银行的资本充足率比较充足，因此，英格兰银行将可接受的杠杆比率定为 10%。风险资产比率的测定主要是用于评估金融机构所持有资产可能遭受损失的风险。在测定风险性资产比率时，英格兰银行主要考虑投资风险、信用风险和被迫出售风险，并赋予各种资产相应的风险权数，以反映各类资产的风险程度。

（2）外汇持有风险

外汇持有风险主要包括交易性风险和结构性风险两类。交易性风险是由日常业务操作所产生的风险；结构性风险是由固定资产、债务等因市场状况变化而承担的风险，属于长期性风险。英格兰银行规定：对每一种外汇，银行所承担的交易性风险净额，其资产与负债差额不得超过银行资本的 10%；承担各种外汇风险总的外汇负债净额不超过资本的 15%。

（3）资产流动性

流动能力指资产能够以一个合理的价格迅速变现的能力，英格兰银行一般以"到期日阶梯"来测定金融机构流动能力。具体做法分三步，首先，确定测定

---

① 英格兰银行在 1980 年 9 月的"资本测定"文件中提出。

期间,将到期阶梯分为:即期到8天,8天到30天,30天到3个月,3个月到半年,半年到一年;第二,申报报表,受监管金融机构填送季报,分析资产和负债到期日分布情况;第三,测定和分析,英格兰银行将资产负债按到期日归入适当区间,将该期间资产负债累计后判断。

2. 比率风险监管体系(the RATE framework)

1997年,根据《银行法案》(1987)的授权,英国银行制订了"比例风险监管体系",该体系由英国金融服务权力机构(Financial Services Authority valuation, FSA)对银行等金融机构业务、宏观经济环境、风险记录等进行综合性评估,并制订有效的监管计划,实施恰当的监管措施。比率风险监管体系由风险测评、监管措施和价值评估三部分组成。首先,通过风险测评识别银行等金融机构业务存在的固有风险,评估其风险控制的有效性和充足性,明确其管理体制和组织结构,初步建立风险监管体系;其次,运用恰当的金融监管工具,如风险评估组访查、审慎监管联会等,来改善监管对象的风险状况;最后,每年由FSA对风险测评、监管体系、监管措施的具体施行情况进行价值评估,保证银行等金融机构已完成必要的整改工作,监管措施也被正确执行。

3. 金融预警信息系统

英国目前有9个独立的金融预警及监管数据库系统,但还没有形成一套完整的信息系统可以对整个金融业进行监管。1999年英国金融监管当局成立了一个特别小组,对目前的预警监管体系进行研究、试点、信息反馈、重估和改进,历时一年,完善了一套电子监管报表,于2000年8月投入运行。这套表格分为月度、季度、半年度和年度报表四类。具体提交频率由金融监管局根据所检测机构性质、规模等设定,并可根据实际情况进行调整。

### (三)日本金融风险预警机制

日本对金融业实行高度集中管理,形成了由大藏省和中央银行共同行使金融监管权的"单线多头[①]"体制。

1. 预警指标体系

日本银行对银行的预警、监管主要是对其自有资本充足性和以此为基础的

① 所谓"单线",相对于美、加"双线"体制而言,金融监管权集中于中央,而中央一级分别由两个或更多机构负责。目前世界上采取该体制的国家比较多,主要有:日本、德国、法国、新加坡等国。

一系列财务指标的考察。

(1)对资本充足性的要求

在《巴塞尔协议》前,日本几乎没有进行资本重组的事前监管,其各大银行的核心资本比率是发达国家中最低的。1988 年 12 月《巴塞尔协议》在大藏省的通告修正案中完全得到执行,通告如下:

1)资本界定。《巴塞尔协议》将资本划分为核心资本和附属资本两类,核心资本包括实收资本和公开储备;附属资本包括为公开储备、重估储备、混合资本工具、最初期限至少为 5 年的附属债务和限级优先股等。在日本,民间银行交叉持股现象普遍,且数额非常大,因此在划定股权时仅扣除资本金中为提高资本水平而专门持有的其他银行股权,并将公开储备转化为核心资本计算。

2)资本充足率标准。日本银行在对银行风险状况进行评估时,将资本充足率、经营管理与内部控制水平等结合起来进行综合评价。资本充足率定为 9.3%,其中核心资本充足率为 4.97%,附属资本为 4.33%。

(2)各项财务与业务比率指标

各项财务和业务比率指标主要用于考察金融机构的流动性管理状况、营运绩效、自有资金运用与盈余分配情况等。其指标主要有:流动资产比率(≥30%)、存贷比率(≥80%)、营业费用与营业收入比率(无具体规定,但逐年递减)、固定资产比率(≥50%)、发放股息比率(≥40%)、净值比率(≥10%)。

2. 预警信息系统

日本的金融预警监测信息系统由金融机构数据库系统和金融风险监测信息系统两个互不连通的系统构成。

金融机构数据库系统建立于 1991 年,其用户为日本银行和金融厅,它收集数据范围广、基础性强,预警和监测范围几乎涵盖了日本所有的金融机构。银行监管部门和信息服务机构负责金融机构数据库系统的数据采集、输入与维护。金融机构数据库系统与金融监管部门通过保密专线连接,用户须输入密码才可进入金融机构数据库。监管人员进行现场检查时,可以从数据库下载和分析所需数据。

金融风险监测信息系统建立于 1998 年 10 月,于 1999 年 4 月正式投入运营,该系统数据更为专一,涵盖了日本大多数银行部门,目前为金融厅专用。日本商业银行、信托银行、信用银行等可通过金融厅向金融风险监测信息系统报送各项监测数据,系统按时间、币种、风险类别等直接进行检索,并利用SAS统计软件,对原始数据进行加工、统计计算,生成各种分析资料。

3.预警纠偏模型

对于有问题的金融机构,大藏省和日本银行都会采取必要的预警纠偏措施,以敦促其化解金融风险,防止有问题金融机构情况进一步恶化。早在1971年,日本就建立了存款保险制度,用于保护存款人利益、稳定金融体系和机制,但该制度一直未被实施过。直至1998年,日本建立了自己的快速预警纠偏模型(见表4.4.3),同美国一样,日本的快速预警纠偏模型也是以资本充足状况为主要考察对象,但考察资本充足率的时候,日本的指标略低于国际标准。

表4.4.3 日本快速预警纠偏模型 单位:%

| 资本级别 | 资本充足率标准 | | 相应纠偏行动 |
|---|---|---|---|
| | 国际标准 | 日本标准 | |
| 1 | <8% | <4% | 提交业务改进计划并实施 |
| 2 | <4% | <2% | ①提高资本金整改计划;②禁止开展新业务或缩小原有业务规模;③禁止设立新机构或缩小现有机构;④限制或禁止红利分配和高管人员奖金 |
| 3 | <0% | <0% | 部分或全部终止业务。如未实现收入或资产在内的所有者权益为正值,则可能实行第2类资本条件规定 |

美、英、日三国预警机制的差异主要是在制度上的不同。无论是美国的双线多头模式、英国的自律式管理模式抑或是日本的一线多头模式,都与其各自的政治、经济、社会文化背景相适应,各有利弊。美国的双线多头监管预警机制适用于地域辽阔、金融机构多且地区差异大的国家,特别是适用于政治、经济结构较分散的联邦制国家。多头的管理,分工细致,使金融机构可以同时受到两个以上机构的监管,便于及时预警和发现问题。

同时,多元并存的格局也使各机构之间形成一种相互监督和制衡的关系,将单个机构的失误降到最低。不过该模式也存在明显不足:双头管理导致机构法网过密,使监管者缺少灵活性;机构交叉重叠,导致管理的混乱和资源的浪费,降低了整体效率。与美国相比,英国模式具有较大的弹性和灵活性。英格兰银行在行使其职权时可随时根据自己的判断和衡量标准下达规劝信函,而不必逐条审阅法规,也无须严格遵守法定程序。但是信函本身不具有法律性质和权威,而英格兰银行的判断和立场也会随时间和环境的变化而改变,导致前后矛盾。在日本的单线多头模式下,制约因素比美国双线多头模式下要少得多。单线的集中统一管理其运行效率关键在于各金融机构之间的合作,在不善于合作和立法不全的国家,这种机制难以有效地运行。

由上述可见,这三种模式各有利弊,在我国金融预警机制构建中,应综合考虑,取长补短。

## 二、国内区域金融风险防范机制借鉴

北京与上海同是我国四个直辖市之一,且都是我国金融中心,因此可从上海地区的金融风险防范分析中得到借鉴,以制定北京地区的金融风险防范机制。

### (一)上海地区的金融风险防范机制

1. 人民银行应发挥核心作用

新修订的《中国人民银行法》第十三条规定,中国人民银行的分支机构根据中国人民银行的授权,维护本辖区的金融稳定,承办有关业务。人民银行作为我国的中央银行,不仅具有人力资源、技术、信息方面的优势,而且中央银行的许多工作,如支付清算、反洗钱、金融运作检测、宏观经济分析等涉及包括银行、证券、保险在内的整个金融业,因此,人民银行理应承担起维护区域金融安全的主要责任。2005 年央行二部——上海分行宣告成立,这为构建上海市金融危机预警系统提供了保障。

2. 建立部门协调机制

金融风险可以分为系统性风险和非系统性风险,监管职能分离后,人民银行集中负责防范系统性金融风险,银监会、证监会、保监会以局部风险防范为重点,而政府是处置风险的重要组织者,从国内外金融危机的经验来看,往往很难区分局部风险与系统性金融风险,二者存在某种程度的辩证关系,这就要求必须尽快建立金融稳定长效协调机制。首先,建立工作沟通制度,加强相互的协作联系,研究防范区域金融的对策;其次,建立金融统计资料定期交流制度,了解区域金融机构的总体经营和风险状况;同时建立监管信息共享制度,根据维护金融稳定的需要,及时相互通报金融机构的风险状况。

3. 加强金融风险的监管，防止过度自由化

(1)金融监管目标要以安全优先，兼顾效率

金融安全，在学术层面上被称之为金融稳定。金融稳定是指金融体系能够有效发挥其配置资源、分散风险以及清算支付的功能，而其在出现各种冲击及结构性变化时，依然能够发挥其基本功能。金融是现代经济的核心，没有金融就没有现代经济，它的状况深刻影响着全球经济的未来。安全性、流动性和盈利性是现代银行经营的三项基本原则，这三项原则既相互制约又相互联系，现代银行在其业务活动中应注重兼顾协调，通过资产和负债的综合管理来实现三者的要求。在金融实践中，金融业必须牢固树立安全第一的经营理念，始终把安全性摆在首位，这是金融全球化的内在要求，也是这次席卷全球金融危机对全球金融业的警示。

(2)金融监管主体要加强合作，提高监管效率

随着新型金融市场的不断涌现，金融监管主体出现了分散化、多元化的趋势。中央银行对银行和非银行金融机构进行监督，银行业由银监会监管，证券市场、期货市场等则由证监会进行监管，对保险业的监管则由保监会进行。

在监管机构分离，渐趋专业化的同时，不同监管部门之间的合作就成了一个新问题。从 90 年代以来的金融危机来看，微观层面上金融机构的稳健并不足以确保这个金融体系的稳定，而且，不同类型金融机构在业务方面的交叉发展也使得针对特定类型金融机构所实施的监管效力被不断削弱。所有这些都要求对监管体系进行重新调整，对金融监管体系进行整合，将其纳入同一体系中，或者在保持专业监管机构独立的情况下，建立不同监管机构之间进行沟通和协调的机制，提高金融监管效率，以维护金融安全和稳定。

(3)依照《巴塞尔新资本协议》，规范各国尤其是发达国家的金融活动，提升金融监管水平

20 世纪 90 年代后，随着银行经营复杂程度的不断增加和风险管理水平的日益提高，巴塞尔委员会 1988 年的资本协议已经越来越滞后于风险监管的需要。2004 年 6 月，在经过长达 6 年的制定期后，巴塞尔委员会公布了《巴塞尔新资本协议》。新资本协议反映了现代金融和市场经济的基本规律，也反映了全球化和国际金融活动的游戏规则。例如，审慎合理的风险承担、科学准确的风险衡量、充分有效的内部控制、科学合理的资本配置和风险敏感的资本监管

框架。《巴塞尔新资本协议》针对银行的经营活动面临的诸多风险提供了风险敏感性更强的监管框架；为金融业管理金融风险设定了资本标准；鼓励商业银行在防控风险的过程中更多地考虑资本金收益。在这一系列措施中，《巴塞尔新资本协议》将资本要求不仅仅与信用风险和市场风险挂钩，而且还与其他实质性风险联系起来（如支柱1下面的操作风险以及支柱2下面的利率风险等）。

《巴塞尔新资本协议》是国际银行界的“游戏规则”。目前，很多国家还不具备实施《巴塞尔新资本协议》的条件。随着新资本协议在美国等十国集团的实施，将有越来越多的国家加入该行列。该协议将在商业银行计算信用风险加权资产和操作风险加权资产的规范、商业银行内部建立完整而全面的风险管理体系的约束以及全球银行体系的稳健经营方面发挥巨大作用。

（4）对金融创新产品和非银行金融机构加强监管

20世纪90年代以来的金融创新造就了大量新的金融业务：可变利率存单、金融期货合约、期权交易等。金融创新使金融衍生产品市场迅速膨胀，金融期权、金融期货等金融衍生产品的派生型、杠杆性、虚拟性、高风险性使金融监管产品日益多样化、复杂化和高风险化。

随着发达国家经济的发展，涌现出了大量非金融机构。目前，非金融机构在发达国家中已居于非常重要的地位，表现在机构类型日趋多样化，发展迅猛，并且其资产和负债规模所占的比重已经接近甚至超过了银行金融机构，其业务领域日益拓宽，在金融创新、资产重组中的作用也日益重要。

因此，从金融创新产品日益多样化、复杂化和高风险考虑，从非银行金融机构的经济影响和货币供给方面考虑，各国金融监管当局都不得不重视和加强对金融创新产品和非银行金融机构的监管。

（5）金融监管当局应加强国际监管合作与其他合作，提升防范国际金融危机的能力

国家和区域性监管机构应加强国际合作。一是完善国际监管体系，建立评级机构行为准则，加大全球资本流动监测力度，加强对各类金融机构和中介组织的监管，增强金融市场及其产品透明度；二是国家和区域性监管机构在遵循一致性原则的基础上制定规章以及其他措施；三是监管机构加强同金融市场所有层面的协调和合作，其中包括跨国境的资本流动；四是监管者和其他相关当局应当在防范危机、加强管理和应对措施上加强合作；五是发展国际金融合作

与协调,积极探讨必要的增加国际合作与协调的途径和方法,运用国际资源提升防范金融危机的能力,化解国际金融风险。

### (二)北京金融风险防范机制

作为首都城市,北京集中了所有宏观调控部门、金融监管部门及国内大型金融机构总部,金融资源十分丰富,已成为全国无可争议的金融决策和宏观调控中心、资金清算中心、金融研发中心及信息发布中心。它汇聚了全国80%以上的银行业资金及70%以上的保险业资金。资本聚合效应在有利于北京国际金融中心建立的同时,也凸显了北京金融安全的重要性。北京金融体系的安全运行关乎全国的金融安全、经济安全与政治安全。

1. 北京面临的金融安全隐患

(1)市场竞争压力

外资金融机构由于业务受到限制及缺乏一定规模的网络,进入初期往往采用与中方合作的策略弥补自身的劣势,以便获取中方客户信息,摘取高端客户与高素质人才。随着北京金融市场的不断开放,外资金融分支机构将进一步增加,依托丰富的经营管理经验、优良的产品服务及高附加值的高端客户,外资金融机构市场份额也将进一步提升,市场份额竞争将更为激烈,金融市场风险明显增加。

(2)国际游资冲击

国际资本流动为北京金融市场的国际化提供动力的同时,也给北京金融发展带来不安全因素,尤其是国际短期资本的流动,会给金融体系安全带来直接或间接破坏,加大金融市场的不确定性。北京的国际游资的存在,导致北京房市波动,物价上涨,金融风险不断积聚。随着资本项目管制的放松,将带来更广范围、更加频繁、更大规模的国际游资,而且更难察觉、更难监管,对北京金融安全产生不利影响。国际游资冲击将日益成为北京金融安全的核心和关键,成为北京金融安全的真正考验。

(3)金融风险跨境传播

北京金融市场与国际金融市场的联系日益紧密,在提升北京金融地位的同时,也使国际金融市场风险的跨境传递更为迅速,不利于北京金融安全。随着开放的不断推进,北京金融体系中外资金融机构数目将不断增加,风险诱因也将随之增加,而在京金融机构与企业实施海外战略,也容易通过集团内部资金的流动,跨境传递风险,影响北京金融安全。同时海外上市容易造成股票估值悬殊与价格差异,为国际游资投机操作提供条件,冲击金融体系的有序运行。

(4)金融监管的挑战

随着金融业的迅速发展,金融监管难度也随之增大。一是金融创新在促进金融发展的同时,也可能增加北京金融市场的不稳定性和系统风险,这对风险控制机制和管理能力提出更高要求,使金融监管更加复杂,监管有效性受到挑战。二是金融机构综合性和一体化的发展需要实行全面监管。而目前与混业经营相适应的风险管理机制尚未完全建立,风险控制能力较弱,风险易在各金融市场扩散传递,使系统性风险控制难度加大,金融分业监管体制受到挑战。此外,金融业的经营受经济波动影响较大。当前北京经济金融发展中经济过热,能源价格高位波动,通货膨胀居高不下,流动性过剩依然表现明显,这些都对北京金融安全产生不利影响。

2. 北京地区金融防范机制的制定

结合上海地区金融风险防范机制与北京地区金融所具有的安全隐患的特殊性,提出以下金融风险防范机制。

(1)建立金融安全预警机制

由于金融体制的成熟与金融监管水平的提高是一个较为漫长的过程,因此为了防止金融风险积累导致金融危机的爆发,建立一套有效的金融危机预警机制是北京金融业发展中亟待解决的问题。结合北京金融结构的特点与全球经济密切程度等相关系数,选择监测金融体系的风险预警指标及各自的金融风险预警区间,以正确反映金融运行特点及态势,有效防范金融风险。其中对于系统性金融风险,可以选择经济增长、国际收支风险等指标,对于非系统性金融风险则可以选用流动风险、经营风险等指标,通过分析和识别不同时期指标值变化,合理地运用有限的资源进行金融危机防范,维护北京金融安全。

(2)加强金融监管

专业化的金融监管对于规避与防范金融风险起着重要作用。针对北京金融安全所面临的各种隐患,应建立健全金融风险处置的长效机制,提高监管的有效性:一是银行业应实施目标导向型监管,加强银行业的事前监管,注重对资产风险与金融创新的监管,强调激励相容。二是证券业监管应树立公平主义理念,加强信息披露监管,注重市场力量与政府力量的动态均衡,防范证券市场风险的连锁反应。三是保险监管要注重与国际准则接轨,以适应未来保险业的进一步开放,还可以探索建立分类监管,增强中资保险的市场竞争力。同时要完善银行、证券、保险监管部门以及宏观调控部门之间的协调机制,防范综合经营的跨行业、跨市场风险,提高监管的全面性,维护整个市场的安全性。四是健全监管法规,规范金融市场,促进金融体系的安全运行。

(3)政府积极引导,加强金融体系安全建设

金融体系的安全需要政府发挥积极作用。首先,完善金融市场基础设施,健全金融市场运行机制,强化金融市场透明度与公平性,推动金融市场的发展与完善,确保多元化金融机构体系的安全与稳定。其次,制定相关政策措施,有规划性地引进目前金融产业链欠缺环节的金融机构,如私募股权投资基金、担保机构等,构建多层次金融服务体系,拓展金融市场的深度与广度,提高金融市场的运行效率。同时要加强区域金融合作及对投资者风险的防范教育,采用定期或不定期现场检查及非现场检查的方式,对高风险的金融领域实施有效的检查和堵漏措施,把风险程度降到最低,风险损失降到最小,全面维护北京金融市场安全。

# 05 第五章 北京金融业稳定的决定因素

金融是有关资金融通及货币流通活动的统称，在面临全球资源稀缺的情况下，金融发挥着资源配置的重要作用。金融发展理论指出金融有助于资本积累和加快技术创新，有效地促进经济增长。然而，金融危机的爆发表明金融也能损害经济的增长，所以金融稳定是其促进经济增长的必要前提。那么，如何使金融稳定以对经济增长发挥积极作用，了解影响金融稳定的决定因素就显得尤为关键。

## 第一节　金融稳定的决定因素

2005 年 11 月，我国人民银行首次发布的《中国金融稳定报告》，将金融稳定定义为金融体系处于有效发挥其关键功能的状态，宏观经济健康运行，财政政策和货币政策稳健有效，金融生态环境不断改善，金融机构、金融市场和基础设施能够发挥资源配置、风险管理、支付结算等关键功能，并且在受到外部冲击时，金融体系整体上仍然能够平稳运行①。

从金融风险生成机理的角度来看，导致金融不稳定的因素即为影响金融稳定的因素。而货币危机理论则从各个方面阐释了这些影响因素，总体上可概括为以下四方面：经济周期理论认为经济周期波动后政府采取的政策使得银行信贷、货币供应量和利率随之波动，金融风险由此产生；Fisher（1933）、Minsky（1982）、Kregel（1997）等则强调经济主体自我实现的预期易激化金融脆弱性从而引爆危机，如经济主体过度负债、通货紧缩、物价波动、借款主体发生变化以及银行家用不恰当的方法建立安全边界造成金融脆弱性；信息不对称理论认为

① 《中国金融稳定报告(2005)》。

存款者与银行、银行与借款人之间存在的信息不对称是产生信贷风险和挤兑的主要原因;另外,金融自由化也可通过价格、经营、市场准入和资本流动等方面激化金融体系的内在不稳定性。

综上所述,本章将从宏观经济环境、金融市场、金融机制、金融基础设施和金融主体五方面阐述影响金融稳定的决定因素。

## 一、宏观经济环境

货币主义将金融不稳定的根本原因归于货币政策的失误。但这并不意味着货币政策是造成金融不稳定的根本原因。事实上,金融体系的存在是以整个经济社会为基础,货币政策调整源于政府对宏观经济环境的考虑。因此,本节从国际收支不平衡、通货膨胀、资产价格波动和金融全球化四个宏观方面阐述金融稳定的影响因素。

### (一)国际收支

国际收支体现了一定时期内一国外汇收支的总体状况,国际收支平衡是指一国对其他国家的全部货币收入和支出基本相抵,作为货币政策的最终目标之一,对该国的货币供应量和比值稳定有着重大影响。当国际收支持续不平衡时,短期资本大量进出使一国外汇市场供求迅速变化,易引起汇率的波动,无论是顺差还是逆差都会给金融体系带来危害。

持续规模的国际收支逆差意味着对出口国货币的需求增加,促使本币贬值,短期内可能导致资本外逃,长期将导致本币汇率急剧下跌。如果该国货币当局要保持币值的稳定,特别是在资本可以自由流动的固定汇率制国家,需要在国际市场上抛售外汇储备并且购买本国的货币以调节其货币供应量,这将严重消耗该国的储备资产,严重时甚至陷入外汇储备枯竭的困境,从而使其对外支付或偿债能力被严重削弱。当该国的外汇储备下降至某一点时固定汇率制的公信力全无,投机者借入本币在该国大量购买外汇使得固定汇率制度最终崩溃,于是在市场供求的决定下,本币急剧贬值,引发金融危机。

另外,短期资本外逃会在国内形成货币紧缩的形势,一旦银行出现流动性不足的问题时,提高利率水平将通过信贷规模、资产价格等渠道影响该国经济的增长。一方面可能会被迫出售或转让资产,导致资产价格下跌;另一方面,企业融资渠道受阻,财务负担加重,银行的资产质量受到影响。而当社会上信心出现动摇时,还可能出现挤兑现象,从而引发金融危机。

同样,持续的国际收支顺差会使进口国对该国货币需求增加,促使本币升值。一方面这将减少出口企业的实际收入或增加进口企业的支付成本,本国商品出口减少,影响本国经济的增长。另一方面还会导致该国通货膨胀的压力增大。因为顺差可能导致国内市场的商品供应短缺、价格上涨,如果资本项目顺差就意味着大量的资本流入,为维持比值稳定该国货币当局需要投放本国货币购买流入的外汇,从而增加货币流通量,带来通货膨胀的压力。

自20世纪90年代以来,除个别年份以外,我国国际收支基本呈现"双顺差"的局势,即经常项目与资本项目同时呈现顺差,并且顺差额不断扩大,从图中也可看出,2015年跨境资本延续流出势头到第二季度大幅缓解并趋向基本平衡。但2015年第一季度,资本和金融账户逆差981亿美元,较2014年四季度扩大677亿美元;外汇储备资产减少795亿美元,环比多降了502亿美元。第二季度跨境资本流出明显放缓,资本和金融账户逆差275亿美元,较第一季度收窄707亿美元;外汇储备资产由第一季度的下降转为增加130亿美元,如图5.1.1所示。

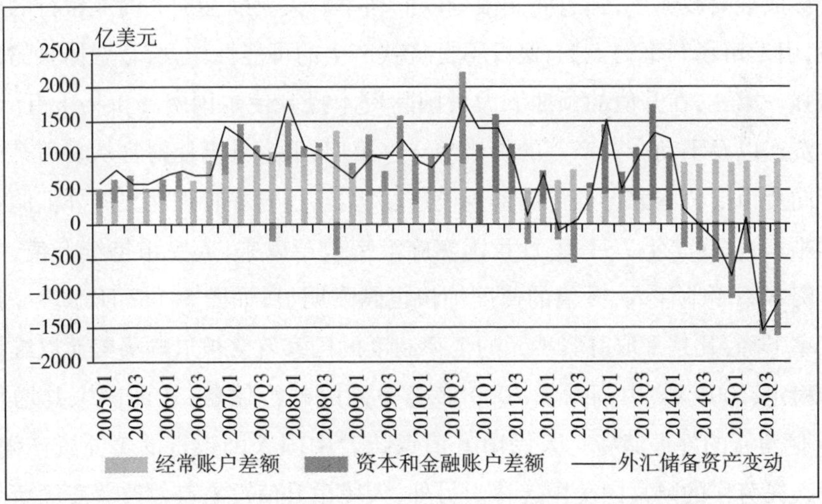


**图5.1.1　2005—2015年上半年我国国际收支差额**

数据来源:国家外汇管理局官网,中国国际收支表。

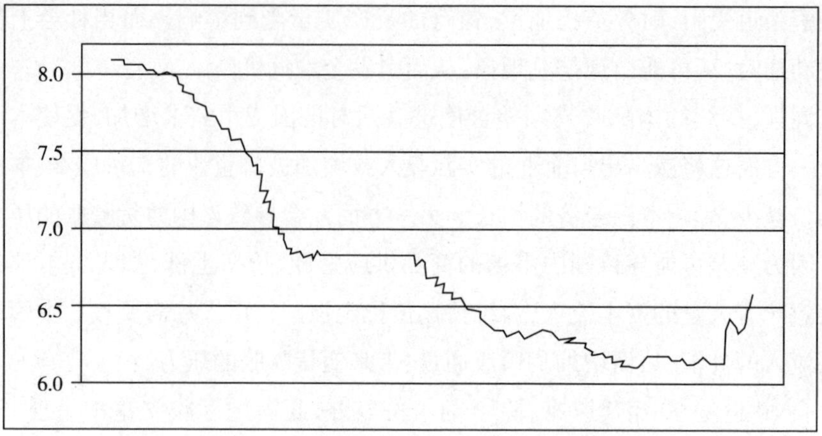


图 5.1.2 2005 年 7 月—2016 年 1 月人民币兑美元的汇率

数据来源:新浪财经数据库。

这对我国金融稳定的不利影响体现在以下几方面:第一,大量的资本流入为投资直接提供大量资金,从而削弱了信贷货币政策的调控效果。第二,如果维持比值稳定则外汇储备和本币投放量将持续增加,市场流动性过多刺激信贷扩张。如果中央银行通过发行央行票据来对冲银行体系过多的流动性,利率过高会形成准财政赤字,强迫商业银行以低利率购买无疑会加大商业银行的经营风险,引发市场利率的上扬,银行不良贷款产生的可能性增大,金融体系的脆弱性增强。第三,在升值的预期下大量国际资本投入使本国资产价格上升,形成资本资产以及不动产资产等的价格泡沫。第四,汇率升高使财富从货币升值国家流向货币贬值国家。外汇储备规模过度增长,经营和管理庞大的外汇储备十分困难。自 2005 年 7 月 21 日我国实施汇率改革以来,人民币持续升值,随着国际资本不断地注入,升值的速度加快也越发明显,如图 5.1.2 所示。一旦美元汇率下降,凡是采取盯紧美元的汇率制度的国家就会被迫购买美元以维持币值的稳定,2005 年,中国增加 2000 多亿美元的外汇储备,亚洲国家共增加了 5800 亿美元的外汇储备。人民币升值意味着中国人民银行的美元资产缩水,我国人民劳作的财富向美国转移。另外,人民币升值没有有效改善我国贸易持续顺差的问题,原因还在于中国出口商品的需求弹性较小,价格缓慢上升不影响外部的购买数量,这就需要调整我国的进出口结构。

## （二）通货膨胀

Anna Schwartz(1986)认为如果物价水平稳定或者能够被预期,经济资源会得到有效的配置,那么金融不稳定或金融危机不会对实体经济产生很强的破坏作用。因此,通货膨胀即物价水平波动成为影响金融稳定的决定性因素之一。

流动性过剩将引发通货膨胀。因为流动性过剩会促进物价水平上涨,对于实体经济而言表现为通货膨胀,而对于金融资产则表现为资产价格泡沫。

从2004年开始,就全球经济就面临着流动性过剩的困扰。其原因可以追溯到美日欧等发达国家2001年实施的低利率政策。2001年,NASDAQ指数从5000点跌至1000点,意味着美国新经济泡沫的破灭,IT行业的不景气使美国面临经济衰退的威胁。2001年9月11号,美国遭受了"9·11"恐怖袭击事件,这对有所下滑的美国经济更是雪上加霜。为避免出现严重的经济衰退,美联储采取连续降息的宽松货币政策,利率一路从7.5%降至1%。与此同时,日本为使其衰退的经济开始复苏,实施了长达十多年的低利率甚至零利率政策。此外,欧元区的利率在2005年以前连续五年维持在2%。然而,这些国家宽松的低利率货币政策无一例外地使自身陷入严重的流动性过剩困境,同时也为2004年全面爆发的全球流动性过剩、通货膨胀以及资产价格泡沫化埋下了伏笔。从1997年到2006年的10年间,全球主要经济体狭义货币M1与GDP的相对比例迅速提升,美国从40.6%升至53.3%,日本从29.5%升至78.5%,欧盟从24.1%升至44.6%,全球M1与GDP的相对比例上升了50%以上,广义货币M2与GDP的相对比例上升了30%以上。

全球流动性过剩无疑增大了通货膨胀压力。以石油价格为例,20世纪90年代,石油价格(用2003年美元表示)在每桶20美元上下波动。从90年代末开始,伴随着全球经济复苏以及原油不断减产,原油价格开始一路攀升。到2004年,石油的年均实际价格涨至每桶40美元,2005年3月油价涨至每桶50美元,而到了2006年4月中旬油价已超过每桶71美元。油价的高位运行影响投资、借贷等经济活动,扩展到整个实体经济领域,通货膨胀导致的物价普遍上涨影响金融的稳定运行。

因此,通货膨胀对金融不稳定的影响可以表述为:如果存在未预期的通货膨胀或物价水平普遍上涨时,借贷双方对投资项目的回报率往往持比较乐观的态度,预期投资收益率普遍偏高,如果项目失败就会导致金融的不稳定,甚至出现金融危机。具体来说,对于作为贷款者的投资者而言,很难区别借款人和投资项目的真实质量,误把通货膨胀导致的价格上涨看作利好的消息,这种错误或过度的乐观心态使社会的投机性投资和借款都会增加,加大了贷款的风险。一旦实际中收益率低于乐观的预期收益率或者投资的项目失败,贷款者或银行不能收回贷款本息或投资收益,银行就可能因此陷入流动性紧缩的困境,带来金融的不稳定。而对于作为借款者的生产企业来说,如果将看到通货膨胀导致的价格水平上升错误地理解为自身产品的价格上升,而不是价格水平的普遍上涨,在获得更多利润的驱动下企业会从金融机构吸收更多的融资以扩大生产。价格水平的整体上涨使企业原本预期的较高收益率无法实现,不仅企业自身的亏损对经济增长产生影响,同时还使为其融资的金融机构承担了贷款成为不良贷款的风险,个别金融机构的流动性危机还将影响与之相关的其他金融机构的稳定性。

### (三)资产价格波动

流动性过剩不仅可以表现为通货膨胀,也可表现为资产价格泡沫。在流动性过剩的背景下,新环境假说认为,低通胀使经济主体对未来的预期过于乐观,而这将会导致信贷增加、资产价格波动甚至形成泡沫,从而导致金融不稳定。

流动性过剩会导致资产价格上涨,2005 年全球金融资产与全球年产出的比率为 316%,全球核心金融资产储备达 140 万亿美元,超过同年 GDP 的 3 倍。[①] 2006 年,货币掉期、利率掉期和利率期权产品价值为 286 万亿美元,是全球总产值的 6 倍。[②]

资产价格上涨使得投资者对资产的收益和风险产生错觉,并对市场行情持过于乐观的态度,这种乐观的预期一方面受到基本面信息的影响,而另一方面更多的投资者是受到市场整体情绪的影响,引发了大量的“越涨越追”的跟风买入行为,导致资产价格进一步上涨,最终形成资产泡沫。同时,资产泡沫的脆弱性也进一步加大。因为在现代金融体制下金融资产具有独立的运行方式,其资产价格膨胀在一定程度上脱离了实体经济,导致自身价值的虚拟性。虚拟资产价格更易受人们主观心理的影响,更易波动,资产价格与其基础价值出现背

① 麦肯锡全球研究所的统计资料。

② 国际掉期与衍生工具协会统计。

离,正是虚拟经济与实体经济的偏差形成了最终的资产泡沫。

但是,当不利信息被少数投资者关注或者投资者认清自己盲目乐观的态度后,就会选择清仓抛售,敏感的投资者也随即调整预期,跟随抛售策略,短期内形成抛售远高于买入的局面,资产价格急剧下降,泡沫破灭引发金融危机。

资产泡沫破灭对金融稳定的危害主要体现在以下几方面:对于金融机构来讲,由于信用市场存在着大量的信息不对称,资产和现金流状况是借款者借贷能力的重要表现,如果将其资产作为抵押品来进行借贷就可以减轻信息不对称问题。资产泡沫破裂使抵押资产价格大幅度下降,银行和借款者的资产负债情况恶化,借款者违约可能性增加,银行不良资产规模和贷款损失扩大,流动性出现紧缩,从而约束银行的信贷规模。对于企业来说,泡沫破灭使资本市场融资渠道受阻以及银行信贷紧缩,企业融资更为困难,融资成本大大提高,降低了其经营能力、偿债能力和盈利能力,经济效益下降对实体经济也会产生影响。对于居民来说,资产价格下降使居民财富大大缩水。以股票泡沫为例,当居民将大量资金投入股市后,甚至将大部分积蓄投入股市,或者通过信用或按揭贷款的方式借钱入市,一旦股票泡沫破裂股价逆转就会损失惨重,还会殃及贷款银行。而对于货币当局而言,资产价格剧烈波动使投资者预期回报率和资产需求发生变化,进而影响资金的流动方向、规模和国际收支,加大制定和实施货币政策难度。综上所述,资产价格波动已成为危及金融稳定的重要因素。

当前,流动性过剩导致的资产价格泡沫成为影响中国金融稳定的重要因素。中国作为最大的发展中国家,2000 年以来经济持续稳定增长,在人民币升值的预期下吸引了全球过剩的流动资本,逐利驱动下的投机者闻风而至。2004 年贸易顺差仅占外汇储备的七分之一。与此同时,国内高储蓄和收入分配不平衡也加剧了过剩的流动性。高收入者的边际储蓄倾向较高,低收入者的边际消费倾向较高,而边际储蓄倾向较低,造成储蓄多消费少,储蓄在转化为投资的过程中导致产能过剩,易形成贸易顺差。

流动性过剩引发的通货膨胀增加了公众资产保值的需求,大量资金流入股票市场和房地产市场,使这两类资产价格上涨。

2005 年 6 月,上证综指回落到 998.23 点,而 2007 年 8 月,已突破 5000 点。A 股市值从 32633 亿元增至 270025 亿元,达 8 倍之多。上市公司盈利能力上涨和市盈率上涨都能使市场指数上涨,从 1000 点到 5000 点,A 股市场市盈率从17倍上升至73倍。根据张兵(2007)测算,2007年7月,我国A股总市值为17万亿,而上市公司净利润总额为3781亿元,再扣除所得税、印花税和交易费,股东实际收益率最多为1.75%。如此低的收益率说明股市投机行为过多,存在严重泡沫。第一,超高的股价使价格失去了调节资金流动的作用,造成资源的错误配置。第二,股价普遍上涨减轻管理者改善经营的压力,失去对公司经营的监督作用。第三,泡沫崩溃,后知后觉者损失惨重。股市泡沫是一种零和博弈,破裂前的盈利与破裂后的亏损相抵。最后,投机氛围也使整个社会的工作心态严重扭曲,大量投资者希望通过对资产泡沫进行的投机而一夜暴富。

同样,流动性过剩会导致房地产价格的非理性繁荣,在房价上涨的预期下,购房保值和住房抵押贷款活动越发活跃,金融机构存在大量住房抵押贷款。然而,一旦房地产价格急剧下跌,银行资产质量恶化,金融市场必会受到严重冲击。2007年爆发的美国次贷危机就是由于房价突然下降使得资金链断裂而导致的。

### (四)金融全球化

ALIBER(1984)提出不同国家的金融机构存在比较优势,因此,20世纪70年代以来,世界加快了金融全球化的脚步。

金融全球化对金融稳定的益处体现在以下几个方面。

第一,外资银行的进入加剧本国银行业竞争,促使东道国改善经营效率和提高服务质量,如更好地收集信息、提高资本充足度等,范围经济和规模经济有利于金融体系的稳定。第二,外资银行成熟的内部管理模式和经营理念被引入国内,特别是对发展中国家,先进的治理结构和技术有利于提高国内银行风险控制能力,改善银行市场结构。第三,金融全球化有利于在国际市场上获得资金,使本国融资能力提升,提高金融体系的稳定性。第四,大多数外资银行的母国金融监管严格,可以提供良好的审慎监管经验,促使东道国的银行信息披露和会计处理方式等与国际惯例靠拢,以提高信息质量,改善金融监管环境和监管水平。第五,金融动荡时期,外资银行可以从母公司或自身的国际融资渠道及时获取援助资金,对本国银行丧失信心的居民会考虑将存款存入外资银行,以减轻资本外逃的压力。在危机后,外资银行还可能通过增加贷款参与国内银行体系的重建。Demirguc - Kunt、Levine & Min(1998)研究发现外资银行数量比例与银行危机的发生概率呈现负相关关系。如1998年阿根廷国内出现银根紧缩时,外资银行通过从国际离岸金融市场获得资金以补充其有限的融资渠道。

然而,金融全球化不仅会提高效率,还会产生金融风险。20 世纪 70 年代以来,金融危机频频爆发,带来巨大影响。根据世界银行 2001 年统计,近 20 年共有 93 个国家爆发了 112 次系统性银行危机。金融全球化对金融稳定的危害体现在以下几个方面。

第一,外资银行通过"摘樱桃"等竞争策略抢占市场份额和优质客户,不配套的经营能力使国内银行业务规模萎缩、收入下降,不仅不能享受开放市场带来扩大规模的好处,而且不利于金融体系的稳定。第二,在竞争的压力下,逆向选择和道德风险更容易发生。面对激烈的市场竞争,为了开拓新的业务,国内银行可能介入更多的高风险项目,资产质量和经营状况恶化,资产损失的概率增大,带来不稳定性。第三,国内监管部门有限的监管能力使其面临严峻的挑战,外资银行的干预降低了政府货币政策的调控作用,加剧了金融风险。第四,外资银行通常对东道国的愿望不敏感,东道国发生金融危机时,外资银行甚至会撤离东道国,使金融危机进一步升级,使已经不稳定的金融体系雪上加霜。第五,外资银行成为传导国际金融风险的主要途径。国际金融市场的波动和外资银行母国的金融问题都能引起东道国金融的不稳定,如外资银行倒闭使本国债务拖欠、金融恐慌,从而引发银行系统性风险。Weller(2001)对 1973—1998 年 27 个新兴市场国家进行分析,金融全球化后大量投机性资本流入,本国货币高估,银行危机发生的概率增加。如美国次级贷款危机爆发后,主要经济体的汇率剧烈波动,入世后全面开放的中国经济金融体系在这次金融危机的浪潮中很难独善其身。随着美国房价走低,全球经济衰退,中国的出口面临一定程度的不确定性,中国金融稳定受到威胁。

总之,在金融开放的背景下,国际资本流动和信贷过度扩张都将会加剧本国金融体系内在的脆弱性,对金融稳定产生不利影响,并动摇宏观经济的稳定性。

## 二、金融市场

从金融稳定的定义来看,金融稳定不仅包括宏观经济环境,还包括金融体系本身。而金融体系则包括金融市场、金融机制和金融基础设施。

## (一)金融市场结构

随着金融全球化、一体化的不断发展,金融结构性调整受到越来越广泛的关注。在传统的货币政策无法有效改善金融失衡问题的情况下,金融结构调整和优化为提高金融体系的效率和分散金融风险带来了希望,增强了金融市场竞争力,增强了金融发展的稳定性。目前我国金融结构失调问题已成为威胁我国金融稳定的重要因素。主要包括重间接融资轻直接融资、重股票市场轻债券市场、重国债轻企业债等。

1. 直接、间接金融结构

企业是经济社会的最主要投资者,也是金融市场的最主要筹资主体,是最大的资金短缺部门。企业的投资过程需要聚集资金盈余部门的闲散资金,其融资方式可包括直接金融和间接金融。直接金融指资金借贷双方直接进行融资活动,而间接金融指资金借贷者通过银行等金融机构作为中介完成融资活动。直接金融与间接金融作为社会资金的分配方式,理论上没有孰优孰劣之分。但是,实际上各国应该根据本国的环境经济水平选择与之相匹配的融资方式或结构比例。

金融中介机构具有信贷范围广、稳定资金来源、润滑资金运转、资金规模大和融资成本低等优势,发达国家更为适用;直接融资具有节约社会成本、融资及时、融资期限数量等选择自由、提高资金使用效率和对企业信贷实施硬约束等优势,发展中国家更为适用。

中国作为发展中国家,目前还是"银行主导型"的融资结构。企业融资渠道过度依赖银行贷款,2014 年我国银行贷款依然占国内非金融机构部门全部融资的62%,如图 5.1.3 所示。

我国储蓄率偏高,大量储蓄存款只能通过银行发放贷款来释放压力。这种失衡的结构对我国金融体系的危害体现在以下几方面。

第一,企业融资过度依赖银行,银行不良资产形成的可能性也大大提高。特别是对发展中国家来说,贷款银行承受较高的资产经营风险,而银行又易受到政府的干预,对企业的信贷约束常常被软化,低成本的诱惑使企业不合理占用资金,导致拖欠贷款现象普遍,银行呆账、坏账增加。而在直接融资下,居民作为约束主体对企业构成硬约束,如果不分红股民就会"用脚投票",一旦股价下跌就会影响企业的长期资金来源。2002 年 12 月,高盛曾指出,中国金融最

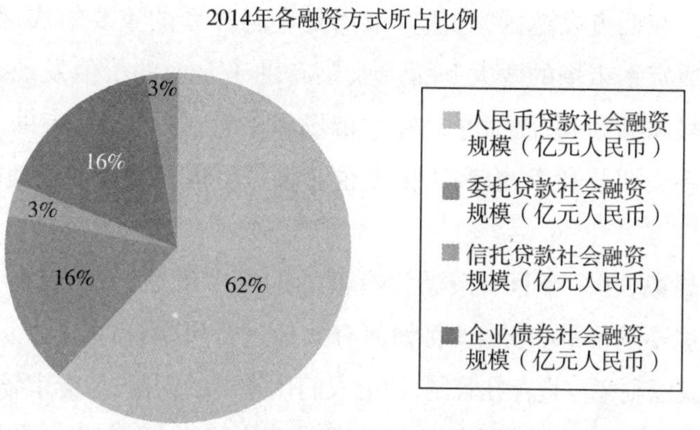


**图 5.1.3 2014 年我国各类融资占国内非金融机构部门全部融资的比例**

值得担心的不是类似亚洲金融危机中的银行倒闭，而是类似日本的银行存在的大量不良资产不能有效化解，最终形成危机。

第二，金融风险高地集中于银行业。银行贷款过高、银行数量多，全社会的融资风险基本都集中在银行体系，不利于银行分散风险和持续经营。我国金融体系中银行业处于高度主导地位，特别是在国有商业银行存在制度缺陷的情况下，更不利于防范系统性风险。一旦银行体系发生危机，整个经济就会发生震动，严重时就会阻碍经济，造成社会不稳定。

第三，信贷对象集中化，风险集中。商业银行为了获取利润，在发放贷款时出现了资金向优质客户、重点行业和经济发达地区集中的趋势。虽然是利润最大化的政策选择，但是同时，其经营风险状况也集中在某一行业或地区上。一旦该行业或地区发生不利的突发事件，银行将损失惨重。另外，优质的借款者数量有限，银行在激烈的竞争中放松贷款条件，提供优惠条件，也会为自身埋下隐患。

第四，中小企业融资困难。大银行争取优质客户，而对中小企业的贷款缺乏兴趣。而有意愿为中小企业提供融资的小银行或地下金融机构又对企业设置较高的“门槛”，大大提高了企业的融资成本，同时还将增加道德风险和逆向选择的可能性，易产生“劣币驱逐良币”现象，这样不利于有发展潜力和新兴企业的发展，不利于长期整个社会经济的可持续发展。

2. 股票与债券市场结构

我国不仅仅存在直接融资和间接融资之间结构不合理的问题，而且直接融资和间接融资自身的结构也不合理。直接融资结构主要指股票市场和债券市场的结构。在西方发达国家,债券市场是金融体系的重要组成部分,与股票市场共同构成资本市场的两大基石。股票有助于企业的价值发现、融资灵活、股东可以获得高额利润;而债券是资本市场风险管理的工具,有助于政府用更加市场化的手段调节利率,有利于拓宽企业融资渠道和流动性管理以及丰富金融工具品种。

很难想象,在一个只有股票没有债券的资本市场上,或者在一个股票和债券市场发展不均衡的市场上,将如何有效地进行风险管理。

由于我国利率一直存在管制,加上人们认知上的误区,债券市场的规模以及对经济的影响力都远不及股票市场,而且债券多为国债、金融债、金融机构次级债、中央银行票据等,都是为金融机构服务的。从国际上看,美国股票市值相当于债券的117%,欧洲股票市值相当于债券的112%,日本股票市值相当于债券的71%。

表5.1.1 2010—2016年企业债券和股票市场发行情况

| 指标 | 2010年 | 2011年 | 2012年 | 2013年 | 2014年 | 2015年 | 2016年 |
|---|---|---|---|---|---|---|---|
| 股票总发行股本(亿股) | 26984.49 | 29745.11 | 31833.62 | 33822.04 | 36795.1 | 43024.14 | 48819.73 |
| 信用类债券发行额(亿元) | 16812 | 23577 | 37338 | 36721 | 51172.91 | 67704.24 | 36668.36 |
| 股票/债券 | 1.605073162 | 1.261615558 | 0.852579678 | 0.921054438 | 0.719034739 | 0.63547187 | 1.331385696 |

如表5.1.1所示,2010—2016年我国股票市场市场总市值是债券的1.6~1.3倍,重国债轻企业债券、重长期债轻短期债使企业的融资需求得不到满足,只能通过股市或银行得到满足。失衡的结构一方面加大了银行的风险集中度,另一方面导致数千亿元的资金在两个证券交易所内流动,交易一千多只上市股票,过剩的流动性集中于股票市场使市盈率过高,如果监管不力就会出现投机盛行、恶意狂炒、股价非理性波动的状况。同时,股票市场还存在重流通轻发行,流通市场重场内轻场外的结构失衡问题,降低了金融市场的稳定性。

此外,保险业规模小和覆盖率不高也使金融结构性失衡加剧。目前,我国保险业还处于起步阶段,与世界平均水平相比,我国的保险深度和密度偏低,保险业发展水平落后,不能在国民经济运行中起到保驾护航的作用。

### (二)金融市场成熟度

1.资本市场成熟度

如前文所述,我国金融体系结构性失衡的主要表现就是以银行贷款为首的间接融资比例过高。其中一个重要原因是我国资本市场不发达,阻碍了直接融资渠道的畅通,致使整个社会的融资风险过度集中于银行业。这是间接融资成本低、信贷软约束的原因。

我国的股票和债券市场起步较晚,虽然已经在飞速地发展,但与国际水平相比还存在较大差距。美国股票市值相当于 GDP 的 168%,债券相当于 GDP 的 143%,欧洲股票市值相当于 GDP 的 92%,债券相当于 GDP 的 82%,日本股票市值相当于 GDP 的 96%,债券相当于 GDP 的 136%,而我国 2016 年股票市场市值相当于 GDP 的 68.22%,企业债相当于 GDP 的 127%。

我国股票市场发展历史较短,距 1990 年底上海股票交易所成立至今只有短短二十几年的时间 。这期间进行了多次制度改变,但是发行门槛高、发行程序复杂、监管力度薄弱使许多中小企业望而却步,而部分优秀企业则选择在海外上市。虽然 2009 年 10 月 30 日创业板正式拉开大幕,但是首批只有 28 家被允许发行。

目前,我国债券品种主要有国债、企业债和金融债三种,他们产生和发展时间都不长。

国债是发展时间最长的。从 1981 年恢复发行算起,经历了实物债券柜台市场主导时期、交易所债券市场主导时期、银行间场外交易市场兴起三个发展阶段。存在的主要问题有:国债市场分割为沪深交易所市场和银行间债券市场,降低了国债的流动性;商业银行是债券市场的主要投资人,市场交易主体比较单一;主要是中期国债,市场交易工具单一;不流通的凭证式国债在国债的发行中所占比例过高;国债期货市场一直没有恢复,影响货币政策效能。

企业债市场始于 1984 年,一些企业开始自发地向社会和内部发行企业债进行集资。1993 年,国务院颁布《企业债管理条例》几乎停止其发行。1995 年,市场重新启动。但是,目前我国企业债的发行受国家纪委的严格控制,规定利率不得高于国债利率限制,发债条件过于严苛;另一方面,企业缺乏融资动力,因为发企业债的多为国有企业,在有政府保护的银行信贷的支持下,自然没有激励选择具有硬约束的债券。

金融债券分为特种金融债券和政策性金融债券,但发行量都不大。特种金融债券筹集资金专门用于偿还不规范证券回购债务。政策性金融债券与国债不同的只是发债主体由财政部变为商业银行或政策性银行,但是因为由国家提供完全信用担保,所以从本质上讲属于国债范围。

2. 利率机制

作为金融体系中的重要变量,利率是货币时间价值的体现,也是资金使用或者被占用的价格。资金供求者根据利率选择是否参与借贷活动和融资模式,投资者根据利率判断未来经济走势和制定预期投资回报率,政府则可以通过利率来调节社会资金流向与规模。

如果利率能够有效地发挥作用必将促进金融的稳定运行和经济的健康发展。如何使利率有效发挥其积极作用,构建合理的利率机制是问题的关键。

利率机制主要包括市场决定和政府管制。在利率管制下,利率水平不能准确地反映市场上资金的供求状况和稀缺程度,利率传递的信息被扭曲,可能引发资金供求差扩大,加剧信贷失衡,导致金融不稳定。利率偏低加剧股票市场和房地产市场的泡沫化,偏高则会恶化银行和借款者的资产负债质量。在利率市场化条件下,利率由借贷双方共同决定,市场化利率是以名义既定利率为基础并考虑各种市场风险因素后的实际利率,一方面可以有效地调节社会资金流向,防止资金的无效或低效使用;另一方面大量的游动资本被有效地配置,防止流动性过剩引发的通货膨胀和资产价格泡沫。

3. 金融业经营模式与监管模式

由于存在负外部性、信息不对称、自然垄断和合成谬误等因素,金融监管必不可少。制度经济学和管制经济学也强调了监管的重要性。Mishkin(2001)提出有效的金融监管能够降低借贷双方间信息的不对称性,促进金融稳定;而监管失灵会对金融体系带来严重的负面影响。与法律相比,监管是一种在危机发生前采取主动出击的行为。

目前,我国金融业主要采取分业经营和"一行三会"的分业监管模式。"一行三会"的分业监管是指中国人民银行负责系统性监管,关注整个金融体系,防止引发系统风险;银监会、证监会、保监会分别监控各自的机构和市场的风险。这种模式符合最初我国向市场经济转变时的经济发展水平和金融体系发展程度,但是随着金融改革的加深,其弊端也逐渐显现。

分业经营难以适应越来越广的市场需求。商业银行信贷对象以国有企业为主,易形成较高的不良资产比率。银行、证券、保险相互分割使各自的业务品种单调、有限。股市低迷时证券公司经纪收入难以弥补各项开支,融资渠道受阻;行情好时,银行不能购买某些金融产品,投资渠道受阻。

目前,唯有在央行和银行业的监管下设至基层,证券和保险监管仅仅设到省级,对基层的监管可谓鞭长莫及。另外,在金融全球化、一体化的推动下,货币、资本和保险市场日益融合,结构化金融产品不断推出,银行、证券、保险间的业务划分越来越模糊,部分金融机构事实上已经列入混业经营的行列,分业监管与混业经营相互产生矛盾。各种金融业务相互交叉,产生新的金融风险,各监管部门间协调机制不完善,又缺少相应的制度支持,使监管工作难以进行,部分投机者利用漏洞获取利益,影响金融稳定发展。

## 三、金融机制

### (一)政府主导型体制

由于经济发展水平较低以及金融市场的不完善,政府为制度残缺的市场提供了替代的制度服务,保证了经济在一定时期内可以高速但不平衡地发展,且同时也提高了金融体系的不稳定性。

在我国政府主导型金融体制下,政府既是市场的监管者,又是市场的参与者。作为监管者,政府须履行宏观调控的职责,维持市场有条不紊的运行;作为参与者,政府身为大股东又希望追求自身经济利益。这两者往往不能两全,而政策的摇摆造成银行信贷规模膨胀、股价脱离基本价值。

由于资本市场的不完善和对资本市场的严格管制,银行获得了大量的社会储蓄资金。但是我国金融体系长期处在国家的垄断下,四大国有商业银行拥有大部分市场份额,因此银行业的信贷配给基本上是按政府的意愿执行的,不能自制地匹配资金的风险和收益。

改制前的国有企业,往往经营效率低下,盈利少甚至亏损,需要大量外源融资进行再生产活动,不符合严苛的上市条件或者发债条件,只能通过国有商业银行按政府指令向国有企业贷款。其中,一些企业在国有企业改革的过程中,政府逐渐成为第一大股东,政府出于自身利益的考虑不让其倒闭,即使不具备偿还能力也强迫银行给予贷款,其贷款经常被停息挂账甚至豁免,造成银行不良资产规模巨大,部分有偿还能力的国有企业也趁机拖欠或逃避还贷,加大了信贷风险。此外,国有商业银行的风险意识淡薄,将金融风险转嫁给中央银行,可能引发系统性金融风险。

## (二)治理结构

### 1. 产权制度

产权制度是指既定产权关系和产权规则结合而成的且能对产权关系实现有效的组合、调节和保护的制度安排。产权制度的最主要功能在于降低交易费用,提高资源配置效率。

资源相对于人类的无限需求而言总是稀缺的,如果缺少明确的产权归属,各利益相关者会为争夺资源引起利益冲突,竞争秩序混乱,导致资源不能有效配置。金融活动存在很大的不确定性,产权制度使金融机构内部产权明晰,毋庸置疑会起到降低不确定性的作用,至少金融机构内部以及金融机构之间不会因为权责不明问题而产生无谓的争吵。

商业银行是以追求利润最大化为目标的,如果产权制度不明确,为了解决利益冲突和秩序混乱的现象还会牺牲银行的流动性,问题严重时会造成流动性短缺,存款者对金融机构丧失信心。

### 2. 公司治理结构

公司治理结构是一种联系并规范股东、董事会、高级管理人员权利和义务,及与此相关的聘选、监督等问题的制度框架,即如何在公司内部划分权力。它的产生源于代理成本,Jensen & Meckling(1976)提出,股东和债权人之间、股东和经理之间存在利益冲突,股东、经理为了保护自己的利益会选择损害他人利益的策略行为,即代理成本。股份制银行拥有股东、高管、经理、员工和债权人,同样存在治理结构问题。2001—2002 年美国相继发生安然和世界通信事件,引起对公司治理机制的反思。

实际上,由债权人和股东引起的债务代理问题可以通过债权人与股东签订保护性条款来解决;由股东和经理之间引起的权利代理问题则可以通过企业内部激励机制、董事会监督、管理者竞争等渠道解决。这就需要银行内部存在合理的激励机制,来解决如何鼓励经理从股东利益最大化角度出发管理银行的问题,如给予经理小部分银行股权、期权或现金奖励等,使薪酬与绩效挂钩,避免经理人由于自身享受浪费内部资金的无效率行为,经理会更加努力提高银行资金使用效率和控制银行风险,为银行获得更多利润。

综上所述,合理的治理结构可以改善经济交易中的对抗、投机和欺诈,对金融业的稳定起着举足轻重的作用。

3. 金融安全网

(1)审慎监管

审慎监管是指监管部门通过制定一系列金融机构必须遵守的谨慎的规则来达到风险防范目的行为。这一理念源于巴塞尔委员会提出的《银行业有效监管原则》,要求监管部门制定资本充足率、资产质量、损失准备、流动性管理、风险管理、风险集中、内部控制和关联交易等方面的监管制度。

根据国际货币基金组织(1998)的统计,由于不良贷款比率过高导致金融问题的概率超过66%,因此,信贷资产质量不高将威胁银行的稳定。当全体存款者知道银行信贷资产质量下降时,挤兑现象在所难免。挤兑相当于一个非合作博弈,面对银行信贷资产质量恶化,单个存款者的最优选择就是参与挤兑。一旦挤兑发生,银行就可能因为无法支付突增的取款数量而面临倒闭的威胁。1997 年爆发东南亚金融危机之前,银行信贷规模急剧扩张,而风险管理水平不能与之匹配,增加了银行暴露的风险,信贷资产质量恶化随之而来,不良贷款率高达 15% ~35%,成为危机爆发的重要因素之一。

引入资本监管标准可控制银行的信贷资产规模,资本充足率标准也反映了股东丧失控制权的临界值,缓解了股东的道德风险问题。

(2)最后贷款人

最后贷款是中央银行在发生银行危机时为那些储备资产暂时不足的商业银行提供的流动性支持,目的在于消除银行挤兑事件带来的破坏性影响。最后贷款人宣布将对流动性暂时不足的商业银行进行融通,就可以在一定程度上缓和公众对资金短缺的恐慌,使他们产生稳定的预期,避免挤兑的发生。不过,最后贷款率也将略高于市场利率水平,略带惩罚性的利率是借款者向提供救助的最终贷款人所支付的报酬,符合公平分配的原则,还可以避免其他没有出现流动性危机的银行也申请援助,占用储备。

但是,最后贷款人制度也易导致银行的道德风险。特别是对“太大以致不能倒闭”的银行(Hughes,1993)来说,由于存在最后的担保它们深知政府和公众都不希望其倒闭,不仅成为平时监管被宽容的对象,而且危机时一定会成为被救助的对象,降低了银行自我监管和提高经营效率的积极性,并且形成选择更高风险的项目的投资偏好,更易形成不良资产。而中央银行作为最后贷款人,如果自身储备不能满足问题银行的资金短缺,就会向市场投放货币,这样又容易引发通货膨胀和资产价格波动。

(3)存款保险

存款保险制度就是由符合条件的各类存款性金融机构集中起来设立的一个保险机构,银行按照规定缴纳保费,建立存款保险基金,当某家金融机构遭受风险事故,存款保险机构按照规定及时向存款者予以赔付。Diamond et al.(1983)认为存款保险是防止危机的最优政策。

银行拥有总资产为A、存款为K,存款受到存款保险的保护,保费为P,存款到期时银行资产为ST。对银行来说,拥有的存款可以看作为买入一个看涨期权,存款保险相当于买入一个看跌期权,K相当于行权价,ST相当于普通股价格,P为期权费。在存款到期时,一旦银行资产小于所要支付的存款,银行就会行使以K价格卖出资产的权力,保险机构承担了K-ST的差额。如果银行资产大于所要支付的存款,就执行看涨期权,即支付存款。这样来看,银行实际上持有一个跨式期权,不仅减小了风险,弥补了银行的脆弱性,而且还可能在波动中获利。

另外,对于整个社会来说,存款保险制度事先防止破坏性影响,保护存款者的利益,稳定公众对银行体系的信心,风险责任明确,促进金融机构间的适度竞争,使问题机构平稳退出,有利于提高金融体系的稳定性。

但是,与最后贷款人制度一样,被保险金融机构容易出现道德风险问题。因为保险人承担了存款人的存款风险,降低了储户监督或选择优质机构的动力,同时也减小了被保银行努力经营的欲望,从而不利于金融体系长期的稳定性。

## 四、金融基础设施

### (一)法律法规

新制度经济学指出,制度是行为规则,它决定着人们在经济发展过程中能够与不能够做什么;制度也是人们结成的各种经济、社会、政治等组织或体制,它决定着一切经济发展活动和各种经济关系展开的框架。要以法律为核心、价格机制为辅来研究经济问题,当法律足够完善时,任何经济问题只需由法庭执行最优制度,而不需要监管等其他机构。

金融法律制度的作用是通过规则性和秩序性的建立，增加市场信息流量，降低信息成本和交易成本，公开透明化的市场提高了资源利用的有效性，促进经济的稳定发展。因此，金融法律成为影响金融稳定的重要因素之一。La Porta、Lopez - de - silanes(1999)等研究发现，金融发展受一国法律制度的影响，注重保护投资者利益的法律制度将有助于金融体系的稳定和发展。

而导致金融不稳定的重要原因之一就是金融制度缺陷。实际上，许多金融风险失控都源于缺少相关完善的金融法律支持。例如，如何处理金融创新、"地下金融机构"、内幕交易、金融腐败以及一些金融结构性失衡等问题，这些都将涉及法律体系的建设。以腐败问题为例，腐败将直接腐蚀金融体制的健康发展。对金融业实施特别经营许可制度，这种制度造成了金融机构和政府可以对货币资金进行垄断性配置，这些部门在利益的诱惑面前很容易滋生腐败问题。更为严重的是，金融腐败产生的负面影响往往比其他领域的都要更具破坏性。资本外逃、内幕交易等，不仅扰乱了金融市场的秩序、影响资金的有效配置、扭曲了市场价格，而且严重损害了大众投资者的利益和社会的公平，严重时会造成信用危机。

此外，制度的漏洞将给投机者以可乘之机，趁机发国难财；惩戒力度不够就无法威慑违法者，增加了市场的道德风险和逆向选择；而如果法律变化无常则会促成投资者普遍的短期投机偏好。我国股票市场的换手率历年高居不下，试想一个缺乏长期投资者而投机过剩的资本市场如何稳定金融体系的发展。

### （二）支付体系

支付体系是国家金融基础设施的核心，支付体系为整个社会资金的流通提供结算、转账等服务，影响着资金的安全运转、货币政策实施以及金融体系的稳定。

一国的支付体系一般由相关法规、服务机构和操作技术组成，支付体系因此面临技术风险和信用风险。技术风险是指现代化支付清算系统越来越依赖技术支持，对技术水平的要求越来越高，如程序设置、互联网技术，一旦发生技术性故障，引发系统瘫痪，支付系统不能正常运行，将对资金运转构成严重威胁。例如，货币政策的实施需要通过支付体系使中央银行提供的货币快速、顺利地转到各银行账户或者收到各银行上交的存款准备金，实现货币市场的资金交易与配置。如果支付体系崩溃，货币政策无法有效实施，货币流通受阻，引发公众流动性恐慌，影响经济金融稳定。

如果说可以通过技术完善控制技术风险，那么信用风险对于支付体系来说无法避免。在支付清算过程中，如果债务人拒绝清偿或拖欠债务时，收款方会出现资金缺口，并且收款方很可能因为资金缺口而拖欠其债权人的债务，当这种类似“多米诺骨牌”的拖欠连锁效应越来越大时，就会使支付系统运行陷入困境。因此，一个健全的支付体系还需要一个应对危机的应急体系，事先留有备份系统，制定支付预警系统和应急处理预案，就可减少因为信用风险带来的危害。

## 五、金融主体

### （一）道德风险与逆向选择

信息不对称理论认为，借贷双方之间存在着信息不对称，如存款者与银行、银行与借款者之间存在不对称，会扭曲资产价格传递的信息，引发金融风险。不对称信息对金融体系最为重要的影响因素是道德风险与逆向选择。

1. 道德风险

银行是经营风险的特殊企业，在任何情况下都不应该放弃安全性的经营原则，但在逐利的驱动下，一些银行有意或无意地放弃了这个原则。在流动性过剩的背景下，由于存款者与银行之间存在信息不对称，不了解银行的投资取向，再加上银行保险或最后贷款人的担保，银行会通过盲目扩张信贷规模或者投资高风险项目使手中配置多余资金，并希望因此获得高额投资回报。一旦投资失败，则由担保者或存款者承担后果。

另一方面，由于投资者所掌握的信息不完全，因此对交叉的财务报告、政府的消极预测以及其他银行的挤兑现象十分敏感，特别是境外投资者对境内市场的不了解，一旦本国经济发生微小变化，即使这些变化不足以导致金融危机的发生，但出于保护自身和信息不完全的考虑，就会引发挤兑和外资撤离的后果，其他投资者也会采取跟随策略①，从而导致金融体系崩溃。

2. 逆向选择

在金融市场上，借款者比贷款者更了解投资项目的信息，坏项目的借款者可能提供虚假信息，贷款者无法区分借款者孰优孰劣，只能以代表平均风险水

① 非合作博弈下的最优选择。

平的利率贷出资金，结果风险小的好项目借款成本增加，放弃借款；风险高的坏项目借款成本减小，获得贷款，市场上坏项目越来越多。贷款人可能因此减少放贷规模或进一步提高利率，形成存款者资金剩余，借款者资金不足的失衡结果，影响了金融市场资金的有效配置，金融市场低效率，不利于体系稳定。

(1)主体有限理性

在现实市场中，投资者的行为表现出过度交易、过度反应或反应不足、羊群效应等异常现象。行为者的感情因素、心理活动、思维定式在决策过程中扮演着重要角色。非理性的投资行为形成一种市场价格远远偏离价值的循环反馈效应，在某段时间内可能导致多数投资者的判断极端化，由此产生系统性风险。

货币危机分三个阶段：狂热、恐慌和崩溃。狂热发生在商业循环中的高涨期，这一阶段，投资者将流动资产大量地转换为真实资产和金融资产；在恐慌阶段，投资者又纷纷将真实资产和金融资产转换为货币或其他具有较强流动性的资产形式；崩溃阶段则是狂热和恐慌最终导致的结果。

(2)主体预期的非理性

无论是后凯恩斯学派，还是行为金融学，都证明了短期内经济主体的预期是非理性的，很大程度上受到心理因素的影响。错误预期商品价格或资产价格会影响到经济主体的经济行为，影响到金融的稳定性。

例如，由于技术进步，一方面生产企业成本下降，利润增加，企业扩大再生产；另一方面商品价格下降，经济主体会乐观地认为这是一个低通胀高增长经济时期，投资需求异常茂盛，并透过证券市场、房地产市场等满足资深投资需求，特别是虚拟资产更容易偏离基本价值，导致资产价格一路上涨，形成资产泡沫。然而，技术进步并不能使实体经济像人们乐观预期的那样高速增长，随着时间的推移当主体看到实体经济的表现不如预期时，预期便会逐渐回归理性，资产价格下降。然而，在纠正价格和理性预期的过程中，金融体系显然会经历一段不稳定的调整期，资产泡沫最终破裂，使部分经济主体蒙受严重损失，即使消除了价格泡沫，但同时也可能产生其他的不利后果。

(3)羊群效应

投资者和金融机构身上都存在金融市场的“羊群效应”。KT Davis(1995)提出羊群效应虽然是不理智的象征，但也有投资者在不确定的情况下做出的理性最大化选择。

对于普通投资者来说，一些投资者根据自我判断或预期判断而采取买进或卖出的行为，这种判断也许是合理的也许是不合理的，市场上资产价格出现相应的波动。由于大部分投资者自身缺少专业知识和全面的投资信息，看到他人行动或价格变化后，认为某种趋势会持续下去，随之大量买进或卖出，资产价格或越抬越高或越来越低，这就是金融市场上所谓的“追涨杀跌”。

对于金融机构来说，当看到一家银行向某企业放贷时，会传递出这个借款企业或其所在行业是值得贷款的，其他银行也会随之愿意对该企业或行业发放贷款。而且，即使投资失败，那么多家银行会同时面临危及，为了防止系统性风险的发生和金融恐慌，政府必定会出手相救。于是出现了社会资金集中于某种行业的局面，企业的经营风险高度集中于金融体系，其他中小企业或行业融资难度增加，不利于金融稳定的发展。

(4)主体素质

职工的素质主要针对金融机构的操作风险。操作风险是一种古老的风险，但曾经很长一段时间被银行忽略，直到20世纪90年代巴林银行的倒闭和日本大和银行的国债交易失败案才给金融业敲响了警钟。

2008年，法国兴业银行“魔鬼”交易员杰罗姆·凯维埃尔，在未经授权的情况下大量购买欧洲股指期货，最后形成了价值49亿欧元(71亿美元)的巨大亏损。我国商业银行的违规案同样层出不穷，2003年广东省工商银行南海支行冯昌明74亿元骗贷案，2004年交通银行锦州分行2.21亿元不良贷款作假案，2005年中国银行北京市分行6.45亿元按揭贷款欺诈案，2007年农业银行邯郸金库特大诈骗案，等等。

## 第二节　区域金融稳定的决定因素

### 一、区域经济发展水平

#### (一)区域对外开放的程度

一个区域经济的对外开放是指对外的经济交往与贸易往来活动，可以体现为该区域的各项国际收支水平。如5.1节所述，国际收支逆差意味着对出口国货币的需求增加，促使本币贬值，短期内可能导致资本外逃，在长期将导致本币汇率急剧下跌；而国际收支顺差会使进口国对该国货币需求增加，促使本币升值，导致商品出口减少，影响该地区的经济增长。

另外，经济对外开放也意味着金融市场的对外开放，虽然可以促进金融机构效率的提高，但是也导致没有真实贸易背景的投机活动愈演愈烈，外资金融机构进驻抢占区域市场份额，在制度缺失的背景下，使得国内金融机构面临严峻挑战，高风险项目恶化了资产质量，国际资本流动和信贷扩张都将会加剧金融体系的脆弱性，对金融稳定产生不利影响。

进出口总额反映了不同地区的对外贸易依存度，贸易依存度越高，说明该地区受外界影响越明显。贸易差额则在一定程度上反映了该地区的外汇风险敞口，敞口越大，风险暴露也就越大。如表 5.2.1 显示，虽然中国整体进出口总额逐年上升，但不同地区的对外贸易存在很大的差距，历年东部地区的进出口总额都远远超过中部和西部地区，这说明东部的开放程度超过中部和西部地区，但是同时东部地区面临的金融风险也更大。

**表 5.2.1　2015 年中国各地区进出口额和差额**　　单位：亿美元

| | 东部 | 中部 | 西部 | 东北 |
|---|---|---|---|---|
| 进口额 | 14212.5 | 886.8 | 995.4 | 724.9 |
| 出口额 | 18543.3 | 1652.4 | 1919.8 | 634 |
| 出口净额 | 4330.8 | 765.6 | 924.4 | -90.9 |

### (二)区域生活质量

一个地区的生活质量对金融稳定的影响涉及物价、人均 GDP、交通运输和电信设施等方面。

1. 物价水平

物价的稳定利于金融稳定。经济的过快增长或陷入萧条，会导致过度通货膨胀和通货紧缩，导致资产价格剧烈波动，影响金融系统的稳定。如 2007 年开始，房地产价格泡沫和泡沫破灭导致金融危机，所有投资于房地产的国家或地区都不能幸免，特别是以房地产为核心的产业结构地区。房地产泡沫破裂前，投机使贫富的两极分化更为严重，泡沫的破灭则通过负的财富效应导致经济衰退。某一地区的 GDP 增长率反映了该地区经济增长的状况，一般情况下，当超过20%时,就意味着该地区经济增长过快,容易出现通货膨胀;而低于0则意味着经济衰退,偏离程度越高对金融稳定造成的影响也越大。当通货膨胀率超过6%时,意味着出现了恶性通货膨胀趋势,资产价格严重高估,形成资产价格泡沫,使金融体系和经济都面临失控的危险;低于2%意味着可能出现通货紧缩,同样不利于金融的稳定。

2.人均GDP

人均GDP则反映了该地区人们的财富水平。一方面,人均GDP高说明该地区经济发展水平较高,企业的盈利水平高,银行等金融机构的贷款质量得到了保障,而居民作为投资者,手中持有资金比较充裕,金融机构的资金来源也得到了充分保障。另一方面,金融的稳定发展需要高学历高水平的人力资源,通常情况下,这些人的消费需求水平和生活费用都比较高,高人均GDP水平能够吸引和留住这些高层次人才,更好地为维护该地区的金融稳定做出贡献。

3.交通运输

一个地区的交通运输能力对于该地区的商业发展至关重要。国际贸易的发展需要克服距离的问题,便利的运输条件和较低的运输成本为该地区的贸易往来提供了运输渠道,因此,商业发达的地区往往也是交通枢纽之地,位于某条贸易航线之上。而在商业和贸易中心营业的企业要进行大量巨额的本币和外汇结算,于是国际贸易的发展带动了当地银行支付、信用交易、外汇融资等业务的发展。如19世纪初,纽约成为美国最大的贸易中心,同时也超越了费城成为美国的主要金融中心。历史上,国际贸易余额越大,金融机构的规模就越大,金融机构规模大一方面可以聚集更多的资金和利于金融业务的发展,但同时也引进了更多的金融风险,如外汇风险、信用风险和衍生品风险等。

4.电信设施质量

电信设施可以定义为声音和数据信息传输的设备与网络,电信质量对区域金融稳定的影响可以体现在以下两个方面。首先,电信设施的花费构成了金融机构的巨额经营成本,一项调查显示,金融机构平均每年在电信上的费用预算至少比其他行业高出29%。因此,从稳定经营的角度出发,通信服务的价格作为金融机构的部分经营成本已经变得越来越重要。但是,与成本相比,电信服务的可获得性和质量更为关键。支付体系为社会资金的流通提供结算、转账等服务,影响着资金的安全运转、货币政策实施以及金融体系的稳定,而支付体系效率和安全程度需要良好的电信设施。电话与网络银行、电话与网上交易的发展提高了金融交易的效率,但必须以电信设施的质量为前提。接收股市或外汇市场即时行情信息的短暂延迟,或一笔资金电子转账交易或结算的失败就可能造成一家金融机构数百万元的损失。电讯和计算机网络等技术的发展和现代化,有利于不断提高相关设备的先进性和可靠性,为金融机构相关设施的安装、维护和更新提供有力支持。同时,电信公司为客户提供专业化解决方案和维修服务的能力和政府对电信业的态度和政策(如税收政策、折旧补贴、激励技术升级)都尤为重要。电子化发展主要以四大国有银行的银行卡发卡量、交易额以及互联网的普及程度来衡量。

## 二、区域金融发展水平

### (一)区域金融机构分布

随着科技进步的快速发展,商业和金融等活动日趋数字化,信息技术的发展加快了资本流动和信息传递,为金融机构提供了更分散的需求市场,同时似乎放宽了对金融机构的分布和集中度的要求。但是,由于信息价值在传递过程中具有耗损性,金融机构集中度仍是影响金融系统稳定的重要因素。

Porteous(1997)将信息分为标准化信息和非标准化信息。标准化信息是可被媒体如实传送的硬资料,非标准化信息则是不可被媒体如实传送的软资料,如谣言、企业负债消息等。非标准化信息本身是含义模糊、难以理解的,而信息的接收者因为不清楚有关信息的文化背景对信息诠释产生偏差。这是因为每个地区都拥有其地方特性和地理优势,包括商业组织、产品和劳动力市场以及商业文化,区域的社会、文化和政策属性对商业和金融活动至关重要。

金融机构在提供专业和增值服务时很大程度上依赖信息,是信息的收集者、使用者和中转站,信息的质量决定着金融机构的决策和方向,可以说,金融业是高增值的信息服务业。对于金融机构来说,随着金融市场的投机活动和不确定性日益增加,因距离造成的信息耗损风险成本远比资金划拨成本大得多,如想准确掌握信息和市场动向,金融机构的分布至关重要。集中程度高降低了信息传达的成本并提高了信息的传递速度和可靠性,因此在人口和企业密集的区域金融机构的分布也应更加密集。

如果将不对称信息理解为因地域差异而导致的信息诠释偏差,不对称信息在企业选址过程中具有决定作用。根据赵晓斌(2002)的调查研究,我国金融机构在选址时主要考虑接近中央机构、中央对该地区实施的优惠政策、投资环境和城市基建四个因素,权重分别占34%、18%、27%和21%。其中,接近中央是最主要的考虑因素,这是因为发展中国家的信息源主要集中在政府机关,不对称信息的区域效应尤为明显。

金融机构的高集中度的优点主要体现为聚集效益、规模经济和合作效益。

首先,聚集效益能够大幅提高交易效率和企业与金融机构之间的沟通便利。根据杨小凯(1991)建立的模型显示,如果所有的居民都集中在一个很小的地方,那么由于交易距离的缩短,交易效率会大大提高,从而分工水平和生产力水平也会大大提高。Vernon(1960)认为,城市吸引着具有巨大不确定性、需要面对接触的产业和服务业,吸引着那些以较快的互动速度为必要条件的行业。纽约港吸引了批发商,批发商带来的金融机构,金融机构又引来了全国性企业的核心机构。公司或金融机构集中在一起能够促进为熟悉复杂多变的市场需求而建立起来的客户关系,加强了具有相关业务的金融机构与企业之间的联系。如高级管理者要与承担债券发行的分销商加强业务联系,也需要与金融监管部门打交道。

其次,高度集中带来的竞争产生了规模经济。金融机构为资金短缺者提供规模越来越大、成本越来越低的融资,为资金盈余者提供更多的投资项目,提高了金融市场的流动性。这会吸引其他地区的贷款人和借款人把他们的总需求和总供给转移到这个市场中来,而不仅仅是他们的净超额需求和供给。借款人可以支付较低的利率或得到更多的贷款。贷款人则可获得性质不同的投资,能在规模更大的二级市场上进行交易。

最后,金融机构的合作推动了其辅助产业的发展。当大量金融机构集中在较小空间时,银行业内部可发展众多的合作项目和业务联系,如商业银行的银团贷款业务。金融机构经常建立清算和结算的联合服务,如联合的票据结算中心等。商业银行与投资银行之间、商业银行与保险公司之间、保险公司与证券公司之间都可开拓出众多的跨专业业务合作关系。随着大批金融机构的集中和发展,为金融机构服务的相关辅助性产业或社会中介服务业也将得到迅速的发展。律师、会计、投资咨询、信用评估、资产评估、外语和金融专业技术培训等机构都得到发展并提供高质量的服务。那些对所有企业、机构和市场都有益的研究机构也将建立起来,并提供决定咨询等相关服务。

### (二)银行业风险水平

区域银行业的稳定可以从流动性、安全性和收益性三方面考虑。

流动性。银行业的流动性一般可用超额准备金率、存贷款比率和流动性比例来衡量,超额准备金比率反映了银行偿付客户现金支取的能力,比率越高流动性越好,一般不得低于2%。存贷款比率反映了银行的资金来源的稳定性,比率偏高会给商业银行流动性带来较大的风险,容易产生资金的周转困难而产生支付问题。流动性比例反映了银行流动性的总体水平,比例越高,流动性越强,按照银监部门的要求,该指标不能低于25%。

安全性。银行业的安全性常常使用资本充足率作为指标,资本充足率既能反映银行的财务基础,又能反映银行资产的风险状况,比值越高资本的安全性越高,根据巴塞尔协议的要求不得低于8%。不良贷款率则反映了银行信贷资金的质量,资产质量的好坏是银行健康持续经营的前提,按照银监部的要求,该指标不得高于5%。另外,银行机构比重反映了信贷资产风险的集中程度,指标越高潜在的资产风险性越大。欠发达地区金融产业结构中银行业特别是信用社比重过高。随着国有商业银行基层机构的战略性收缩,风险抵御能力较弱的基层信用社便成了台上的主角。这种结构不利于分散风险,特别是信用社在改革进程中存在诸多问题,有可能成为区域金融风险的主要承担者。

收益性。资产利润率和资本利润率分别反映了银行总资产和净资产的盈利能力,银行的盈利能力越好,对区域金融稳定的作用越大,按照银监部的要求,资产利润率不得低于0.6%,资本利润率不得低于11%。成本收入比反映银行经营的成本与效率,指标越高经营效率越低,对金融稳定的影响也越大,银监部要求不得高于45%。

### (三)证券业风险水平

一个区域的证券业发展水平体现了该地区资本市场的发展状况,资本市场对于企业的融资、并购重组等活动起到越来越重要的作用,特别是股票市场。区域证券业的发展水平影响着当地企业资金的流动性和经济发展的步伐,因此,证券业的风险控制保障了金融市场的流畅性和稳定性。对于证券业风险水平的评估主要包括各区域法人证券公司的规模、综合实力、风险防范能力及其管理体制,上市公司的规模和表现,资本市场的交易规模、活跃程度、各类金融工具和衍生金融工具的发展及其交易风险,等等。

其中,佣金收入增长率可以反映区域证券市场交易活跃度,体现了证券业的流动性。成本收入比反映了证券机构经营效率,比值越高,经营效率越低,不利于资金流动的稳定性。而违规案件率反映证券机构经营的安全性,违规案件发生越多,经营越不规范,金融风险越高。

### (四)保险业风险水平

保险、证券、银行共同构成金融业的三大支柱。保险基金已经成为各项投资项目的主要资金来源之一,保险机构还能够为各项资金活动提供担保,如存款保险,保险与金融之间的关系越来越紧密。因此,保险业的风险水平也影响金融系统的稳定性。

地域特性使各地区的保险风险有所不同。自然灾害的多发区增加了保险公司的经营风险。交通发达和人口流动地区意外事故发生的可能性较高,增加了保险公司的赔付率。区域内保险公司的交叉性业务越多,经营风险越广泛,如各种消费贷款保险,一旦贷款拖欠,必然波及金融系统的稳健经营。

2003 年,中国保监会发布《保险公司偿付能力额度及监管指标管理规定》,对保险一级法人机构在最低偿付能力额度和监管指标上明确相关的标准。其中,保险深度是指地区保费收入占地区国内生产总值的比重,它反映了一个地区的保险机构在国民经济中的地位,越高代表越发达。保险密度是指按总人口计算的人均保费收入,它反映了居民得到的保险保障的平均程度。保费收入增长率代表了保险机构的盈利能力,越高越有利于金融的稳定,一般不得低于10%。简单赔付率反映赔付能力,越低说明赔付能力越强,一般不得超过60%。

## 三、金融主体素质

金融主体的素质决定了区域金融成长过程中的适应能力和应变能力,人们的非理性金融努力或盲目的投机行为会对金融稳定成长产生消极的影响。"缺失的地理学"从社会要素出发,强调地域具有丰富的含义,人们会对它产生感情,它具有自身的"身份特色"。一个地区除了为人们提供生活空间外,也是人们价值观念及经验的汇集点。美国地理学家 Pred(1984)指出人与地具有不可分性,某一地区的人受到当地自然环境、历史、社会、经济制度及主要文化取向的支配,同时也能够影响该地区的情况。区域金融主体素质赋予各个地区金融体系不同的价值和意义。

### (一)区域金融人力资源

现代信息技术加强了金融机构与客户的联系,声像通信连接和自动交易系统等设备在一定程度上分散了金融机构的聚集程度,信用卡、电子支付平台技术为人们提供了更为快捷的支付方式。技术进步节约交易成本,能够为金融机构带来效益,但是如果没有熟练掌握这些技术的人才,金融机构不仅不能从这些技术中获益,也不利于维护金融系统的稳定。

人力资源是金融服务业的核心资源,人才优势逐渐成为金融机构最重要的竞争优势。人力资源的成本并非越低越好,具有专业知识并接受过相应技能培训的人员更具有吸引力。金融机构所需的人才通常是多方面的:经验丰富并能处理非常规事务的决策性人才,如管理决策、市场营销、产品开发、公共关系、证券交易等工作所需的人才;处理常规事务的熟练操作人员,如财会、结算、贷款审核、法律顾问和办公室等工作人员;数据处理、计算机运用与管理的技术人员。

一个同时具有多种类型人力资源供给的地区对该地区金融稳定发展的意义深远。金融业吸收的高学历人才也比其他行业或地区多,调查显示,金融业中大学生的比率高于其他行业,金融中心城市金融业中的大学毕业生比率又比全国金融业平均水平高。

### (二)区域金融意识

区域经济的发展离不开大量资金支撑,资金成为金融机构最重要的供给要素。而当地居民的储蓄意识决定了该地区的储蓄量,即金融机构的资金来源。充足的资金来源为当地资金的稳定流动和金融创新提供了雄厚的物质基础。居民储蓄意愿越高,银行资金来源越充足,越有利于金融稳定。而低的储蓄能力则会引起存款量和贷款量不足,生产企业缺乏资金,生产效率难以提高,低生产率造成低收入,低收入又会进一步造成低储蓄,这样周而复始,形成一个恶性循环。

居民的金融意识与某一地区社会政治素质、法制观念和金融风险意识密切相关,这些因素又取决于该地区的文化水平。如果某一地区想要改善落后的金融状态和维护金融的稳定,就需要先进的知识技术和不断地创新,这需要不断地学习。而在学习过程中,最难掌握的是对知识的意会能力,它无法用语言明确表达,必须通过长时间的发现、选择、采取、运用、学习和改进的过程逐渐把握。由于金融主体素质差距导致不同地区学习并理解先进金融理念、工具不同,并且由于不同地区的金融环境不同,任何金融工具的使用不能生搬硬套,而是要通过学习发达国家或地区的经验进行自身的创新,显然这种创新的难度更大。然而,当存在严重文化差异和需要较长的学习时间时,就会产生"反学习"的现象,即行为主体不积极主动地学习,而是以多种理由抵制别人经验的影响。这是因为金融主体对一种新的金融产品和体制存在一个认知、适应、努力到习惯的过程。如果某一地区人们过长地滞留在一种金融体制状态中,那么金融主体的学习能力将长期呈现低水平,这相当于被锁定在一种状态下而不能自拔。当当事人持续地不能达到满意的结果时,他们就会倾向于降低他们的欲望水平,这种停滞不前和欲望水平下降都将妨碍金融的稳定健康成长,且长期依赖国家的援助也会给国家带来经济负担。而由于东部地区较高的文化水平,使其呈现不断创新的正向的反馈环,如民间金融的兴起和创新激情的高涨。

此外,某一地区居民的金融意识还受到当地历史和地理环境的影响。随着海运技术的发展和经济重心的转移,沿海地区越来越显示出其旺盛的生命力。自从鸦片战争后,中国的被迫对外开放为沿海地区提供了难得的机遇,上海成为东南沿海一带的金融中心,浙江成为一个商品经济比较发达的省,杭州人口稠密、钱铺分布密集,宁波、绍兴等地钱庄业在清朝已有很强大的实力,东南沿海地区深受海洋文化的影响,人们的商品意识、金融意识远胜于其他地区。历史的熔铸和优越的地理条件孕育了大批金融人才。

### (三)区域金融道德风险

如果一些地区存在腐败、失业下岗、城乡差距扩大等社会不稳定因素,就可能导致行政执法、新闻宣传不当,或者随意散布社会谣言,增加了金融隐患和经济犯罪趋势。洗钱、地下钱庄、地下博彩、走私、毒品买卖等违法活动势必对金融体系和整个社会的稳定产生不利影响。

## 四、区域金融生态环境

周小川最早将生态环境的概念引入国内金融领域。金融生态环境由经济、法律制度和信用环境等构成,并受政府干预的影响。一个良好的金融生态环境能够更有效地保障区域金融的稳定和安全。

### (一)区域信用环境建设

从道德角度出发,信用是信任、资信和诚信。从经济学和金融学角度出发,信用是以偿还和付息为基本特征的借贷行为。信用的产生基于在一定时期内,并非每一个主体都能实现收支平衡,需要对资金的余缺进行调剂。道德范畴的信用是社会活动和经济活动的基础,对金融体系来说,区域信用状况实际上都将直接或间接地影响该地区的融资条件。信用能够实现资金再分配、提高资金使用效率,是宏观调控的手段,并影响国际收支。总之,信用是维系市场经济正常运转的基本条件,是金融业发展的生命线,因此,信用环境的建设成为金融生态环境的根本。一个区域信用环境的质量影响该地区的信用规模和信用结构,信用环境缺失一方面使金融运行主体不讲信用,从而破坏货币政策的传导机制,另一方面还会造成资金融通混乱,金融机构不良资产上升,进而影响金融体系的稳定。

区域信用环境建设包括区域征信市场、信贷质量和诚信文化的建设等。当然,信用建设还涉及是否存在走私、骗税等问题。其中,针对信贷质量的建设,金融机构可以通过内部建立针对性的区域信用评级体系控制信贷风险的集中程度和不良资产的规模。而征信市场建立则包括建立企业和个人的征信系统、信息采集、披露、使用系统、守信激励、失信惩戒机制等,而这些都离不开信用法律政策的支持。此外,诚信文化的建设也离不开政府的大力宣传和推动。

### (二)区域法律、政策制度

随着金融风险表现形式的不断变化,需要解决的风险隐患也随之变化,其中很多方面都与金融生态环境中的法律制度密切相关。

1. 银企间贷款保障制度

银行在向企业发放贷款时会遇到很多问题,如银行在发放贷款时能否完全依靠外部信息还是在一定程度上依靠内部信息;在处理不良资产的过程中,银行作为债权人的控制能力究竟有多大;在发生违约时,现行的法律安排是否能有助于保护债权和减少违约所造成的损失;银企之间究竟是选择控制导向型还是保持距离型,这些问题实质上都和法律条件密切相关。

更重要的是,国有商业银行容易受到政府的干预,对企业的信贷约束常常被软化,低成本的诱惑使企业不合理占用资金,而银行作为债权人当然希望企业有了困难就尽量及早纠正,但苦于对借款企业又没有最后的威慑手段,最终必然有部分企业违约,银行形成巨额不良资产。

2. 道德风险与制度缺失

制度缺失是制约区域金融健康发展的一大障碍。在市场经济中,债权人让渡了资金的使用权、处置权和受益权而处于劣势地位,因此以保护债权人为中心的法律制度必不可少。当前,一些企业在政府的纵容和庇护下,恶意拖欠国有银行贷款、逃废银行债务、披露虚假信息等,这使得银企关系严重恶化,中小企业贷款难与金融机构难贷款的矛盾日益突出,为区域金融安全埋下了隐患。这除了与政府职能定位不当以外,还与相关法律制度不完善、保护债权不力等因素密切相关。在这种保障制度缺失的情况下,很多做法缺乏根据,很难做到公平公正,甚至导致影响社会稳定的事件。虽然金融安全网对维护社会信心起到一定保障作用,但是金融安全网的运行偏差将激发金融机构道德风险的倾向,进一步影响金融稳定。

那么,如何保障债权人的利益和降低道德风险成为机制设置的关键环节。而良好的破产机制是保持金融稳定、防范道德风险的突破口。完善的《破产法》和《担保法》能够遏制逃避银行债务的行为,有效地保护银行债权。另外,建立突破地方行政干预的诉讼管辖机制,保障司法部门的独立性,可以维护司法的公正和规范性。

3. 法律政策的约束

金融机构的资金成本除了取决于借贷资金的供求外,还受规章制度的影响。那些致力于降低存款人和投资者风险的监管和法律制度都能有效地降低资金的成本,而那些扭曲竞争关系和限制金融机构业务范围的制度则提高了经营成本。

金融机构和市场要想有效发挥资金配置的功能,前提是要设法保障各参与者的合法利益,那么完善的监管制度和法律保障就必不可少。若法律过于灵活,在相对宽松的监管下,金融创新肆意发展,面对金钱的诱惑,金融专业人员的道德标准大打折扣。如果法律过于僵化和教条,虽然有利于监管,但最终会局限市场的发展。如某一地区的金融管制限制了金融机构的经营许可证或营业执照,提高了金融机构的经营成本,并对监管措施持抵触态度,阻碍了该地区的审批效率,严重时会促使市场需求转移到其他地区;而通常业务限制少或放松管制可增加某个地区的吸引力。

4. 国家的区域优惠政策

潘英丽(2003)提出税收制度等地方优惠政策是一个地区投资环境质量的主要方面。改革开放以来,政府给予沿海地区优惠政策,例如,最先建立了5个经济特区,开放了14个沿海城市,在港口城市建立经济技术开发区,减免新建“三资”企业的所得税,对“三资”企业进口自用的设备和原材料减免进口关税。这些地区利用了政府的国家区域优惠政策,吸引了大量的国内国外资金流入,建立了一大批规模庞大、技术先进的企业,沿海地区在经济活动方式、要素配置、产业选择等很多方面优先采用了市场机制,随之带来了一系列的体制变革和制度创新,这些优惠政策既促进了这些地区的经济增长,也带动了这些地区的金融水平提高。

### (三)政府干预

对于一个良好的金融生态环境来说,仅凭完善的法律制度和监管标准是不够的,还需要执行的力度,只有制度被严格执行,法律制度才会发挥有效的作用,才能改善地方金融的生态环境。由于地区政府作为这些法律的执行者,所以一些地方企业效率低下、金融机构资产质量差、银企关系恶化、法制建设落后等诸多金融安全隐患都直接或间接地与地方政府相关。

区域金融安全具有排他性和非竞争性,是一种典型的公共产品,地方政府必须发挥主导作用。一直以来,地方政府以国有资产所有者代表的身份管理辖区内的经济活动,并从本区域利益出发来考虑经济发展,安排投资和建设。然而,地方政府对金融机构特别是银行的信贷投放普遍存在行政干预,政府的行为给金融稳定带来了一些直接和间接的不利影响。

1. 直接影响

首先,地方政府的债务风险威胁区域金融的稳定。我国政府信用既包括国债和大量未公开的地方债,也包括对金融活动的承诺。地方政府的财权与事权往往不对称,常常采用挪用社保基金、拖欠工资或直接向金融机构借款的方式弥补资金的不足。地方政府债务风险的累积将对政府公信力、社会及区域金融稳定产生直接的影响。

其次,地方政府干预直接危及区域金融稳定。在我国现行的体制下,政府既可以通过正式制度的安排对具体金融活动进行直接干预, 也可以利用政府部门的权威,在没有正式制度授权的情况下对金融活动进行非系统性直接干预。长期以来,地方政府的干预也是造成银行等金融机构形成大量不良资产的重要原因。根据中国人民银行的调查分析,由政府行政干预而引致的不良资产占比达到70% ~80%。尽管近几年我国金融监管体系和国有商业银行调整了组织结构,但地方政府对城市商业银行、农村信用社等地方金融机构仍拥有绝对的行政控制力,而这种干预仍然可以对区域金融稳定构成潜在威胁。

2. 间接影响

首先,地方政府的扩张倾向导致了经济的波动。在我国现有的体制下,地方政府肩负着区域经济发展的重任,以 GDP 增长率为核心的经济指标是地方政府升迁的重要依据。由于地方政府掌握着对资源配置权利,扩张冲动难以避免,而这种扩张冲动往往成为经济波动,影响了金融业的生态环境。

其次,地方政府一股独大降低了区域金融效率。区域金融的健康运行离不开一批富有活力和稳健经营的地方金融机构。目前,由地方政府直接管理的地方金融机构包括城市商业银行、城市信用社和农村信用社等,地方政府一股独大的现象普遍存在。基于各种政策限制,城市商业银行不得不依赖于地方政府拓展业务、消化包袱,以便在激烈的竞争中生存、发展,区域金融的运行效率被降低。

## 第三节　北京金融业稳定的特殊因素

考虑北京金融业稳定的因素时,不仅要从以上的区域金融稳定的影响因素中进行探索,还应该考虑到北京作为首都的地缘特殊性,因此,需要结合北京金融业稳定的特殊因素进行分析,否则就会高估或者低估了金融风险对金融业稳定冲击的可能性,从而对于金融稳定测度和监管的准确性有所影响,具体来看,影响北京金融业稳定的特殊因素主要有以下五种。

## 一、政治敏感性

金融业是北京经济的核心与灵魂，作为北京经济体系中的龙头与支柱产业，金融业以快速、高效的资金、技术、信息等金融服务，为北京经济向广度与深度发展提供了重要的支持。统计数据显示，2012—2016 年，北京市金融增加值由 2592.5 亿元增长到 4266.8 亿元，金融业增加值占地区生产总值的比重由 14.6% 提高到 17.1%。2016 年，对经济增长的贡献率达 23.8%，继续保持第一大支柱产业地位，助力“十三五”实现良好开局，金融业的稳定与发展是保证北京经济健康发展的关键所在。2017 年前三季度北京市金融业实现增加值 3400 亿元，增长 7.4%。三个季度金融业对金融增长的贡献率达到 19.5%，保持了稳中有进的发展态势，对全市经济增长贡献突出。

同时，北京作为首都城市，集中了所有宏观调控部门、金融监管部门以及国内大型金融机构的总部，已经成为全国无可厚非的金融决策和宏观调控中心、资金清算中心、信息发布中心和金融研发中心，具有特殊的政治、经济、文化中心的地位。因此，北京金融业的正常运行具有极高的政治和社会敏感性，北京金融业的稳定性对维护全国金融业的整体发展具有较强的辐射、示范和带动效应，关系到整个社会金融体系和经济的安全与稳定。

政治敏感性表现为北京金融业的风险传染性以及危害性巨大。传染性和危害性是银行业风险的基本特征，但北京地区银行业的传染性和危害性相较于其他地区作用力更大。这是因为我国四大国有商业银行总行、三大政策性银行总行、多家全国性股份制商业银行总行都集中坐落在北京，因此，北京银行业的一举一动对全国的银行业起着辐射和带动的作用。如果北京银行业出现风险，再加上现代银行网络的发达技术，这些风险就会立刻通过信用链条传播到其他地区的银行业，甚至殃及全国的银行系统，造成全局性风险，严重的话还可能引发金融动荡。

考虑到北京的政治敏感性，任何金融风险所带来的冲击一旦扩散开来都会被放大进而影响全国的金融稳定，所以在考察北京地区金融风险，对其金融稳定度进行测定时，一定要考虑其放大后的后果，所以在做出相关决策时一定要慎之又慎。

## 二、银行化集中程度

北京金融风险集中,并且过度银行化。北京的金融业务和金融资产主要集中于银行市场,其他如股票、债券、票据、保险、期货、租赁等市场的规模都相对较小,这也使得北京银行业在北京金融系统中占绝对主体地位。2007 年末,北京银行业集中的资产占金融业所有资产的91.6%,截至2014 年6 月底,北京市银行业资产占金融业总资产的 90%,金融市场发展严重不平衡。这种单一层次的金融市场使得银行集中了大部分的金融风险,成为风险集中、防范和化解的唯一渠道,加剧了北京金融体系的脆弱性,且不利于风险的多渠道分散,过度依赖信贷的金融体系存在内部脆弱性,一定环境下会形成系统性风险,对实体经济的金融服务必然不足,对"三农"、科技创新型企业、文化创意企业的金融服务远远不足,民间资金多投资难而中小企业多融资难的矛盾非常突出,这从一个侧面说明经济生活中存在比较严重的金融压抑现象。从历史经验看,金融危机如果波及银行体系,那么危机的深度和广度将是无限的,美国 2007 年开始的经济危机就是从银行体系开始的。因此,在其他金融市场领域发展成熟之前,北京银行业的稳定和效率对于北京甚至全国金融和经济的稳定都是至关重要的。

与此同时,北京银行业却面临着比其他地区更多的风险源头。北京集中了国有商业银行的总行以及分行、中小股份制商业银行的总部以及分行地方性农村商业银行和众多外资银行,企业行业格局日益多元化,这种多元化在促进北京经济发展的同时也增加了北京银行业风险产生的来源。另外,形形色色银行间的极大差异也给北京银行业的稳定发展和监管提出了严峻的挑战。

银行现代信用风险管理模式实现的先决条件主要包括:在宏观层面,银行监管的发展、信用环境以及金融创新的社会经济与法律环境改善等;在微观层面,完善的信息系统、先进科学的定量分析技术、信用衍生工具等风险管理的金融创新手段以及资产组合管理的理念等。由于体制、管理和人才等诸多历史和现实原因,中国商业银行在风险管理方面比较薄弱。实行严格的"分业经营"、商业银行经营业务创新乏力、利率和汇率的非市场化以及政府信用支撑等因素的存在,中国商业银行的市场风险、流动性风险等在目前表现不充分,但由于社会信用环境、政府干预、内部管理问题等,造成了明显的信用风险和操作风险,导致银行资产质量低下、资产损失严重。同时,中国商业银行面临的外部环境对商业银行实施有效的风险管理具有很大的制约，主要表现在：一是市场机制与市场化程度的约束，中国的市场经济建设还有待进一步完善，商业银行还未完全摆脱旧体制的束缚；二是严格的“分业经营”对商业银行风险管理策略选择的限制；三是金融创新乏力、风险管理金融工具的贫乏都直接制约着商业银行风险管理策略的实施；四是外部信息对商业银行风险管理支持的相对弱化等。

目前，北京银行业的风险资产管理手段比较单一。各银行强调风险资产的总量控制而忽视了动态管理，对风险资产的规模控制主要采用按年度指定总量指标或者增量指标，对增量风险资产收取资本占用费的方式，但风险资产权重的设计几乎完全一致，不能体现出不同业务的特点。

## 三、信贷结构

北京金融体系还存在信贷结构不合理的问题。大额贷款集中度高，信贷业务依靠大户支撑的局面没有得到明显改善，各商业银行争相将那些有实力的优势企业、垄断性行业企业和超级集团公司作为自己的客户，将信贷资金集中投向他们。

贷款是商业银行最重要的资产之一，而历史经验表明，贷款集中度风险是导致银行发生危机的主要原因之一，相关风险主要来源于客户集中（即大额单一风险暴露）、行业集中（指对某些特定行业过于集中）等。研究表明，客户集中风险会显著提高贷款组合的风险价值。Gordy（2006）等曾利用德国信用登记系统的贷款数据分析客户集中风险对不同规模贷款组合风险价值的影响，结果表明，客户集中风险会将大额信贷组合（如贷款数量超过 4000 笔）的风险价值提高 1.5% ~4%，会将较小规模信贷组合的风险价值提高 4% ~8%。实践中也屡屡发生银行信贷资金向大客户过度集中而导致银行出现巨额损失的事件，如 Enron（安然公司）、Worldcom（美国长途电话公司）、Parmalat（意大利乳品巨头帕玛拉特集团）等大客户一度是银行竞相追捧的优质客户，但它们的突然倒闭给银行造成了巨额损失。又如 2009 年 11 月爆发的迪拜债务危机，迪拜酋长国政府控股的迪拜世界集团（Dubai World）突然宣布延长 6 个月偿付即将到期的约 40 亿美元伊斯兰债券，并将对公司高达 600 亿美元债务进行部分重组，汇丰银行、渣打银行、巴克莱银行等因拥有相关巨额债权同时贷款风险敞口巨大，一度非常紧张。

2008 年下半年以来，为应对国际金融危机的严重冲击和国内经济下行的风险,党中央、国务院果断做出"保增长、扩内需、调结构、惠民生"的决策部署,出台了4万亿元经济刺激方案,中国银行业的信贷快速增长,为经济的复苏提供了充足的流动性。但是与此同时也出现了一些值得关注的潜在风险,例如,新增贷款出现了向中长期贷款集中、向大中型企业集中、向房地产行业集中、向地方政府融资平台集中的特点,集中度风险开始凸显。

据统计,目前,北京有不到5%的企业占有贷款余额的70%以上,并且北京前十家大企业获得的新增贷款约占新增贷款总额的三分之一。从短期来看,这种状况对商业银行来说是无可厚非的,但是从长期来看,信贷资金过于集中,再配合以中长期贷款为主的贷款结构,银行业就蕴含着极大的信贷风险。此外,随着房地产行业的发展,银行按揭贷款将面临越来越大的泡沫风险,信贷风险日益放大。

巴塞尔委员会一直十分关注信贷资产组合的集中度风险,明确指出过去几十年来发生的数次银行危机表明,贷款集中度风险会给银行造成巨大威胁,与银行贷款关联度很高的几个行业是危险的。引发全球金融危机的美国次贷危机,也是由于该国部分银行对集中度风险关注不够,导致房地产行业贷款集中度越来越高,同时,相关风险管理措施和监管举措的缺陷导致风险过度积聚,最终爆发次贷危机,这也从特定的角度证明了行业集中度风险的危害。因此,北京金融稳定的维持需要引以为鉴。

## 四、风险源头

北京作为首都城市,吸引着大量的外资企业的进驻。如前文所述,即使现代通信科技发达,企业仍面临着大量的不对称信息,因为距离和文化背景的关系,即使经过精确的解译,在传递时也很容易产生歧义,因此面对面接触仍是必要的。外商为争取到当地的市场份额,不仅要跟当地的社会人士建立来往,还需依据规章信息进行商业活动,跟政府中的决策人士建立互信。由于北京集全国经济的领导、规章和行政功能于一身,所以它是国内最大和最主要的信息源头,企业为了能够更容易地看清有关信息,一般都会选址北京,以便更准确地分析有关信息,掌握商机。根据赵晓斌2002年的一项调研显示,就所有18个行业而言,北京市内的外国公司和总部的数量远多于上海、广州和深圳。在区域分布上,北京有4366家,占44%;其次是上海,有2557家,占26%;而广州和深圳最少,分别有827家和204家,分占8%和2%。而最新数据显示,上海截至2017年10月,跨国企业地区总部573家,北京截至2017年9月,跨国企业地区总部161家,广州截至2015年8月,跨国企业地区总13家,深圳截至2015年8月,跨国企业地区总部10家。虽然北京的跨国公司不及上海,但还是远远超出了广州和深圳。

大量外商的涌入加大了北京资金流动的规模和速度,这无疑对北京金融体系的资金规模和服务质量提出了严峻的挑战。同时,北京金融机构同企业采取海外战略,也容易通过集团内部资金的流动跨境传递风险,影响北京金融体系的安全。资金跨境风险一般有以下几类危害:

### (一)影响宏观决策的准确性

由于异常跨境资金大都混于正常的资金中,使得相关部门对此类资金往往难以区分,无法对其做出准确的统计,这在一定程度上影响了相关决策部门对外汇管理政策的判断,失去了外汇政策的管理效应。

### (二)加大金融危机的可能性

境外套利资金通过各种渠道涌入境内,尤其是短期资本流动的过快增长,进一步加剧了人民币升值和国际收支失衡的矛盾,这些异常资金的突发流动,无疑会对我国宏观经济运行和金融体系健康发展带来较大风险。

### (三)扰乱外汇市场秩序

目前,我国资本账户尚未完全开放,投机性资本或其他违规资金很难明目张胆地大规模进出。在这种情况下,会寻求非正常渠道进行操作,这就为地下钱庄提供了原始需求,助长非法外汇资金交易的滋生,扰乱国内金融外汇秩序。

## 五、京津冀一体化下影响北京金融稳定的因素

### (一)产业布局的调整将增加金融业的信贷风险

在京津冀一体化的过程中,北京将对现有产业结构进行政策性调整,一些高污染、高排放、污染环境质量的企业将逐渐被淘汰,主打“转型升级,绿色崛起”的战略。而现阶段,重工业在北京的产业结构中占有比较大的比重,政策性调整必然对现有部分企业带来较大的冲击,而企业的发展离不开银行信贷的

支持,这部分在产业政策性调整过程中被迫关停的企业,势必给为其提供信贷支持的金融机构带来信贷风险。同时,产业的政策性调整也带来了许多的新兴行业,这些行业在发展过程中并不成熟,受政策等方面的影响存在着许多的不确定性,这也增加了金融机构的新增信贷风险。

### (二)结算渠道不畅影响了北京金融业与其他两地的协调发展

结算手段和渠道的畅通是金融服务的一项关键内容,从目前的情况看,京津冀三地的结算手段和结算渠道虽然经过了多次调整,但是依然不够畅通,许多异地业务及异地支付不能实现即时结算,这在一定程度上降低了资金在三地流动的效率,影响了一体化进程,也对北京金融业的稳定起到了一定的阻碍作用。

# 06 第六章 区域金融稳定预警体系

目前,国际上金融稳定预警模型基本上是建立在探讨发生金融不稳定的可能性上,通过建立金融不稳定(金融脆弱性、金融危机)预警模型来评价金融稳定状况。金融不稳定预警模型的建模思想基本上是寻找引发金融不稳定或金融危机的经济金融因素等各种变量,并试图建立这些变量与金融不稳定或危机之间有规律的内在联系,这样就可以根据预警指标表现来判断危机发生的可能性。

## 第一节 区域金融稳定预警理论

### 一、区域金融稳定预警的文献评述

#### (一)国外研究综述

关于金融风险预警体系的研究,要追溯到1975年,当时金融危机的爆发引起了金融学界的广泛关注,金融预警的概念被正式提出。随着金融危机的爆发,金融风险预警理论的发展也在不断深入,1998年前后已提出了几个经典的金融预警模型。Frankel & Rose(1996)提出FR概率模型(probit/logit model);Sachs,Tornell & Velasco(1996)建立横截面回归模型(STV模型);Kaminsky,Lizondo & Reinhart(1998)创建"信号法"(KLR模型),经Kaminsky(1999)进一步完善,成为最受欢迎的模型之一。约半数的金融危机预警研究使用两类基本方法建立危机预警系统:离散应变量(probit/logit)模型和KLR的"信号法"。在这些经典模型研究的基础上,一些学者从指标体系、指标引入方法、危机的定义或者有效性检验几个方面进行创新。

## (二)国内研究综述

国内对金融预警体系的研究开始于80年代,亚洲金融危机后,我国国内金融界也开始探索适合中国金融市场的模型。刘志强(1999,2000)较早介绍了有关金融危机的定义,国外金融危机预警的方法,并设计了一套金融危机预警指标体系。郑振龙(1998)根据全球25个国家1970—1996年120次货币危机和银行危机的历史经验,建立一套监测货币和银行危机的预警系统。唐旭(2002)综合预警方法、指标、模型、制度安排与管理信息系统几个方面的研究,提出了建立中国金融危机预警系统的构架。冯芸、吴冲锋(2002)提出了基于综合指标的多时标预警流程,引入了多时标和扩充观测指标集的方法,以提高系统洞察市场变化的能力。张元萍(2003)利用STV横截面回归模型和KLR信号分析法对我国发生金融危机的可能性进行了实证分析。汪莹(2003)的“五系统加权法”预警模型,余倩(2007)的基于模糊评价法的金融危机预警模型,南旭光和孟卫东(2007)的等比例危险(PHM)预警模型等方法均从统计和数理的角度对金融危机预警进行了研究。张瀛(2004)对货币危机预警方法进行了详细综述,并建立了一套金融危机预警指标体系,从经济总体状况等6个方面对危机进行预警。石柱鲜(2005)利用三元Logit模型对我国外汇风险预警进行了实证分析。陈守东(2006)采用因子分析法研究我国金融风险的来源,运用Logit模型建立我国金融风险的预警体系。陈守东、马辉(2009)采用马尔科夫区制转移模型建立了我国金融系统的货币危机、银行危机和资产泡沫风险预警系统,取得了较好的预测效果。吕江林、赖娟(2010)采用最佳预测方程建立了我国的金融系统性风险预警模型,开创性的将金融风险压力指数作为被解释变量,预警指标作为解释变量进行回归,并得到连续的压力指数走势图。

## (三)总结评述

这些研究从不同的角度对金融风险预警的方法做了补充和扩展,或增加预警指标以增强模型的解释能力。但在指标选取方面,这些理论研究中鲜见从泡沫风险的角度入手,建立泡沫风险预警模型。尽管,程守东(2006)在其分析中提到了加入泡沫风险指标,却没有建立泡沫风险预警模型。在研究方法上，这些研究大都沿用了早期的三个经典的模型及其衍生方法，然而最常用的两个模型亦有其固有的缺陷。probit/logit 选择模型结论采用 0 和 1 制，即不发生金融危机和发生金融危机，这个模型结果取决于危机临界值（或称阈值）的确定，而大多数研究是根据经验值，并没有一个可信的度量标准，而且各国的实际情况并不一样，借用发达国家的经验值不一定适用于我国。“信号法”（FLR 模型）在衡量危机发生的可能性上也存在一定的缺陷：该模型在对指标阈值的确定上存在着明显的“自我优化”嫌疑，未来的数据能够影响对过去危机的识别，人们甚至能观察到以前危机的消失。KLR 方法中使用“排斥窗口”的目的是避免把危机延续时期的识别作为另一次危机，但是这却导致了若一次新的危机发生在上一次危机所在的“排斥窗口”之内，将有被忽略的可能性。

本书主要是研究金融资产泡沫风险预警模型，使金融预警体系更为完善且有效，即危机预警包括了货币危机、银行危机、汇率危机、泡沫风险及宏观危机的金融危机预警体系。采用的研究方法借鉴吕江林、赖娟（2011）提出的最优预测模型，试图将金融预警信号表示成连续的概率形式的结果，以规避以往研究中的离散的 0 和 1 制结果的弊端。

## 二、区域金融稳定预警方法与模型

频繁发生的金融危机促进了预警系统的研究，特别是 1999 年以来国际货币基金组织（IMF）开始注重货币危机预警系统的研究和开发，危机预警系统不断地得到改善。由于金融危机产生的条件和背景复杂多样，尽管目前还没有对所有情况都适用的模型和方法，但已形成建立危机诊断系统的基本框架。相对于纯粹的“专家猜测”和非模型预测方法，基于统计和计量经济的模型，其预警能力要好些（Berg，Borensztein & Pattillo，2004）。基于统计和计量经济模型的预警系统的框架是以金融危机发生的事实为依据构造识别（或定义）危机的统计量，再根据一定的危机理论和模型，选取一定的经济指标作为预警指标，考察相关经济和金融变量在识别出来的“危机”前一定时期内（预警期）的变化情况。本节将首先综述三种经典的金融危机预警模型；然后，综述近年来的一些创新模型，重点综述基于马尔科夫区制转移模型的危机预警系统，此外还介绍了一些其他创新模型[104-112]。

## (一)经典模型

### 1. FR 概率回归模型

Frankel 和 Rose 在 1996 年运用单位概率模型基于 105 个发展中国家在 1971—1992 年的季度数据构建了金融危机预警的 FR 概率回归模型。该模型假定金融事件是离散且有限的,投机性冲击引发的货币危机是由多个因素综合引起的。该模型用 Y 表示金融危机变量,Y 取值为 1 时表示危机发生,Y 取值为 0 表示危机未发生。向量 x 表示引发金融危机的各种因素,q 是 x 所对应的参数向量,则可以用引发因素 x 的联合概率来衡量金融危机发生的可能性大小,并假定各种引发金融危机的金融事件是离散的且有限的,于是,该预警模型可表示为

$$P(Y=1)=F(x,q) \tag{6-1}$$

$$P(Y=0)=1-F(x,q) \tag{6-2}$$

当样本中有 n 个国家,样本时期为 1,2,…,T 时,若

$$P\{[i,t]\}=\begin{cases}1\\0\end{cases} \tag{6-3}$$

1 是 i 国在 t 时发生危机;0 是 i 国在 t 时未发生危机;

以 x(i,t)表示 i 国在 t 时对应的 X 值时,则可以通过计算 FR 概率回归模型的对数似然估计值,求解得到 q 的估计值,进而可求得 P(i,t)的估计值。

Frankel 和 Rose 认为,引发金融危机的因素 x 包括 GDP 增长率、国内信贷增长率、外国利率、经济开放度、外债总额、政府预算/CDP,国际储备/进口,经常项目/GDP 和实际汇率高估程度等。在实际建模过程中,一是要利用历史数据,采用最大似然估计法估计引发因素的参数向量 q,二是将金融危机的触发因素当年的取值带入模型,并可计算出当年发生金融危机的可能性。他们把危机定义为货币贬值至少 25%,并至少超出上一年贬值率的 10%。当经济增长越低,国内信贷增长越快,国际利率越高,外商直接投资与外债的比例越低、外汇储备越低以及实际汇率被高估的时候,货币危机越有可能发生。

单位概率模型和单位对数模型在预警金融危机时存在以下优点:第一,预警模型很容易预测出危机的发生概率。第二,它们能够同时考虑到所有变量,但是这一优点又使其很难识别出单个预警指标的影响能力和程度。第三,危机

爆发点是从稳定走向混乱的分叉点,预警指标在过去未超其阈值的表现将不会得到“延续”,如果系统稳定,那么外推可能会是有效的;如果系统是不稳定的,或者稳定的系统演化到了临近分叉结点的附近,那么无论预测模型对历史数据拟合得多好,外推总是不可靠的。而非线性单位概率模型和单位对数模型很容易识别出预警指标超出其阈值时的影响程度。

FR 模型的缺陷主要有三点。第一,多重估计导致信息过度使用,增加了误差,在客观上限制了模型的准确性。第二,在定义金融危机发生与否等方面,模型没有考虑国家之间的差异性。第三,FR 模型的样本数据采用的是年度数据或季度数据,数据难以满足“大数定律”的要求,客观上限制了模型的实用性。

Berg & Pattillo(1998)曾经对 Frankel 和 Rose 的研究进行评估,发现该模型在预测泰国 1997 年发生货币危机时的概率不到 10%,而墨西哥、阿根廷发生货币危机的预测概率分别为 18% 和 8%,这与事实偏差较大,说明 FR 模型在预测的准确度方面还存在一定的缺陷。Bussiere & Fratzscher(2002)也指出了传统的双变量 Probit/Logit 模型在预测金融危机时的缺陷:该类模型混同了危机前的诱发期和危机后的恢复期,而实际上在这两个时期危机预警指标的表现差异很大。因此他们提出使用三元变量 Logit 模型进行危机预测,在他们的模型中危机被定义为汇率市场压力指数偏离其均值超过两个标准差。他们使用了 20 个国家 1993—2001 年的月度数据为样本,并以 20% 为临界值,在样本内可正确预测亚洲金融危机 73% 的危机和 85% 的平静期,而在样本外预测时,可以正确预测 57% 的危机和 83% 的平静期。

2. KLR 模型

Kaminsky, Lizondo & Reinhart 于 1998 年创建了“信号法”(KLR 模型),经 Kaminsky 于 1999 年的完善,弥补了该方法在亚洲金融危机预警方面的缺点,使之成为当今最受重视的预警模型之一。KLR 信号法预测步骤分为两步:第一步,选取预警指标。通过研究货币危机发生的原因来确定哪些指标可以用于货币危机的预警。第二步,对历史数据进行统计分析,寻找与货币危机发生有显著关系的变量,以此作为货币危机发生的先行指标,并计算该指标对危机进行预测的阈值。一旦某国经济中相应的指标变动超过阈值,则称之为货币危机将在 24 个月内发生的信号。

KLR 信号法的原理如下所述。对于一国危机预警时要广泛选择多个预警指标,并根据其历史数据确定阈值,当某个指标偏离均值的程度超过其阈值时,就意味着该指标发出了一个危机预警信号,危机信号发出的越多,表示该国在未来爆发危机的可能性越大。其中,指标预测危机能力的信号水平时期一般被定义为危机前的24个月。一个信号显示后在24个月内发生危机为一个好信号,在24个月之内未出现危机的信号则称之为一个坏信号或噪声。实际发出的坏信号(噪声)的份额除以实际发出的好信号的份额为噪音信号比率,阈值则被定义为最小化的噪音信号比。KLR信号分析中阈值大小的选择至关重要,如果阈值定得太"紧",则会降低错误信号的数目,除最严重的危机外,它将不能预测出其他所有的危机;相反,如果阈值定得太"松",模型过于敏感,会预警出所有的危机,但很可能将没有发生危机的情形预警为危机,发出错误的预警信号。

KLR信号分析法的优点是:信号分析法不仅给出了一套用于预测危机的指标体系与相应的阈值,而且更为重要的是它能够揭示危机发生的根源所在,从而为各国政府与国际社会进行监控并采取防范措施提供了指南。但在衡量危机发生可能性大小上,该方法存在一定缺陷。Berg & Pattillo(1998)运用该方法对亚洲金融危机进行了预测,发现大多数危机(68%)都没有提前发出预警信号,并且发出的大多数信号都是错误的。在增加了经常账户余额与GDP之比和M2与外汇储备之比两个预警指标之后,结果有所改善,但是预警效果仍不太理想。KLR信号分析法的缺点是:第一,样本依存的临界值有一个固有的缺陷,即未来的数据能够影响对过去危机的识别,人们甚至能观察到以前危机的消失。因为临界值是按照样本标准差定义的,所以发生了新的、较大的危机将直接导致现在识别不了以前曾被识别的危机。Edison(2003)发现,当把样本扩展到1999年以后,那些使用KLR方法利用1997年以前的数据识别出来的5次马来西亚的危机全部消失了,只有那次最猛烈的1997年的危机得到了识别。第二,KLR方法中一个标准做法是使用"排斥窗口(exclusion window)",若一次新的危机发生在上一次危机所在的"排斥窗口"之内,则这次危机将被忽略。使用"排斥窗口"的基本动机是避免把危机延续时期的识别做另一次危机,但这样做就忽略了"排斥窗口"所在时期的许多有用信息。不仅如此,由于"排斥窗口"宽度的主观性,还导致了与人为的序列相关。第三,复合指标的解释变量被转换成了双元信号,这样就抛弃了由它的动态性产生的许多有用信息。

3. STV 模型

Sachs, Tornell & Velasco(1996)建立了横截面回归(STV)预警模型。该方法在分析中使用横截面(面板数据)数据为基础,以线性回归方法进行模型。尽管该方法不能预测危机发生时机,但可以对全球金融环境事件中哪些国家将受到严重影响进行预测。

Sachs 等选取了 20 个新兴市场国家的截面数据进行建模,将货币危机指数(IC)定义为储备减少百分比和汇率贬值百分比的加权和,利用横截面数据估计模型,然后检验。他们认为:实际汇率贬值、贷款增长率、国际储备与广义货币供应量的比率是对一个国家是否发生货币危机至关重要的监测指标。除了这 3 个指标,他们还确定了两个虚拟变量(D1、D2):D1 表示当国际储备与广义货币的比率的取值处于低四分位时,虚拟变量取值为 1,其他情况为 0;D2 表示当实际汇率贬值幅度处于低四分位或国内私人信贷增长率高四分位时,虚拟变量取值为 1,其他情况则为 0。这样,在构建回归模型时,自变量包括实际汇率贬值幅度、私人国内信贷增长率和两个虚拟变量与实际汇率贬值幅度、私人增长率两两组合形成的 4 个新变量,一共 6 个自变量,再加上常数项,合计 7 个估计参数。因变量则为货币危机指数,模型如式(6-4)所示。结果表明,如果一国的银行体系比较脆弱,实际汇率高估,同时外汇储备水平较低的话,经济基本面脆弱就会遭到严重的攻击。

$$IC = \beta_1 + \beta_2 RED + \beta_3 PCG + \beta_4 RED * D1 + \beta_5 PCG + \beta_6 RED + \beta_7 PCG * D2 \qquad (6-4)$$

Sachs 等人(1998)选用 20 个新兴市场国家的截面数据再次对模型进行了实证检验,研究结果表明,模型对马来西亚和泰国两国在 1997 年发生金融危机的预测基本上与实际相符合,对巴西和阿根廷两国的预测与实际情况也相差不大,但对印度尼西亚和韩国两国的预测准偏差较大。

STV 模型具有如下优点:第一,指标选取容易获取,模型构建简单方便使用;第二,使用横截面数据进行参数估计,注重国别比较,克服了 FR 概率模型没有考虑国别差异的不足;第三,该模型的主要应用是分析哪些国家最有可能发生货币危机,而不是判断什么时候会发生货币危机。该模型还存在一定的缺陷:第一,STV 模型在实际应用中要求找到一系列相似的样本国,这是很困难的。例如,对于中国而言,很难找到与我国相似的国家,客观上制约了模型应用的广泛性。第二,STV 横截面回归模型考虑变量范围过于狭窄,只考虑了汇率、国内私人贷款、国际储备与广义货币供应量的比率等指标。预警指标范围较少不能覆盖所有可能的风险因素。第三,模型的估计方法是线性回归,过于简单,而事实上很多危机爆发的原因往往是非线性的。第四,模型对危机指数的定义不准确。尽管危机指数综合考虑了银行危机、货币危机和外债危机,但是在模型中却将危机指数简单化,只是应用国际储备减少的百分比代表。第五,STV 模型关注哪些因素对货币危机发生起到决定因素,哪些国家发生金融危机,但是人们不仅关心决定危机发生的因素,更希望能够预测危机发生的时间。

4. 三项研究成果比较分析

Andrew Berg & Catherine Pattilo(1998)通过实证分析验证了三种方法的预警能力。结论表明,FR 概率模型预警效果最差,其次为 STV 横截面回归模型,KLR 信号分析法最好。FR 概率模型预测泰国在 1997 年发生危机的概率不到 10%,预测墨西哥发生危机的概率为 18%,这与事实不符;STV 横截面回归模型对马来西亚和泰国两个的预测与实际情况吻合程度较高,对印度尼西亚和韩国两个国家的吻合程度较低;KLR 信号分析法预测泰国发生危机的可能性超过 40%,马来西亚超过 30%,印度尼西亚为 25% ~28%,韩国则为 20% ~33%。

上述事实表明,KLR 信号分析法预测准确性最高。

### (二)创新模型

近年来,伴随着数量经济学的发展,金融风险预警模型借鉴了诸多数量经济的研究成果,金融危机预警的模型方法也在不断地改进与创新。Kumar, Moorthy & Perraudin(2002)提出的基于滞后宏观经济和金融数据 Simple Logit 模型;Nag & Mitra(1999)使用人工神经网络建立货币危机预警系统;IMF 的"in - house"模型;一些私人投资银行所开发的"Private Sector"模型;Abiad(2003)建立的基于马尔科夫区制转移模型的危机预警系统。本书将首先详细介绍基于马尔科夫区制转移法的预警模型,然后简略介绍其他的金融风险预警模型。

1. 区制转移模型①

马尔科夫区制转移法(Markov - Switching Approach)是实证经济学家的一个常用工具,关于它的早期工作可以追溯到Quandt(1958),Goldfeld & Quandt(1973),Hamilton(1989,1990)。由于区制转移模型简化了标准模型的诸多假设,能够刻画危机期的内生性,该模型已经被诸多学者广泛地应用于建立金融危机预警系统。Jeanne & Masson(1998)、Fratzscher(1999)发展了多重均衡的货币危机模型,使用区制转移模型描述多重均衡间的相互转化过程。Cerra & Saxena(2002)使用该模型研究了印度尼西亚危机,研究危机的根源是否是源于国内因素、季节因素抑或邻国传染导致。Martinez - Peria(2002)利用区制转移模型研究了欧洲货币危机,发现该模型具有良好的确认危机事件的能力。Abiad(2003)使用区制转移模型研究了受东亚金融危机冲击的5个国家,得到了良好的危机预测结果,该方法无论在警示危机方面还是在降低错误警报方面都优于以往的预警模型。张伟(2004)借鉴Abiad提出的区制转移模型对中国等12个国家或地区可能发生的货币危机进行了比较研究,发现该模型能够较为准确地预测危机发生的可能性,预警能力强。

使用马尔科夫区制转移法预测危机可以弥补KLR方法和Probit/Logit模型存在的许多缺陷。最重要的一点是,在马尔科夫模型中可直接使用投机压力指标预测危机,避免了把连续变量转换为离散变量所造成的信息损失,特别是在前两个模型中得不到利用指标自身动态性所包含的有关投机攻击的重要信息。基于Jeanne & Masson(2000)、Fratzscher(1999)和Martinez - Peria(2002)的早期工作,Abiad(2003)使用时变转移概率(time - varying transition probability)的马尔科夫模型来预测金融危机。首先,Abiad在其他金融预警系统使用的标准宏观经济变量基础上,开发了资本流动和金融部门脆弱性指标,较全面地扩充了预警指标集。其次,为检验模型的实用性,他对模型在样本内和样本外都做了预测。另外,Abiad还摒弃了模型的参数在国家间一致的假设。这个假设虽然对那些经济环境大体相似的发达国家来说是适用的,但对危机频发的发展中国家而言可能不成立。

① 本部分仅给出了关于马尔科夫区制转移模型建立金融风险预警系统的文献综述,有关于模型本身的详细讨论在后文实证分析一章将详细介绍。

Abiad 利用1972—1999 年的月度数据,对5 个亚洲金融危机国家(印尼、韩国、泰国、马来西亚和菲律宾)分别做了估计,他从22 个备选预警指标开始,针对每个国家选取了影响最显著的几个指标预测危机。实证结果表明,本模型在预测危机方面效果较好,以50%为临界值,它明确预测了样本中65%的危机,89%的平静期。Arias & Erlandsson(2004)使用了一种改良的马尔科夫区制转移法进行危机预测,他们指出包含多个解释变量时传统的马尔科夫模型存在明显的偏误,这将导致在模型中短期解释变量更易被捕获。当构建金融预警系统时,这种偏误会引起严重误导。如人们可能发现传染指标高度显著,而经济基本面的长期不平衡却并不显著,这不利于政策制定者筛选真正有效的金融预警指标及采取相应的经济政策。因此,他们提出使用一种惩罚最大似然法(penalized maximum likelihood methodology)来弥补这个缺陷。这种方法实际上就是在马尔科夫模型的似然函数(likelihood function)中加入了一个惩罚项,这个惩罚项可以使设计的转移概率更加接近真实的转移概率。他们使用了6 个亚洲金融危机国家(印尼、韩国、泰国、马来西亚、菲律宾和新加坡)1989—2002 年的月度数据对危机进行了估计。结果证明在样本内,以40%为临界值,他们的模型可正确预测71%的危机和90%的平静期,其结果相对于上一个模型有所改善。

使用马尔科夫模型同样有其不足之处。第一个缺陷是关于计算能力的问题,带时变转移概率的马尔科夫模型对计算机计算能力要求较高。当然这种缺陷正在逐渐消失,因为越来越多的研究人员正在使用这种方法并且公开他们的程序编码。第二个缺陷是在检验马尔科夫模型时对"不转移作为零假设"这个前提的检验比较困难。第三个缺陷是似然面(likelihood surface)可能有几个局部最优解,并且有时它们的性态表现并不良好。而且因为要大量计算微分,t 检验对选择的步骤多寡比较敏感。

2. 主观概率模型

斯坦福大学刘遵义教授(1995)在联合国世界经济预测项目秋季年会上做了《下一个墨西哥在东亚么》的报告,报告中使用实证比较的数量分析方法和综合模糊评价方法,以墨西哥为参照国家,分析了东南亚地区发生金融危机的可能性。为了比较这些国家和地区的经济及金融与墨西哥的异同,选用10 项经济和金融指标:实际 GDP 增长率、实际汇率、相对通货膨胀率、国际国内利率差、国际国内利率差变化、实际利率、国内储蓄率、国际贸易平衡、经常项目平衡及外国组合投资与外商直接投资比例。他认为,一国金融危机的最重要特征是改过货币的突然大幅贬值,并伴以股市的大幅下跌。造成这种现象的主要原因是危机前一段时间内该国本币的持续长期高估。而判断高估状态要从世界经济和国际金融具体环境出发,讨论和分析这种货币的地位和状况。

以墨西哥为参照国,刘遵义教授考察了1985—1995年的10年来东亚9个国家和地区的经济发展和金融状况,他将一国在指标表现好时,记为"√";较差时记为"×"。若以"一国表现较差的指标个数与总指标个数之比"作为该国发生金融危机的主观概率,则可以得出如下结论:菲律宾、泰国、韩国、印度尼西亚和马来西亚是东亚地区主要发生金融危机的国家,而中国内地、中国台湾地区、中国香港地区和新加坡是不大可能出现墨西哥式金融危机的国家和地区。

3.人工神经网络模型

人工神经网络(Artificial Neural Network,ANN)是近期发展最快的人工智能领域研究成果之一。人工神经网络是对生物神经网络系统的模拟,其信息处理功能是由网络单元的输入输出特性(激活特性)、网络的拓扑结构(神经元的连接方式)所决定的。ANN对问题的求解方式与传统方法不同,它是经过训练来解答问题。训练一个ANN是把同一系列的输入例子和理想的输出作为训练的"样本",根据一定的训练算法对网络进行足够的训练,使得人工神经网络能够学会包含在"解"中的基本原理,当训练完成后,该模型可以用来求解相似的问题。Nag & Mitra(1999)使用ANN建立货币危机的预警系统,基于印度尼西亚、马来西亚和泰国1980—1998年的月度样本实证建模,并将计算结果与信号法进行了比较。他们利用16个指标的KLR方法进行逐国使用,他们发现不同的指标在预测不同的国家危机的作用不同;令人奇怪的是,他们发现实际币值的高估不是一个显著的指标。然后对各个国家估计不同的人工神经网络模型,如隐藏层和隐藏神经的数量,使用的转化函数,遗传算法的参数。因为允许存在一年左右的滞后期,最后每个国家的预测模型中都有大量的变量,从印度尼西亚的13个指标到马来西亚的23个指标不等。他们没有给出模型内检验,但是他们的样本外检验给出了很高的危机预测结果,三个国家危机爆发前的预测能力接近80%。

ANN的主要优点是其灵活的规则和捕捉变量间复杂的相互关系的能力。

ANN可以用来逼近复杂的非线性动态函数,将训练后的神经网络用于金融危机预警综合评价,既可以摆脱主观因素及模糊随机性的影响,又能提高评价的准确性。运用神经网络知识存储和自适应特征,通过适应补充学习样本,可以实现历史经验与新知识的完美结合,在发展过程中动态地评价系统的稳定状态。利用神经网络理论的容错特征,通过选取适当作用函数和数据结构可以处理各种非数值性指标,实现对系统安全状态的模糊评价。ANN同样存在一些缺陷,在给定了大量的变量和神经层适应数据的条件下,过度拟合的数量远远超过了其他方法。另一个缺陷是ANN的“黑箱”特性,因为没有参数被估计而变量间的相互影响可能是非常复杂的,所以很难确定哪一个指标的行为异常,哪一个指标能推出预测概率。

4. Simple Logit 模型

Kumar, Moorthy & Perraudin(2002)提出基于滞后宏观经济和金融数据的Simple Logit模型,构建了投机冲击预测模型。该预警模型实际上是一种改进的FR模型,其特点主要表现在以下四个方面:①它考察了两种对货币危机定义情况下危机发生的可能性(利率调整引起的汇率的大幅贬值;货币的贬值幅度超过以前的水平),而传统的预警模型只考虑一种货币危机定义的情形。②该模型在进行样本内(in-sample)预测的同时还进行样本外(out-of-sample)预测,从而使模型的预警能力更强。③使用引入滞后宏观经济信息和金融变量的Simple Logit模型对32个发展中国家1985年1月—1999年10月的危机进行了预测,扩展并补充了现有预警文献。④该模型可以对预测结果进行比较和检验,从而克服了过去模型只能解释危机的局限。该模型能够在一定程度上克服上述预警模型事后预测的缺陷,综合了FR模型中的概率分析法和KLR模型中的信号分析法,并在此基础上提高了对未来投机性货币冲击的发生和货币危机预警的水平。

5. 其他模型

(1)IMF和投行系列模型

1997年东南亚金融危机发生以后,具有影响力的研究成果包括两大类,一是IMF所进行的研究,被称为“in-house”模型,主要包括KLR模型、DCSD模型(Developing Country Studies Division Model)以及PDR模型(Policy Development and Review Model),目前这些模型广泛运用在IMF的国际金融监测活动中。其中 DCSD 预警模型综合了 FR 方法与 KLR 方法的优点,同时抵消了一部分各自的不足之处,最大限度地利用了 KLR 模型提供的月度预警指标的预测能力。二是一些私人投资银行所开发和运用的模型,统称为"Private Sector"模型,主要有 Coldman Sachs 的 GS - WATCH 模型,Credit Suisse First Boston 的新兴市场风险指数(Emerging Markets Risk Indicator,CSFB - EMRI 模型),以及 DBAC 模型(Deutsche Bank Alarm Clock)。

(2)ARCH 模型

Zhang(2001)使用自回归条件风险模型(autoregressive conditional hazard)进行危机预警。实证结果表明,传统方法识别不了的泰国 1997 年 5 月的投机压力期在本模型中得到了较好的识别。对印度尼西亚、韩国、菲律宾和泰国使用 1993—1997 年的月度数据作为研究样本,Zhang 估计出了概率模型和 ARCH 模型,并且判断 ARCH 模型对数据的适应能力更好。

(3)Fisher 判别法

Burkart & Coudert(2000)利用 Fisher 判别式分析对货币危机进行研究。判别式分析的目的是基于一系列预测变量的信息将独立变量分类,使其成为给定的状态 K 中的一个。分析的原则在于决定 K 状态是否与一个变量的均值不同,然后利用那个变量来构造状态的预测。判别式模型具有良好的表现:4/5 的危机被正确的预测,而只有 1/5 非危机导致错误的警报。

(4)VaR 和压力测试法

Blejer & Schumacher(1998)使用在险价值方法(Value at Risk)来分析中央银行的清偿力和风险敞口。VaR 就是在一定置信水平下资产在一定期间内的最大可能损失值。它可以把各种资产组合以及金融机构总体的市场风险具体化为一个简单的数值,让使用者能十分清楚地了解其资产在某段时间所面临的最大风险。Blaschke,Jones,Majnoni & Peria(2001)把压力测试(stress testing)应用于金融部门评估计划。这个计划是由 IMF 和世界银行共同发起的,主要目标是通过详尽评估金融部门的风险和脆弱性来强化国家的金融体系。

(5)金融稳定预警中的灰色系统理论方法

传统的系统理论,大部分研究那些信息比较充分的系统。但是,对一些内部信息部分确知、部分信息不确知的系统却研究得很不充分。这一空白区导致了灰色系统理论的出现,灰色系统理论由邓聚龙教授于 1982 年提出,是一门研究信息部分清楚、部分不清楚并带有不确定性现象的应用数学学科。

灰色系统理论是系统思想的一种升华和发展,该理论和方法被广泛地应用于不同学科、不同领域的研究之中。该理论的核心是,为解决包含有确知和未知或非确知信息、关系、结构的灰色系统的仿真量化问题,寻找出对灰色系统的分析、建模、预测、决策、控制等方面进行量化研究的有效方法或技术。其中,刘仁伍(2007)通过对系统的各组成部分建立关联度分析,来衡量各组分间的关联程度,通过语言模型、网络模型、量化模型、动态量化模型、优化模型,建立五步建模法,通过灰色模型 G(1,1)进行灰色预测,包括灰色时间序列预测、突变预测、拓扑预测、系统预测等类型,通过一定的灰色模型进行决策和规划,通过对灰色决策的执行进行控制。

利用灰色理论进行金融稳定评价的优势体现在:①灰色系统理论把影响金融稳定的随机量看作是在一定范围内变化的灰色量,尽管存在着无规则的干扰成分,但经过一定的技术处理总能发现它的规律性;②灰色系统理论在相对高层次上处理问题,其视野较为宽广;③灰色系统的内涵更为明确,从事务的内部,从系统内部结构和参数去研究系统;④灰色系统用灰色数、灰色方程、灰色矩阵、灰色群等来描述,突破了原有方法的局限,更深刻地反映了事务的本质;⑤用灰色系统理论研究金融稳定把问题具体化、量化,从变化规律不明显的情况中找出规律,并通过规律去分析实务的变化和发展。

## 第二节　区域金融稳定预警模型构建

### 一、区域金融稳定预警指标构建

此部分主要包括以下方面的研究内容。通过全面总结学术界代表性研究文献所涉及的金融危机预警指标体系,分析所带来的启示,再根据前文金融危机理论分析和美国次贷危机对我国的传染研究结论,比较研究了以往文献选取金融危机预警指标的方法,提出采用从统计学上定量建模和从经济学原理定性分析相结合的方法,选取对危机指数反应敏感的预警指标,为后文构建预警模型奠定了基础。

## (一)国内外代表性金融风险预警指标体系

### 1. 国外代表性金融预警指标体系

国外金融危机预警指标的研究主要从三方面展开。第一种是对导致危机发生的因素及其变化进行定性讨论,强调危机发生前一个或几个经济指标的变化,这类研究没有对预警指标预测危机的有效性进行定量检验,此类研究主观性太强,因此并没有得到广泛的认同。第二种是将危机发生前的典型指标与"对照组"进行比较,并对指标在危机前的表现与"对照组"是否存在系统性差异进行参数和非参数检验,从而确定哪些指标有助于预测危机发生的概率。第三种是应用计量经济模型,在模型中估测在未来一期或几期发生危机的概率。通过统计学和计量经济学选取预测风险能力强的预警指标的方法已经逐渐成为学术界的共识和研究的主流,引用较多、认可程度高的研究主要是以 Kaminsky、Goldstein、Reinhart 以及 Abiad 等人的成果为代表。

(1)Kaminsky 等的预警指标体系

Kaminsky,Lizondo & Reinhart(1998)将有关货币危机的 15 篇文献所涉及的 103 个预警指标分为六大类:外部变量、金融变量、实体变量、公共财政、结构变量以及政治变量。并统计了每个指标变量在以往文献中被检验显著性的情况,得到 15 个被验证较为显著的指标。他们发现:①国际储备、实际汇率、信贷增长、向公共部门的贷款以及国内通货膨胀等指标是预测货币危机非常有用的指标;②贸易余额、出口情况、货币增长、M2/外汇储备,实际国内生产总值增长和财政赤字有一些用处;③同一个指标在不同的研究中的预测能力差别也很大。

Goldstein,Kaminsky & Reinhart(2000)通过实证建模,从预警模型中获得了一些有益的结论。①新兴市场中银行危机和货币危机在爆发之前都有征兆,有些现象有重复发生的行为特征。在其研究的 26 年的样本中,一些相对较好的指标预测到了 50% ~90% 的该期内发生的银行危机和货币危机。同时,即使是最好的先行指标也会发出很多假信号。②对于新兴经济体而言,利用月度数据对银行危机进行准确预测的难度要大于货币危机。③对于货币危机来说最好的月度指标是实际汇率的升值,而对于银行危机来说最好的月度指标是证券价格的下跌、出口的下降、M2 与国际储备比率的偏高以及经济衰退。在年度指标里,两个最好的指标都与经常账户有关,即经常账户赤字与GDP的比率偏大以及经常账户与投资的比率偏大。④对于银行危机来说,15个月度指标中最好的(按降序排列)是实际汇率的升值、证券价格的下跌、货币乘数的上升、实际产出的下降、出口的下降以及实际利率的上升。在被检验的8个年度指标中,最好的指标是较高的短期资本流动与GDP的比率以及较大的经常账户赤字与投资的比率。⑤银行危机和货币危机的最优先行指标之间既有很多共同之处,也存在很大的区别,因此应单独考虑这两种危机。⑥在大部分银行危机和货币危机中,绝大部分月度先行指标(50%~70%的月度先行指标)都达到了它们的临界值。实际上,无论是在样本之内还是在样本之外,实际发生的危机中只有不到1/6是被5个或更少的指标发出信号的。换句话说,在新兴经济体跌入金融危机深渊的过程中,很多因素都同时起作用。

在Goldstein,Kaminsky & Reinhart(2000)研究的基础上,《金融危机早期预警系统及其在东亚地区的运用》一书给出了一个预警监测指标体系。货币危机和银行危机建模时都应用同一个指标集,大部分指标频度都为月度数据,但也有些只有季度或年度数据,指标体系如表6.2.1所示。

**表6.2.1 金融危机的先行指标和经济学原理**

| 项目 | 先行指标 | 经济学原理 |
|---|---|---|
| 经常账户 | 经常账户余额/国内投资总额<br>进口<br>出口<br>实际有效利率 | 出口不振,进口过度增长和货币高估会导致经常账户的恶化,在很多国家的历史上这都跟货币危机密切相关 |
| | 对美元的实际汇率<br>贸易账户余额 | 外部脆弱性和货币高估会增加银行业的脆弱性,因为外部市场上竞争力的上市会导致经济衰退、企业经营失败、贷款质量下降。银行危机会引发货币危机 |
| 资本账户 | 在国际清算银行系统的存款/外汇储备<br>国内实际利率与美国利率差的差距<br>银行业的外汇债务/银行业的外汇资产<br>外汇储备<br>M2/外汇储备<br>短期资本流动/GDP<br>短期外债/外汇储备 | 随着全球化和金融一体化程度的不断增加,资本账户问题会使一个国家面对冲击时非常脆弱,资本账户问题包括不断下降的外汇储备、过多短期外债、期限错配、货币错配以及资本外逃 |

续表

| 项目 | 先行指标 | 经济学原理 |
| --- | --- | --- |
| 金融部门 | 存款/M2<br>国内信贷/GDP<br>存贷款利差<br>M1/GDP<br>M2 乘数<br>实际商业银行存款<br>国内实际利率 | 在很多国家，货币危机和银行危机与由货币过度扩张所引起的信贷快速增长有关，银行存款的收缩、较高的国内实际利率、较大的信贷利差经常反映了银行业的困境和问题 |
| 实体部门 | CPI<br>工业生产指数<br>股票价格指数 | 在银行危机和货币危机之前经常发生经济衰退以及资产价格泡沫破灭 |
| 财政部门 | 中央银行向公共部门的贷款/GDP<br>财政金额/GDP<br>政府消费/GDP<br>向公共部门的信贷净额/GDP | 巨额财政赤字会使经常账户恶化，进而对汇率构成压力 |
| 全球经济 | 国际原油价格<br>实际美元/日元汇率<br>美国实际利率<br>美国经济增长率 | 外国的经济衰退溢出会影响本国经济，导致国内经济衰退，较高的原油价格对经常账户构成危害，也会导致国内经济衰退，较高的国际利率经常导致资本外流 |

注：GDP 指国内生产总值，CPI 指消费物价指数，M1 指狭义货币，M2 指广义货币。

（2）Abiad 等的预警指标体系

Abiad（2003）采用宏观经济不平衡指标、资本流动性指标和金融脆弱性指标共 22 个指标，研究了受东亚金融危机冲击的 5 个国家，得到了良好的危机预测结果。

1）第一组宏观经济不平衡指标包括：考察基本的衡量宏观经济不平衡的指标，经过 Hodrick - Prescott 趋势处理的实际汇率指标，经常账户余额/GDP 和出口增长率。衡量中央银行储备充足程度的指标，M2/储备，M2/储备的增长率和储备的增长率。考察信用膨胀的指标，实际国内信用增长率。还包括两个衡量实际经济活动的指标——工业产量增长率和实际 GDP 增长率。一些危机是由于资产市场泡沫破裂所引起的，通常出现于资本市场或房地产市场，于是引入了国内股票市场指数六个月的变动，最后还引入了实际利率。

2）第二组是关于资本流动性的指标。第一个指标是 3 个月的 LIBOR，该指标是衡量流向新兴市场国家的资本水平的主要指标。第二个指标使用的是银行资产/GDP 的增长率。该组的其他三个指标主要集中于解释资本流动的组成：短期负债/储备，非 FDI 项目的股票投资/GDP（衡量资本的累积流动），和累积的证券流入量/累积总的资本流入量。

3）最后一组是衡量金融脆弱性的指标。关于金融机构健康程度的第一个指标是关于资本充足性的粗略的衡量：银行储备/银行总资产。第二个指标是中央银行对商业银行的信贷额/银行负债；中央银行的信贷增加可能预示着金融体系的脆弱性，除非是出于支持或帮助问题银行脱离困境。银行存款/M2 可以说明家庭和企业对于银行系统的信任程度，如果比率比较低，则说明信任程度也较低；在这组指标里，还使用了银行存款/M2 的增长率。最后，引入了银行贷款/银行存款的比率和该比率的增长率两个指标。高的或者增长的贷款—存款比可能预示着银行系统更加脆弱，因为没有足够的流动资产来应对出现的外来冲击。还应该指出的是，其中的一个宏观经济指标——实际利率，也经常用来衡量金融机构的稳健性，因为高实际利率通常会使贷款违约增加。

（3）其他学者的预警指标体系

其他一些学者也从不同角度构建了金融危机预警的监测指标体系。Edison（2000）利用外汇储备、出口、实际汇率等 5 类、18 个宏观经济和金融变量构造预警指标，分析了这 18 个前瞻性指标对 28 个国家 1970—1999 年的货币危机预警，得出的结论是所选择的指标体系具有较好的预警能力。Tuomas Komulainen & Jonanna Lukkarila（2002）利用 31 个新兴市场国家 1980—2001 年的月度数据，对金融危机的产生原因进行分析，利用 23 个宏观及金融变量（包括描述银行系统脆弱性的指标）来进行实证分析。Fontaine（2005）重点考察了预算赤字/GDP、国内信用增长、通胀率、实际产出增长率、货币增长率、经常项目/GDP、失业率等 7 个宏观经济指标对货币危机的预警作用，结合经济政策对 21 个发达国家和 16 个新兴市场的 1963—2003 年的数据进行回归分析。分析结果表明，经济基本面的恶化和追求宽松的货币政策对货币危机有显著相关性。

2. 国内代表性金融预警指标体系

马辉（2009）考虑到金融危机理论分析和美国次贷危机对我国的传染研究的相关结论，从四个层面选取 23 个指标构成金融风险监测指标体系，包括：宏观经济指标，反映宏观经济环境稳定性；金融系统指标，主要包括监测银行危机和货币危机的指标，反映金融市场稳定性；泡沫风险指标，考虑资产价格变化导致的风险;全球经济指标,考虑国外主要经济实体的变化对国内影响。具体预警指标体系参见表6.2.2。

**表6.2.2　中国金融风险指标体系**

| 类型 | 指标名称 | 经济学原理 |
|---|---|---|
| 宏观经济指标 | GDP增长率<br>通货膨胀率<br>工业增加值增长速度<br>出口变化率 | 实体经济部门表现不佳、衰退,往往会导致经济危机 |
| 金融系统指标 | 国内信贷/GDP<br>实际利率(1年期存款利率－通胀率)<br>国外净资产/GDP<br>M2/GDP<br>M2乘数(M2/M1)<br>贷款/存款<br>储蓄存款/M2 | 在很多国家,货币危机和银行危机与由货币扩张所引起的信贷快速增长相关。银行存款的收缩、较高的国内实际利率、较高的银行经营成本经常反映了银行业困境 |
| | 实际汇率(名义汇率*美CPI/中CPI)<br>实际汇率高估<br>国家外汇储备增长率<br>外商直接投资/GDP<br>M2/外汇储备 | 外部脆弱性和货币高估会增加金融体系的脆弱性,外部市场上竞争力的丧失会导致经济衰退,引发货币危机 |
| 泡沫风险指标 | 股价指数变化率(上证指数)<br>股市市盈率(上证指数)<br>房价指数变化率<br>房地产投资增长率<br>建筑业贷款/银行贷款 | 资产价格的快速上涨易引发资产泡沫,泡沫的破裂引发灾难性的金融危机 |
| 全球经济 | 国际原油价格变化率<br>美国经济增长率 | 随着金融全球化的深入,全球经济形势的变化对我国金融系统的影响日益加强 |

注:GDP指国内生产总值,CPI指消费物价指数,M1指广义货币,M2指狭义货币。

何建雄(2001)参照货币基金组织提出的三个层次的指标框架,结合我国情况参照该框架提出了金融风险预警指标框架。根据风险的源头和暴露形式,完善的金融稳定自我评估系统必须至少由三个层次的审慎指标组成,即在机构层次的微观审慎指标的综合、宏观审慎指标和市场指标。第一,金融机构的稳健是整个金融体系稳健的基础,因此反映机构运行状况的综合微观指标是金融安全预警系统的基础指标。第二,宏观经济平衡是金融体系稳健运行的根本条件,宏观平衡的破坏必然导致金融风险乃至危机,因此,宏观审慎指标是金融安全预警系统的先行指标。第三,两者通过改变市场参与者的预期和行为而相互作用,因此,市场指标是中间指标。综合微观审慎指标所反映的情况有一定的时滞,宏观经济变量更具有预警的作用。一旦几盏黄灯同时亮起,尤其当综合微观审慎指标和宏观审慎指标两类指标中同时发现黄灯,显示金融机构本身脆弱并面临宏观经济的冲击时,危机可能不远了。[①] 其中:综合微观审慎指标包括资本充足率、资产质量指标、管理质量指标、盈利和利润指标、流动性指标;宏观审慎指标包括经济增长率及波动幅度、国际收支指标(经常账户逆差、国际储备、外债指标、贸易条件、流出入资本的构成和期限结构)、通货膨胀、利率与汇率、贷款总规模和资产价格变化、外部冲击的可能性、金融自由化和对外开放的负面影响;市场指标包括金融机构发行的证券(股票和债券等)价格的变化、信用评级及其变化。

**表6.2.3 金融安全预警系统指标框架**

| 指标 | 分项指标、定义及构成 | 影响及说明 |
|---|---|---|
| 一、基础指标:综合微观审慎指标 | 综合微观审慎指标是根据具体金融机构的审慎指标汇总而成 | |
| 资本充足率指标 | 风险加权资本充足率<br>一级资本比率<br>二级资本比率<br>各类机构的资本充足率 | 只要从清偿能力的角度反映金融业整体及各类机构的风险;是预测银行危机的主要指标 |
| 资产质量指标 | (1)金融机构本身的资产质量<br>某些部门或某些债务人占银行贷款比重<br>不良贷款的比率<br>贷款损失准备金是否及时足额提取<br>以外币计值的贷款的比重及期限构成<br>关系贷款情况<br>表外业务情况<br>(2)借款人的偿债能力<br>企业债务与权益之比<br>企业盈利情况<br>居民的债务状况(随着我国消费贷款的不断增加,此项指标会越来越重要)等 | |

① Kaminsky(2000)发现,银行危机和货币危机都是在几项指标同时出现问题后才发生的。

续表

| 指标 | 分项指标、定义及构成 | 影响及说明 |
|---|---|---|
| 管理质量指标 | 内控制度的有效性<br>支出结构<br>支出与收入比率<br>人均盈利<br>准入/退出数<br>是否具备合理的激励机制<br>人才流失情况<br>违规案件数量和金额 | 管理质量很难量化,既要分析数据,也要依靠判断 |
| 盈利和利润指标 | 资产回报率<br>权益回报率<br>收入与支出之比<br>收入结构 | 利润持续下降一般反映金融机构经营状况或经营环境不佳。过快也可能预示机构的风险在增加,权益回报率增加可能表示利润增加,也可能反映资本不足。收入结构可反映收入和利润的可持续性 |
| 流动性指标 | 应该观察的具体指标包括:<br>(1)金融机构资产负债表中央再贷款所占比率此比率猛增很可能预示金融机构出现了流动性问题甚至支付问题 | 此类指标不仅应该反映金融机构的资金来源,还应反映其资产和负债的期限结构 |
| 流动性指标 | (2)同业市场利差<br>(3)存款与广义货币之比<br>(4)存贷款比率<br>(5)金融机构的资产负债的期限结构 | 某些机构拆入利率高于市场水平,说明这些机构出现了流动性问题或支付问题而铤而走险<br>此比率下降可能显示市场对银行体系的信心下降,或资金体外循环严重,流入非银行机构或其他部门<br>短期负债比率过高可能反映存款人持币观望,对金融机构信心不足或其他投资渠道前景不明,可能引发流动性问题 |
| 金融机构对市场风险的敏感性分析 | 对利率和汇率风险的敏感度<br>对股价和商品价格的敏感度 | 在结汇制和汇率较稳的条件下,外汇风险相对较小,但随资本账户的开放和汇率灵活性加大,这种风险会加大。东南亚金融危机的诱因之一是币种搭配不当和期限搭配不当(短期负债比率过高)<br>对混业经营的限制一旦淡化或取消,这两种价格风险对金融机构的影响会增大 |

续表

| 指标 | 分项指标、定义及构成 | 影响及说明 |
| --- | --- | --- |
| 二、市场指标：中间指标 | | |
| | 金融机构发行的证券（股票和债券等）价格的变化 | 金融机构的股价跌幅如果超过平均幅度，意味着市场对这些机构的信心降低。同样，从金融机构与大型企业发行的债务工具（尤其是附属债务）收益率之差也可察觉上述征兆 |
| | 金融机构债务工具收益率 | 某些机构如果明显高于其他机构，说明这些机构可能出现了严重的问题，融资链条可能即将断裂 |
| | 信用评级及其变化 | 国际评级机构对机构以及主权债信大幅下调，可能反映或引起市场信心下降甚至恐慌 |
| 三、宏观审慎指标：先行指标 | | |
| 经济增长率 | （1）增长速度<br>（2）增长率波动幅度<br>（3）部门间增长差距 | （1）增长过快会导致投资欣快症，使信贷需求膨胀，金融机构过分冒险，体系性风险增加；增长减慢会减少企业收入和利润，影响其现金流量，使其不能如期还债<br>（2）波动过大不利于金融业平稳运行<br>（3）各部门增长速度严重失衡，尤其当贷款比较集中的部门（如房地产部门及出口部门）减速，金融系统的风险也会迅速增加 |
| 四、国际收支指标 | | |
| | 经常账户逆差 | 逆差过高，且由短期外资弥补时，会损害投资者信心，资本抽逃，引发货币危机，危及金融体系安全 |

续表

| 指标 | 分项指标、定义及构成 | 影响及说明 |
|---|---|---|
| | 国际储备：<br>(1)与进口付汇之比<br>(2)与短期外债(包括私人部门)之比<br>(3)与广义货币之比 | (1)第一种指标在海外融资较少、进口波动较大的情况下较有用<br>(2)第二种对在海外筹资较多但筹资条件和筹资额不稳定的国家十分有用<br>(3)第三种最适合于观察对本币的信心,资本外逃,尤其是适用于银行部门和本币信心比较脆弱的国家 |
| | 外债指标：<br>(1)总量<br>a. 外债总量与出口之比<br>b. 年度还本付息与出口之比<br>c. 与 GDP 之比<br>(2)期限和币种结构<br>a. 期限结构<br>b. 币种结构 | (1)<br>a. 只要反映债务总规模及创汇偿债能力<br>b. 主要反映某个时期的偿债能力<br>c. 主要反映通过调整内外销结构提高偿债能力的可能性<br>(2)<br>a. 短期比重过大会造成贬值压力和货币危机<br>b. 币种构成不当增加汇率风险 |
| | 流出入资本的构成和期限结构：<br>(1)按工具分:直接/证券投资<br>(2)按债务人:官方/私人<br>(3)按债权机构:银行/高杠杆机构<br>(4)按期限公:长/短 | 前者较稳定,后者较具投机性,对金融稳定的影响更大 |
| 通货膨胀 | (1)通胀率<br>(2)通胀率波动性 | 除扭曲资源配置和财富分配、打击生产性投资外,高通胀对金融体系安全的最直接的影响之一是促使企业在实际利率很低甚至低于零的情况下过度举债。而且高通胀往往与高波动相联系的。通胀率波动剧烈不利于金融机构评估信用风险和市场风险。通胀率剧降会减少银行的名义收入和现金流量,并可能使抵押品价值缩水,由此影响其资产质量、流动性和支付能力 |

续表

| 指标 | 分项指标、定义及构成 | 影响及说明 |
| --- | --- | --- |
| 利率与汇率 | (1)利率水平<br>(2)汇率水平<br>(3)波动性 | (1)实际利率长期低于零反映金融压抑和扭曲;过高则会影响银行的盈利和贷款质量<br>(2)汇率过高或过低会造成国际收支失衡,甚至引发危机<br>(3)利率和汇率波动性越大,金融机构的利率风险和汇率风险也就越大。国外利率剧增导致货币替换和资本外逃;剧降则使资本流入过于集中,信贷过分膨胀。两者均可能危及体系稳定。实际汇率剧升冲击出口部门;剧降则会削弱其他部门的偿债能力 |
| 贷款规模 | (1)M2与基础货币之比<br>(2)国内信贷与GDP之比 | 在经济增长强劲时审贷不严,会使信用和资产价格过分膨胀,一旦降温引发债务危机 |
| 资产价格变化 | (1)大盘<br>(2)板块 | (1)股市暴涨引发金融资产泡沫;暴跌则使金融资产缩水<br>(2)出口板块股价异常强劲、进口板块股价走软,可能反映市场预期本币大贬<br>以上两种情况都可能视作本币下跌、资本外逃、金融体系动荡的先兆 |
| 外部冲击的可能性 | 主要伙伴国和出口竞争国货币贬值、经济衰退、股市动荡、利率波动 | 这些因素都会通过贸易和资本账户影响本国金融体系稳定 |
| 金融自由化和对外开放的负面影响 | 机构进入过于集中;对外资银行业务开放过快;在金融体系不稳健的情况下开放资本账户;在财务约束不力的情况下开放利率;等等 | 时机、顺序、速度和配套措施安排不当,金融股自由化和对外开放会产生一定的负面影响,甚至引发危机 |

周才云(2006)借鉴世界各国金融风险防范经验,结合中国金融业的风险实情,认为我国区域金融安全预警指标体系大致可以从宏观先行指标、微观审慎指标两个层面上予以构建。宏观先行指标体系有GDP增长率、通货膨胀率、公共债务、财政赤字率、财政收入/GDP、债务依存度、实际利率水平、净出口额;微观审慎指标(只要针对商业银行)有资本充足率、资本/总资产的比例、不良资产比例、逾期贷款比例、呆账贷款比例、最大十家客户贷款比例、资产流动性

比例、备付金比例、自有资金比例、存贷款比例、中长期贷款比例、流动负债依存度、税后利润率、资产利润率、资本利润率、营业费用率、应收利息率。设立这些指标体系的同时，还给出了各个指标的经验警戒边界，给金融预警测试提供了方便。

唐旭、张伟(2002)根据可用性、显著性、可量化性选择出中国金融危机预警的指标体系。

**表 6.2.4　中国金融危机预警的指标体系**

| | 货币危机 | 银行危机 | 股市危机 |
|---|---|---|---|
| 基本指标 | 实际汇率偏离时间趋势之偏差<br>出口额<br>股票价格指数<br>M2 与总国际储备比率<br>国内总产出<br>M1 超过实际需要的余额<br>国际储备<br>M2 乘数<br>国内信贷/GDP<br>实际利率<br>贸易条件<br>国内外实际存款利差<br>经常项目差额/GDP<br>M2/国际储备<br>外债额<br>资本流动总额<br>短期外债<br>资本项目管制程度 | GDP 实际增长率<br>消费增长率<br>投资增长率<br>储蓄存款变动率<br>公共部门贷款总额<br>私人部门贷款总额<br>外债总额<br>通货膨胀率<br>实际利率<br>实际汇率<br>实际进口增长率<br>贸易条件<br>银行体系整体资本充足率<br>银行体系整体资产质量<br>利率自由化程度 | 国内外政治环境<br>国内重大经济政策实施<br>经济增长趋势<br>利率水平调整<br>股票价格调整<br>人气心理指标<br>交易量指标<br>国家产业政策<br>上市公司整体质量<br>资本流入<br>资本流出<br>国外发生的金融危机 |
| 其他指标 | 在实际过程中根据情况选择 | | |

仲彬等(2002)结合工作实际研究区域银行体系风险预警系统的构建，从微观审慎指标和宏观审慎指标两个方面出发，建立银行体系的风险预警系统。其指标体系列示如下：

**表 6.2.5 区域银行体系风险预警系统的指标体系**

| 指标体系 | 指标类别 | 指标名称 |
|---|---|---|
| 微观审慎指标 | 流动性指标 | 备付金率 |
| | | 资产流动性比率 |
| | | 中长期贷款比率 |
| | | 应付利息充足率 |
| | | 对流动性负债依存度 |
| | | 资金净拆入比率 |
| | | 存贷款比率 |
| | 盈利性指标 | 资产利润率 |
| | | 资本利润率 |
| | | 贷款损失抵补率 |
| | | 收息率 |
| | | 营业费用率 |
| | 充足率指标 | 资本充足率 |
| | | 核心资本充足率 |
| | 安全性指标 | 逾期贷款比率 |
| | | 呆滞贷款比率 |
| | | 呆账贷款比率 |
| | | 风险加权资产比率 |
| | | 最大十家客户贷款比率 |
| | 管理 | 管理稳健经营合规 |
| 宏观审慎指标 | 国家调控能力 | 财政收入/GDP |
| | | 财政支出/GDP |
| | 企业效益 | 资产负债表率 |
| | | 资金利税率 |
| | | 亏损企业亏损增长率 |
| | 债务清偿能力 | 资本流入/GDP |
| | | 外债/GDP |
| | 外汇与资本 | 外汇变动率 |
| | | 股指的变动率 |
| | | 股市市值/GDP |
| | 增长能力 | GDP 增长率 |
| | | 通胀率 |

续表

| 指标体系 | 指标类别 | 指标名称 |
|---|---|---|
| | 银行业规模 | 总资产/GDP |
| | | 存款增长率 |
| | | 贷款增长率 |

## (二)区域金融预警指标选取原则总结

1. 基于经济合理性来选择指标

虽然许多的实证研究文献提出了众多金融危机预警指标,但是仔细研究发现,其提出的依据都是从四代金融危机理论以及金融危机传染理论分析出发,即金融危机预警指标的设计和选取必须要有合理的经济含义。

2. 选择指标要注重数据的可得性

不同学者根据文章需要选取了基于月度、季度和年度频率的指标。一般来说选取月度指标更加富有现实意义,因为频率越高所预测危机的精度将越高,对于现实决策指导意义更强。这同时也会面对一个矛盾,很多指标只有年度和季度数据,选择月度指标就意味着要舍弃一些指标。而数据频率转换的方法可以解决这个问题,但是数据频率转换过程中会丢失数据的某些信息,这确实是值得深入研究的一个问题。

3. 解释和预测各种危机的指标差别不大

尽管银行危机和货币危机的原因常常不同,但是在实证研究中,用于解释或者预测这两种危机的指标相同。在货币危机和银行危机这两种情况下,大部分预测指标都是宏观指标和外部头寸指标,而关于金融部门稳健性指标并不普遍用于预测金融危机。第一个原因是数据限制,宏观经济和外部头寸指标更容易获得,频率也往往更高,时间序列更长,金融稳健指标最近才可获取。第二个原因是金融稳健指标,如不良贷款率和资本充足率,是一致或者滞后的指标,而不是先行指标。第三个原因是很多研究表明,银行危机是货币危机的原因之一,货币危机也能使银行资产负债表恶化,从而导致系统性银行危机,货币危机和银行危机经常同时出现。

### (三)区域金融稳定预警指标体系的构建

1. 区域金融稳定预警指标体系的构建

对于金融危机的分析大致分为货币危机、银行危机、货币银行孪生危机和整体金融危机,进而金融稳定预警也分为银行危机预警、货币危机预警、两危机预警和整体金融稳定预警。唐旭等(2002)将金融稳定预警分为了货币预警、银行预警和股市崩溃预警,陈守东、马辉(2009)将金融预警模型分为了货币预警、银行预警、泡沫危机预警和整体金融脆弱性预警。基于研究的需要,本部分侧重于银行预警和资产泡沫危机预警。

对于金融预警指标的构建,不同的研究角度,有不同的构建标准:仲彬等(2002)从宏微观视角把指标体系分为宏观审慎指标和微观审慎指标;陈守东、杨莹等(2006)采用计量分法,经过因子分析将指标体系分为宏观经济指标、金融系统指标和泡沫风险指标;Kaminsky(1999)根据经济学理论,经过直接对数据的分析将指标体系分为外部变量、金融变量、实体变量、公共财政、结构变量及政治变量。

区域金融预警指标的构建主要从银行危机预警和资产泡沫危机预警的角度,而这两者之间又有着必然的联系。第四代危机理论在第三代提出的企业净值变动与多重均衡的基础上,重点考察资产价格和金融危机的关系。资产泡沫破裂引发人们的信心发生变化,从而引起投资者挤兑银行的现象,进一步挤兑金融机构的情况,造成银行流动性危机。了解房地产市场的运作模式及其与银行间的密切联系,以及是否存在泡沫,对防范银行危机有着重要的作用。在考察泡沫危机时,主要是考察资产价格增长速度是否超过考虑了通货膨胀的经济增长速度及货币发行增长速度,能反映资产价格的指标包括了房地产价格指数、股价指数及其变化率、股市平均市盈率、房价指数变化率、土地供给增长率、房地产贷款/全部贷款。在考察银行危机时,要从宏观和微观两个方面考察,分为宏观审慎指标和微观审慎指标。宏观经济情况影响银行业的发展,微观视角观测的是银行的资本情况、坏账率、准备金率、对大客户的依赖程度、房地产贷款的比率、本区域的银行业中国有商业银行资产占银行总体资产的比率等。具体如表6.2.6所示。

**表6.2.6　备选金融稳定预警指标体系**

| 指标类型 | 指标名称 | |
|---|---|---|
| 宏观审慎指标 | GDP增长率<br>通货膨胀率<br>工业增加值增长率<br>出口额增长率<br>国家外汇储备增长率<br>人均收入增长率<br>外商直接投资/GDP | 宏观经济发展与金融有着紧密的联系,基本经济面的健康发展是银行业稳定发展的保证,防范银行危机的基础 |
| 微观审慎指标 | 风险加权资本充足率<br>一级资本比率<br>二级资本比率<br>各类机构的资本充足率<br>某些部门或某些债务人占银行贷款比重(如房地产、铁道部、政府融资平台)<br>不良贷款的比率<br>贷款损失准备金是否及时足额提取<br>关系贷款情况<br>表外业务情况<br>资产回报率<br>权益回报率<br>收入与支出之比<br>收入结构<br>金融机构资产负债表中央再贷款所占比率<br>存款与广义货币之比<br>存贷款比率<br>金融机构的资产负债的期限结构<br>对利率和汇率风险的敏感程度<br>对股价和商品价格的敏感程度 | 微观审慎指标从银行业内部控制银行风险问题。从内部的指标情况可以观察出银行状况是否健康 |
| 泡沫风险指标 | 房地产价格指数<br>股价指数及其变化率<br>股市平均市盈率<br>房价指数变化率<br>土地供给增长率<br>房地产贷款/全部贷款<br>房地产价格增长率/GDP增长率<br>房地产投资增长率/GDP增长率<br>地价上涨率/GDP增长率<br>房屋空置率<br>房地产交易价格指数(Transaction price index)<br>新增房地产贷款/新增贷款<br>房地产开发资金来源及结构<br>住房抵押贷款首付比例 | |

2. 区域金融稳定预警指标体系中各指标的含义

(1)宏观审慎指标的含义

GDP 增长率和工业增加值增长率用于衡量经济发展速度,区域的经济发展速度反映了经济所处的状态,发展过快是说明经济过热,而发展过慢是意味着经济可能进入衰退阶段。

通货膨胀率是衡量区域宏观经济稳定的重要指标,可以衡量宏观经济失衡对金融系统产生负面影响。

出口额增长率影响国内经济情况,是衡量外贸稳定的指标,很多金融危机的爆发都伴随着出口额的急剧下降。金融危机传染理论表明,区域的对外贸易往往是金融危机的主要传导渠道。

国家外汇储备增长率是衡量中央银行储备充足程度的指标。

人均收入增长率衡量国民财富增长水平,也体现区域经济体制的健康状况。

外商直接投资/GDP 衡量区域经济对外资的依赖程度。过高的比率意味着该区域对外资的依赖程度过高,一旦外资注入减缓,将对该区域经济增长构成严重打击。

(2)微观审慎指标

风险加权资本充足率、一级资本比率、二级资本比率、各类机构的资本充足率衡量金融业各类机构的风险,是预测银行危机的主要指标。

某些部门或某些债务人占银行贷款比重(如房地产、铁道部、政府融资平台)、不良贷款的比率、贷款损失准备金是否及时足额提取、关系贷款情况、表外业务情况衡量银行的资产质量,资产质量的好坏直接影响了银行业的发展。

资产回报率、权益回报率、收入与支出之比、收入结构衡量银行盈利水平。利润持续下降一般反映金融机构经营状况或经营环境不佳,过快也可能预示机构的风险在增加。权益回报率增加可能表示利润增加,也可能反应资本不足。收入结构可反映收入和利润的可持续性。

金融机构资产负债表中央再贷款所占比率衡量银行的流动性,此比率猛增很可能预示金融机构出现了流动性问题甚至支付问题。

存款与广义货币之比,此比率下降可能显示市场对银行体系的信心下降,或资金体外循环严重,流入非银行机构或其他部门。

存贷款比率衡量金融机构基本收入结构情况。

金融机构资产负债的期限结构中短期负债比率过高可能反映存款人持币观望,对金融机构信心不足或其他投资渠道前景不明,由此可能引发流动性问题。

对利率和汇率风险的敏感程度。在结汇制和汇率较稳的条件下,外汇风险相对较小,但随着资本账户的开放和汇率灵活性加大,这种风险会加大。

对股价和商品价格的敏感程度。对混业经营的限制一旦淡化或取消,这两种价格风险对金融机构的影响会增大。

(3)泡沫风险指标

房地产价格指数、股价指数及其变化率、股市平均市盈率、房价指数变化率、土地供给增长率分别反映了股市的泡沫风险和房地产市场泡沫风险。金融风险的积累和释放会通过股市和房市反映出来,突出地表现为资产价格的异常波动,若资产价格的大幅下挫,会引发金融资产缩水,金融资产泡沫破裂,形成大量的金融机构不良资产,恶化经济,引发金融危机。

房地产贷款/全部贷款(Real estate loan proportion)用来衡量房地产业对银行资金的依赖程度。房地产贷款过快增加容易造成房地产风险积聚,同时过多信贷资金投向房地产市场,对房地产市场泡沫形成有一定的推动作用。

房地产价格增长率/GDP 增长率是衡量房地产行业扩张程度,显示房地产业与实体经济的偏离程度,可作为房地产泡沫的指示指标。郝丁(2006)指出房地产业的发展应该与国民经济的发展相适应,当这一指标过大,则反映虚拟经济偏离实体经济的程度很高,房地产泡沫度很高。

房地产投资增长率/GDP 增长率是衡量房地产开发投资增长快慢的主要指标,一般不应该超过 2 倍。

地价上涨率/GDP 增长率是房地产的重要组成部分,因此地价是房价的组成部分之一,通过这一指标也可监测房地产泡沫的程度。

房地产交易价格指数(Transaction price index)反映了一个地区房地产市场的趋势,若出现连续的上涨,就可能加大房地产金融风险。

房屋空置率(House vacancy rate)反映了房地产市场上投资(投机)的成分,国际上一般把这一比例的上限设定为 10%。

新增房地产贷款/新增贷款是对新增房地产贷款占新增全部贷款之比进行监测,能有效监督信贷资金的流向,从而调节金融机构的信贷行为。我国香港特别行政区金融管理局要求这一比例不得超过40%。

房地产开发资金来源及结构(Property capital source),指房地产开发资金中企业自有资金、上市融资、债券融资、预售款与贷款的比例,房地产贷款比例过高,则会加大房地产金融风险。

住房抵押贷款首付比例(First pays proportion)的确定主要应与房地产价格上涨情况相结合,比例过低,可能造成房地产价格下降时,抵押房地产贬值后,其总价值低于首付款,出现理性违约行为而使信贷资金受到损失。美国次贷危机就是这种情况。

## 二、区域金融稳定预警模型的构建

### (一)区域金融稳定预警压力指数构建

金融压力指数指的是由一系列反映金融体系各个子系统压力状况的指标合成的综合性指数,最早提出金融压力概念并构建金融压力指数的是加拿大银行的经济学家 Illing & Liu。根据 Illing & Liu(2003)的描述:"金融压力是一个连续的变量,其极值称为金融危机。金融压力随期望金融损失、风险或不确定性的增加而增加。压力是一个脆弱的结构和某些外部冲击相结合的结果,冲击的大小和冲击在脆弱的金融体系内部的传导决定金融压力的大小"。金融压力指数是由一组反映金融体系风险状况的同步指标,依据一定的统计原则加权而成的综合指数。

#### 1.银行稳定压力指数

Lindgren,Garcia & Saal(1996)发现国际货币基金组织(IMF)的大约四分之三的成员国在1980—1996年,遭受过某种形式的银行业危机。Kaminsky & Reinhart(1999)发现,20世纪80年代许多国家爆发了银行业与货币孪生危机。明确界定银行危机较之货币危机更为困难,主要原因在于数据的局限性。

马辉(2009)认为判断银行危机是否发生的方法主要有两种。一种研究方法是基于事件研究的方法,该方法把一些危机事件综合起来确认银行危机的发生。Demirguc - Kunt & Detragiache(1998)认为下述三个条件至少一个得到满足,就认为一国发生了银行危机:①银行体系不良贷款比率超过了10%;②银行的救助成本至少是GDP的2%;③银行救助涉及银行机构的大规模国有化,或者大量的银行存款挤兑,或者其他诸如存款冻结、银行放假以及政府全额担保的紧密措施。该定义适合事后对危机的分析,对于危机的预测意义不大。Goldstein,Kaminsky & Reinhart(2000)认为银行危机的爆发和银行信贷恶化密切相关,指出银行危机开始的标志性事件是:导致一家或更多金融机构的关闭、被兼并,或者公共部门接管的银行挤兑事件;如果没有发生银行挤兑,那么标志性事件就是一家重要的金融机构或金融集团的关闭、被兼并、接管或者政府对其进行大规模支持,并由此引发其他金融机构产生一系列类似的结果。该方法对预测危机较有用,但是有很多时间限制,如确定银行危机的时间对于年度数据来说是可能的,但是对月度数据较难,因此实证建模的可操作性不强。而判断银行危机的另一种方法是构造压力指数,类似于识别货币危机的方法。Hagen & Ho(2003)通过构建货币市场压力指数(Index of Money Market Pressure,IMP)用以识别银行危机,他们将货币市场压力指数定义为中央银行贷款与银行存款之比的变动和货币市场利率变动的加权平均,并将3%作为IMP分布的高端值,IMP超过3%时视为发生了银行危机。

这里采用存款比例RLD(the Ratio of Loan to Deposit,衡量信贷过度风险)、实际利率(Real Interest Rate,估计利率变化风险)和货币供应量MS(Money Supply,这里用M2/GDP指标刻画货币供给失衡风险)来构造银行危机预警指标。银行危机指数BCP(Banking Crisis Pressure)公式为

$$BCP_t = w_{RLD}\left(\frac{RLD_t - RLD_{t-1}}{RLD_{t-1}}\right) + w_{RIR}(RIR_t - RIR_{t-1}) + w_{Ms}\left(\frac{MS_t - MS_{t-1}}{MS_{t-1}}\right) \tag{6-5}$$

BCP是反映存款比例(RLD)的变化、实际利率(RIR)变化和货币供应量(M2/GDP)变化的市场压力指数。权数$w_{RLD}$、$w_{RIR}$、$w_{MS}$的计算方式同货币危机权数计算相同。

2. 泡沫风险压力指数

根据中国资本市场的特点,在中国资本市场里主要的资产泡沫集中表现在股票市场和房地产市场上。马辉、陈守东等(2008)的研究表明,近年来我国房地产市场泡沫持续严重。Alan Greenspan(1999)认为,股市价格上涨与房地产

价格的上涨是相互联系的,所以很难将二者变化对经济的影响完全分开来检验。日本的泡沫风险以及美国的次贷危机都佐证了该论点。因此,考察资产价格泡沫风险时,把股市和房市一起考虑。同时,借鉴构建货币危机压力指数的办法,采用股票价格指数 SR(Stock Price)和房价指数 HR(House Price)合成资产泡沫压力指数 FBP(Financial Bubble Pressure),以刻画我国金融经济泡沫状况:

$$FBP_t = w_{SR}\left(\frac{SR_t - SR_{t-1}}{SR_{t-1}}\right) + w_{HR}\left(\frac{HR_t - HR_{t-1}}{HR_{t-1}}\right) \tag{6-6}$$

FBP 是反映股票价格指数(SR)的变化和房价指数(HR)变化的压力指数。为了更好地刻画股价和房价的变化情况我们采用同比变化率来反映资产泡沫变化,权数 $w_{SR}$和 $w_{HR}$是每个变量的相对精度,相对精度通过每个变量的标准差的倒数来确定。权数的计算式是这两部分的方差相等。

$$w_i = \left(\frac{1}{StDEV_i}\right) \Big/ \left(\frac{1}{StDEV_{SR}} + \frac{1}{StDEV_{HR}}\right) \tag{6-7}$$

### (二)区域金融稳定预警模型基本原理

在预警模型的不断发展的过程中,越来越多的学者把目光投向了马尔科夫区制转移模型,马尔科夫区制转移模型(Markov Switching Model)的优点是,不需要危机发生的前段数据,并且采用了更少的分布假设。因此可以避免之前的一些预警模型的确定,既不会丢失历史信息,也不会产生"视窗排除"的问题。马尔科夫区制转移模型采用使用最大似然法则预测危机发生概率,还可以预测出危机发生的时机和特征。同时该模型不用将连续变量转换成二元变量且不使用视窗排除原理,从而不会产生样本信息丢失问题,变量的动态信息能够得到完整保存。也将运用马尔科夫区制转移模型构建预警模型。

MSVAR 模型可以实现区制转移的平滑概率分析。通过控制不同区制状态变量值 st,,及其之间的变化来获取取值之间的变化概率。

MSVAR 的一般模型如式(6-8)

$$y_t = v(s_t) + A_1(s_t)y_{t-1} + \cdots + A_p(s_t)y_{t-p} + \varepsilon_t \tag{6-8}$$

$y_t = (y_{1t}, . . . , y_{nt})$是个 $n$ 维向量,$A_1, \cdots, A_p$ 是变量自回归的矩阵函数,$v$ 是截距项,$\varepsilon_t$ 是噪音变量,且服从 $\varepsilon_t \mid s_t \sim NID(0, \sum(s_t))$ 。MSVAR 一般模型还可以实现特殊区制的转移。

在式(6－8)中,截距项被假设用来设置其他变量以外的表示状态的均值量。① 截距项转移特殊值用来记录各区制之间平滑转移的界限。换句话说就是区制转移的均值。这个特性可使我们记录下状态由一个状态转移到另一个状态的一次性跳跃。

采用 Hamilton (1989)的四个参数的两区制转移模型:

$$y_t - \mu_{s_t} = \phi_1(y_{t-1} - \mu_{s_{t-1}}) + \phi_2(y_{t-2} - \mu_{s_{t-2}}) + \phi_3(y_{t-3} - \mu_{s_{t-3}}) + \phi_4(y_{t-4} - \mu_{s_{t-4}}) + \varepsilon_t \tag{6-9}$$

满足 $\varepsilon_t \sim N(0, \Sigma)$　　$s_t = 1, 2$。

注意这个方程只是方程式(6－8)的特殊形式,这里 $\mu$ 值的均值所代表的意思是区制转移值。在 Krolzig(1997)的经典论述中,这是一个 MSM (2) – AR (4)模型。

这里准确定义 $y_t$值从一个区制转移到另一个区制的行为的概率规则,这个状态的描述就可以完成。马尔科夫链是最简单的时间序列模型,它可以用来实证非连续的随机变量,如不可观测的状态变量 $s_t$。所有的 MS – VAR 特殊式中,都假设不可观测的状态变量 $s_t$服从马尔科夫过程的第一命令。隐含意思是说现在的状态情况 $s_t$取决于之前一个状态 $s_{t-1}$。

$$P\{s_t = j | s_{t-1} = i, s_{t-2} = k, \cdots\} = P\{s_t = j | s_{t-1} = i\} = p_{ij} \tag{6-10}$$

这里 $p_{ij}$给出了从状态 $i$ 到状态 $j$ 的转移概率。

这些转移概率可以组成一个(N × N)的转移矩阵,把这个矩阵定义为 P。矩阵的元素 $p_{ij}$代表的是每个状态 $i$ 转移到状态 $j$ 的概率。

$$P = \begin{bmatrix} p_{11} & p_{21} & \cdots & p_{N1} \\ p_{12} & p_{22} & \cdots & p_{N2} \\ \vdots & \vdots & \cdots & \vdots \\ p_{1N} & p_{2N} & \cdots & p_{NN} \end{bmatrix}$$

变量服从 $\sum_{j=1}^{N} p_{ij} = 1 \quad \text{where} \quad i = 1, 2, \cdots, N \quad \text{and} \quad 0 \le p_{ij} \le 1$　　(6－11)

对于一个两区制的案例来说,我们可以用一个两个元素的(2×1)的向量 $\hat{\xi}_{t|t}$ 来表示,它的第一个元素是 $P(s_t = 1 | \psi_t)$ , $\psi_t = \{\psi_{t-1}, y_t\}$ , $\psi_{t-1}$ 包括了 $y_t$

① 注意截距项 $\nu$ 通过公式 $\mu(s_t) = \nu(s_t)\{I - A_1(s_t) - \cdots - A_p(s_t)\}^{-1}$ 计算 $y_t$ 的均值。

的过去值。如果我们知道$\hat{\xi}_{t-1\mid t-1}$,我们便可以直接根据 $t-1$ 时期的值来预测 $t$ 时刻的区制值,并且收集两者之间的转换概率,计算出向量。$\hat{\xi}_{t\mid t-1}$ 可以表示成式(6-12)

$$\hat{\xi}_{t\mid t-1} = \begin{bmatrix} P(s_t = 1 \mid \psi_{t-1}) \\ P(s_t = 2 \mid \psi_{t-1}) \end{bmatrix} \tag{6-12}$$

我们可以规定概率法则:使可观测变量 $y_t$ 在状态 $s_t$ 和 $\psi_{t-1}$ 的基础上计算转移概率向量 $\eta_t$:

$$\eta_t = \begin{bmatrix} f(y_t \mid s_t = 1, \psi_{t-1}) \\ f(y_t \mid s_t = 2, \psi_{t-1}) \end{bmatrix} \tag{6-13}$$

$y_t$ 和 $s_t$ 联合概率分布可以通过式(6-14)给出:

$$f(y_t, s_t = j \mid \psi_{t-1}) = f(y_t \mid s_t = j, \psi_{t-1}) P(s_t = j \mid \psi_{t-1}) \text{ , j } = 1,2 \tag{6-14}$$

第 $t$ 期观测值的条件概率密度是对 $s_t$ 状态所有值的加总。对于两区制的案例来说就如式(6-15):

$$f(y_t \mid \psi_{t-1}) = \sum_{s_t=1}^{2} \sum_{s_{t-1}=1}^{2} f(y_t \mid s_t, \psi_{t-1}) P(s_t \mid \psi_{t-1}) = \eta' \hat{\xi}_{t/t-1} \tag{6-15}$$

最后,$\hat{\xi}_{t\mid t}$ 的输出值可以通过 $\hat{\xi}_{t-1\mid t-1}$ 输入值并根据 Hamilton (1994, Chapter 22)的最大似然函数计算估计法计算得出。

# 07 第七章 北京金融业稳定状况分析

## 第一节　北京金融生态环境分析

北京作为我国的首都汇聚了许多大型公司的总部,我国的证监会、银监会、保监会、中央银行总部也都在北京,因此在信用体系和金融监管方面,北京比其他区域更具有发展优势和潜力。但是,也正由于特殊的政治氛围,北京的金融生态环境也存在一定的问题。因此,我们有必要考察北京市的金融生态环境。

周小川指出,金融生态环境是指由居民、企业、政府等部门构成的金融产品和金融服务的消费群体,以及金融主体在其中生成、运行和发展的经济、社会、法制、文化、习俗等体制、制度和传统环境。

### 一、北京的经济发展状况

北京市的经济发展状况深刻影响着北京金融的生态环境。地区经济发展良好,意味着实体经济和金融业都在不断增强和完善。进行经济活动的企业和公司在不断发展和完善的情况下,资金需求加大,活跃了北京的金融市场,促进了金融业务的发展和金融机构规模的扩大,提高了金融机构的抗风险和消化不良资产的能力。同时,在好的经济情势下,银行的不良贷款率下降,提高了银行的贷款质量,有利于地区金融的稳定。

表 7.1.1　2010—2016 年北京地区生产总值

| | 2010 | 2011 | 2012 | 2013 | 2014 | 2015 | 2016 |
|---|---|---|---|---|---|---|---|
| 北京生产总值(亿元) | 25669.1 | 23014.6 | 21330.8 | 21330.8 | 17879.4 | 16251.9 | 14113.6 |
| 人均地区生产总值(元) | 114653 | 106497 | 70452 | 66797 | 61274 | 52054 | 45993 |

数据来源:国家统计局。

金融危机后,全球经济出现下行,虽然我国受到了一定的影响,但在政府的积极调节下,到2016年末,地区经济还是保持了平稳较快增长。

## (一)经济运行总体向好

2008年以来,面对国际金融危机的冲击和国内经济增长环境的新变化,全市上下努力推动稳增长、促改革、调结构、惠民生。经济普查数据和2016年初步统计数据显示,近年来,全市经济运行总体保持平稳,调结构、转方式取得积极进展,经济增长质量和效益稳步提高。

## (二)投资稳步增长

全年完成全社会固定资产投资8461.7亿元,比上年增长5.9%。其中,完成基础设施投资2399.5亿元,增长10.3%。从基础设施投资投向上看,交通运输投资973亿元,所占比重为40.6%;公共服务业投资643.8亿元,所占比重为26.8%。

完成民间投资2766亿元,下降5.6%。分产业看,第一产业投资99.8亿元,比上年下降10.1%;第二产业投资722.9亿元,增长6.8%;第三产业投资7639亿元,增长6.1%。

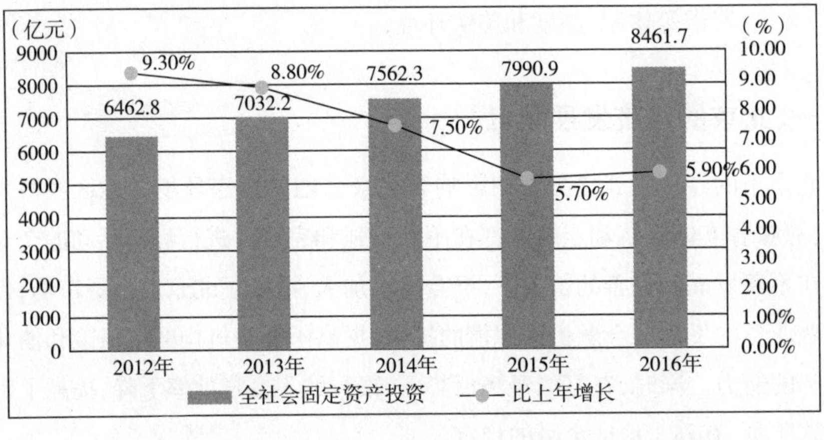


图7.1.1 2012—2016年全社会固定资产投资及增长速度

数据来源:北京市人民政府网站。

## (三)工业、服务业增势平稳,企业效益总体表现较好

2016年,全市实现工业增加值3884.9亿元,比上年增长5.0%。其中,规

模以上工业增加值增长5.1%。在规模以上工业中,国有控股企业增加值增长6.7%;股份合作企业、外商及港澳台企业增加值分别增长9.3%和8.5%;高技术制造业、现代制造业、战略性新兴产业增加值分别增长3.4%、11.9%和3.8%。规模以上工业实现销售产值17447.3亿元,增长2.7%。其中,内销产值16500.4亿元,增长3.7%;出口交货值946.9亿元,下降11.9%。

### (四)科技、文化双轮驱动作用日益增强

科技创新驱动呈现积极变化,2016年研究与试验发展(R&D)经费支出1479.8亿元,比上年增长6.9%,相当于地区生产总值的比例为5.94%。全市研究与试验发展(R&D)活动人员36.2万人,比上年增长3.0%。专利申请量与授权量分别为189129件和100578件,分别增长21.0%和7.0%,其中发明专利申请量与授权量分别为104643件和40602件,分别增长17.7%和15.0%。全年共签订各类技术合同74965项,增长3.7%;技术合同成交总额3940.8亿元,增长14.1%。

## 二、法制环境建设

法制环境建设与金融生态环境密切相关。法律法规既能规范金融主体的行为、构建金融市场的公平竞争机制,又能规范政府与企业的关系,为金融机构创造良好的制度与政策环境。因此,要构筑良好的金融生态环境,离不开完善的法律法规体系。

目前,我国金融法律体系分为三个层次:首先是全国人大通过的法律,如《中国人民银行法》《商业银行法》《证券法》《保险法》等;其次是国务院颁布的有关行政法规,如《外资机构管理条例》《外汇管理条例》等;再次是财政部、人民银行、证监会、保监会等制定的管理办法和规定。对于地区来说,还有最后的层次,即地方政府制定的意见和建议。

2008年6月,北京市委、市政府出台《关于促进首都金融业发展的意见》,明确了首都金融业发展的指导思想、首都金融业的定位和工作目标,并从优化金融发展环境、深化金融功能区规划建设、聚集金融机构和人才、强化投融资市场体系建设、加大金融支农力度等十个方面提出了具体措施,进一步完善支持金融业持续健康发展的相关政策措施。2009年3月,人民银行营业管理部修

订了《商业银行相关业务指引》，为落户北京的银行机构提供高效服务。同一月内，北京市政府发布了《加快推进北京丽泽金融商务区开发建设实施的工作意见》推动新兴金融功能区建设。该功能区的建设不仅有利于北京市其他金融功能区形成功能互补、合作共赢、协同发展的格局，促进首都金融又快又好发展，还将促进南城地区城市功能提升和产业层次跃升，进一步提高地区经济社会的发展能力。同时，北京市人民政府发布《关于金融促进首都经济发展的意见》，目的在于做好保增长、保民生、保稳定工作，加大金融支持力度，促进首都经济平稳较快发展。2015 年 8 月，北京市人民政府正式印发了《关于加快发展现代保险服务业的实施意见》，进一步明确了现代保险服务业发展的总体目标、重点任务、政策措施等，将其作为当前和今后一个时期北京市发展现代保险服务业的总纲领、总规划、总部署。《实施意见》聚焦公共服务领域的改革创新，重点在转变政府职能、提高公共服务效率、降低行政运行成本、社会风险防控等方面，力求在体制机制层面取得突破。2016 年 1 月，中国政府网全文公布了国务院印发的《推进普惠金融发展规划(2016—2020 年)》。规划提出，鼓励大型银行加快建设小微企业专营机构，拓宽小额贷款公司和典当行融资渠道，加快接入征信系统，研究建立风险补偿机制和激励机制，积极运用差别化存款准备金等货币政策工具，从而更快更好地促进北京金融业的发展。

## 三、金融监管体系

金融监管是政府对宏观经济进行干预或规范的必要手段。政府通过金融监管防范和化解金融风险，维护金融体系的稳定与安全，促进公平竞争，提高金融效率，保证我国金融业的稳健运行和货币政策的有效实施。因此，拥有完善的金融监管体系是国家稳定和经济发展必不可少的条件。而完善的金融监管体系不仅要求我们有适合的金融监管模式，还要求我们有较高的金融监管效率。

### (一)我国的金融监管模式

目前，我国实行以“一行三会”为基本格局的金融分业监管模式，即由中国人民银行制定和执行货币政策，防范和化解金融风险，维护金融稳定；银监会监督管理银行、金融资产管理公司、信托投资公司以及其他存款类金融机构；证监会监督管理证券市场、证券业、期货业、基金公司；保监会则对保险业进行监督管理。

1992年,证监会(全称为中国证券监督管理委员会)成立,是国务院直属机构。1998年,原国务院证券委员会及中国人民银行对证券经营机构的监管职能划归中国证监会。中国证监会成为全国证券期货市场的主管部门,按照国务院授权履行行政管理职能,依照法律、法规对全国证券、期货业进行集中统一监管,维护证券市场秩序,保障其合法运行。

1998年,保监会(全称为中国保险监督管理委员会)成立。它是国务院直属正部级事业单位,根据国务院授权履行行政管理职能,依照法律、法规统一监督管理全国保险市场,其职责包括研究和拟定保险市场的方针政策、发展规则;起草保险市场的有关法律、法规;制定保险市场的有关规章;依法监管保险公司及保险市场中的中介机构等,维护保险业的合法、稳健运行。

2003年,第十届全国人民代表大会通过了《关于国务院机构改革方案的决定》,批准国务院成立中国银行业监督管理委员会,随后的第十届人民代表大会常务委员会第二次会议确定中国银监会履行原由中国人民银行履行的审批、监督管理银行、金融资产管理公司、信托投资公司及其他存款类金融机构等相关职责。至此,中国人民银行的微观金融监管职能已全被剥离出去,开始专注于宏观调控,维护金融稳定,而银监会、保监会、证监会则形成分工明确、互相协调的金融分业监管体制。

目前,我国金融业实行的是分业经营,在这一模式下,银监会、证监会、保监会打破了长期以来的监管权力垄断,不仅有利于集中专门人才,加强监管的专业性,提高监管水平,还有利于中央银行集中精力有效地制定并执行货币政策。

但是,随着近几年国内金融业的发展,我国出现了较多的金融混业现象,如成立金融控股集团、商业银行代销保险、商业银行基金等。此外,从发达资本主义国家的发展过程上看,金融混业经营已成为一个大趋势,这对我国目前的分业监管模式提出了挑战。

### (二)我国的金融监管效率

金融监管效率有两层含义:一是通过监管保护金融消费者的利益,促进被监管者市场竞争能力的提高和抗风险能力的增强,并由此提高整个金融业的效率;二是监管当局降低监管成本,提高监管本身的效率。

金融监管是否具有效率,要看一项监管政策,从制定到执行,所耗费的成本是否小于最终获得的收益。如果是小于最终获得的收益,则从经济意义上说,这项监管是有效率的,反之,则这项监管是缺乏效率的。事实上,由于金融监管自身具有天然的垄断性,监管当局无须考虑其政策的运行成本,这就极易导致监管的低效率甚至无效率。

首先,从监管收益看,金融监管的收益是金融监管目标的实现。目前,我国金融监管目标很明确,即防范风险、保护公众利益、维护金融业合法稳健运行。但这个目标也很笼统,如何在实践中实现这一目标,既没有对监管工作制定的考核标准,也没有明确的惩罚机制。职责不清,责任不明,极大地影响了监管效率。另外,我国目前的金融监管很难跟上金融业发展和创新的速度,对于目前越来越多的混业经营现象和金融创新产品,没有适用的法律法规和明确的监管主体,因此出现监管"真空"。

其次,从监管成本看,我国监管部门繁多,除了有"三会"分别监管银行、证券、保险,还有许多监管部门。例如,财政部是国债市场的主要管理者;企业债券属于国家发展改革委员会管理;而外汇和股票又受到国家外汇管理局等政府部的监督管理。这些部门的监管职能既有各类金融业务资格的市场准入管理权,也有对违法违规行为调查和惩处的权利。监管机构重叠、职能交叉造成重复监管,造成管理资源的浪费,降低监管的有效性,导致金融秩序的混乱。

总的来说,我国金融监管效率还不高,金融监管体系还需进一步完善。

## 四、北京金融发展水平

地区金融生态环境的差异直接造成了各地区金融效率的差异。金融生态环境好的地区会形成资金的"洼地效应",和其他地区比起来,该地区资金总量增加、金融规模扩大、金融体系更成熟。因此,一个地区的金融发展水平也反映出该地区金融生态的优劣。

### (一)银行业的发展现状

1. 银行业规模不断扩大

2016 年,北京市银行业金融机构资产总额同比增长 9.8%,增速同比下降 3.7 个百分点;实现利润同比增长 15.6%,增速同比上升 6 个百分点,但剔除部分机构利润基数大幅波动等干扰因素后,银行业金融机构利润实际增速有所下降;银行业金融机构数量增势放缓,2016 年末机构网点总数同比增长 1.9%;法人金融机构数量较上年增加 1 家；银行支付业务快速发展，2016 年末银行卡发卡量累计达到 2.1 亿张，全年新增 2595 万张。

目前，我国银行业已经形成了以四家大型商业银行为主，各股份制商业银行、城市商业银行以及农村合作机构共同发展的局面（见表 7.1.2）。

表 7.1.2　2016 年北京市银行业金融机构情况

| 机构类型 | 营业网点 | | | 法人机构（个） |
|---|---|---|---|---|
| | 机构个数 | 从业人员 | 资产总额（亿元） | |
| 国有商业银行 | 1827 | 53326 | 78829 | 0 |
| 政策性银行 | 18 | 914 | 16738 | 0 |
| 股份制商业银行 | 951 | 24232 | 49450 | 0 |
| 城市商业银行 | 378 | 11440 | 23326 | 1 |
| 小型农村金融机构 | 694 | 8862 | 7236 | 1 |
| 财务公司 | 72 | 4662 | 25972 | 71 |
| 邮政储蓄 | 568 | 3230 | 4428 | 0 |
| 外资银行 | 122 | 4406 | 3757 | 9 |
| 新型农村机构 | 38 | 761 | 249 | 10 |
| 信托公司 | 11 | 2662 | 1006 | 11 |
| 其他 | 12 | 4088 | 4961 | 12 |
| 合计 | 4691 | 118583 | 215952 | 116 |

数据来源：2017 年北京市金融运行报告。

## 2. 银行类金融机构竞争加强

### （1）中间业务竞争

我国商业银行的中间业务主要有结算业务、代理业务、咨询业务、保管业务等。我国商业银行没有将中间业务当作一项主业和新的利润增长点来经营，而是作为吸引客户的一种手段。为了吸引客户，商业银行以低价或免费进行着无序竞争。例如，代收水电费、代发工资等中间业务，通常情况下都是被作为拉存款、拉客户的一个赠送品，基本上都不收费。久而久之，不论委托方，还是用户，在享受着一些中间业务带来便捷的同时，也都觉得免费是理所应当的。这带来的一种必然结果是：随着银行开办的中间业务越来越多，由此占用的场地、网络、人力、技术资源也日益增加，银行的经营成本日渐上升，加之随着利率的调低，银行赢利空间则不免显得窘迫。当一家银行为客户提供两种或三种服务时，客户的忠诚度比起只接受一种服务会明显提高。

由于我国商业银行中间业务起步比较晚,政策、市场、法律和制度都不完善。银行间竞争的主流趋势是产品创新能力和服务能力,但在目前产品同质化严重,市场定位趋同的情况下,部分银行经营机构仍然将价格作为竞争的主要手段,尤其是在对公领域,为了争夺优质客户,银行竞相压价或是降低条件,一方面减少了中间业务的收入,另一方面也埋下了风险的隐患。而随着银联、结算网络等的发展,银行间资源的共享性日益突出,使得利益冲突加剧,竞争加剧。

(2)客户的竞争

随着竞争日渐激烈,商业银行渐渐意识到真正为商业银行创造财富的是外部的客户资源,客户群体状况在很大程度上影响着商业银行的兴衰。目前,绝大多数银行都以"大型城市,大型企业"为目标市场和客户,对高质量顾客和企业的争夺日益激烈。北京作为我国的首都,积聚了大量大型公司,企业的总部,总部经济明显,各个商业银行均在北京设立分支机构,发展业务,争夺大客户。

3. 银行类金融机构经营业务多元化

银行改变经营方式,除传统的存贷业务外,开始重视发展中间业务、零售业务,增强经营业务的多元化,如我国商业银行陆续推出的信用卡、信息咨询、租赁、代保管、房地产金融服务、担保、承兑、信用证等业务;加大销售开放式基金、代理保险、国际结算业务、外汇业务等力度。随着我国对商业银行分业经营的限制的放宽,银行系基金公司、保险公司纷纷出现,如中国银行的中银国际基金管理公司、工商银行的工银瑞信基金管理有限公司、交通银行的交银施罗德基金管理有限公司。

## (二)证券业的发展现状

1. 证券机构运行平稳,上市进程有序推进

表7.1.3 2016年北京市证券业基本情况

| 项目 | 数量 |
|---|---|
| 总部设在辖内的证券公司数(家) | 18 |
| 总部设在辖内的基金公司数(家) | 31 |
| 总部设在辖内的期货公司数(家) | 19 |
| 年末国内上市公司数(家) | 281 |
| 当年国内股票(A股)筹资(亿元) | 1504 |

数据来源:2017年北京市金融运行报告。

2016年末，辖内法人证券公司18家，与上年相同；法人期货公司19家，较上年减少1家；期货分支机构95家，较上年增加1家；法人基金公司19家，较上年增加2家。法人证券公司资产总额7593.9亿元，同比下降9.5%；法人基金公司管理基金年末资产净值1.6万亿元，同比下降8%。2016年，中信建投证券股份有限公司在香港上市，中国银河证券股份有限公司在上海交易所的首发申请获证监会核准，国都证券有限责任公司在全国股份转让系统挂牌，要素市场较快发展，服务实体经济能力进一步提升。

2. 多层次资本市场体系建设稳步推进

2016年，法人证券公司营业收入同比下降38.4%。证券公司收入的主要来源仍集中在证券经纪业务、投资收益和投资银行业务，分别为160.1亿元、134.8亿元和132.7亿元。期货公司资产总额同比增长20.7%；期货代理交易额48.3万亿元，利润总额11.2亿元。辖区法人基金公司管理基金514只，同比增长33.9%。2016年，北京辖区法人基金管理公司新发基金171只，同比增长27.6%；新发基金首次募集金额同比增长4.6%。

2016年末，全国中小企业股份转让系统挂牌公司总数达10163家，较上年增加5034家；总股本和总市值同比分别增长97.7%和65%；挂牌公司共实现股票融资同比增长14.4%。北京四板市场挂牌企业90家，较上年增加13家；四板市场实现股权融资同比增长112.3%；债权融资45.1亿元，同比增长55.7%。

## （三）保险业的发展现状

1. 保险机构经营持续向好

2016年末，北京共有保险总公司45家。其中，财产险公司16家，人身险公司29家，保险分公司100家，外资代表处79家；保险专业中介法人机构404家，保险专业代理机构7102家，保险销售从业人员13.2万人。全年原保险保费收入同比增长31%（见表7.1.4）。

**表7.1.4　2016年北京市保险业基本情况**

| 项目 | 数量 |
| --- | --- |
| 总部设在辖内的保险公司数（家） | 45 |
| 其中：财产险经营主体（家） | 16 |
| 寿险经营主体（家） | 29 |

续表

| 项目 | 数量 |
| --- | --- |
| 保险公司分支机构(家) | 100 |
| 其中:财产性公司分支机构(家) | 42 |
| 寿险公司分支机构(家) | 58 |
| 保费收入(中外资,亿元) | 1839 |
| 其中:财产险保费收入(中外资,亿元) | 392 |
| 人身险保费收入(中外资,亿元) | 1447 |
| 各类赔款给付(中外资,亿元) | 596.6 |
| 保险密度(元/人) | 8467.8 |
| 保险深度(%) | 7.39 |

数据来源:2017 北京金融运行报告。

2. 各保险品种发展均衡

2016 年,北京地区财产险公司实现保费收入同比增长 8.6%;累计赔款支出同比增长 11.8%。其中,车险业务和非车险业务保费收入同比分别增长 7.3% 和 11.4%。受利率下行、费改产品集中涌现和代理人队伍快速扩张的影响,2016 年北京市人身险公司保费收入同比增长 38.7%;非保险合同业务本年新增交费同比增长 68.7%。

3. 风险保障作用持续增强

2016 年末,安全生产责任险已覆盖 31 个行业,累计投保企业 2.1 万家,提供风险保障 895.5 亿元。新农合"共保联办"已覆盖 11 个区,服务的参合人群达 188.5 万。全市政策性农业保险保费收入同比增长 4.4%。医疗责任保险投保医疗机构 1288 家,提供风险保障 11.3 亿元,累计处理纠纷 798 件,赔款支出 0.7 亿元,对快速化解医患纠纷起到重要作用。

## 第二节　北京金融业稳定的现状分析

### 一、银行业的稳定性分析

#### (一)新兴业态蓬勃发展、优质金融资源加速聚集

2016 年北京市非金融机构支付服务业资产总额同比增长 36.4%;营业收

入同比增长30.6%。金融信息服务业资产总额同比增长29.8%;营业收入同比增长63.6%。2016年,共有26家法人金融机构落户北京。继亚洲基础设施投资银行(以下简称亚投行)之后,作为又一新设的国际金融组织,亚洲金融合作协会总部选址北京;全球最大的信用卡组织VISA在京设立中国总部;非银行支付机构网络支付清算平台(网联)落户北京;中关村银行作为北京首家民营银行正式获得批筹,百信银行作为首家互联网直销银行落户北京;人保养老、北京人寿等17家保险及保险中介法人机构获批,联通集团财务公司、京粮集团财务公司、新华联财务公司相继开业;国家级政策性担保公司国家农业信贷担保联盟有限公司在京设立;保险产业园加快建设,已有中国保险信息技术管理有限责任公司等18家机构入驻。

### (二)资本市场表现活跃、资本水平居全国首位

截至2016年末,北京共有A股上市公司281家,总股本2.3万亿股,占全国的41.54%,总市值12.2万亿元,占全国的24.1%,居全国第一。新三板挂牌公司1479家,四板累计服务中小微企业4199家,累计融资额131.05亿元。2016年,北京地区17家新增的A股上市公司通过首次公开发行股份(IPO)募集资金130.3亿元,占全国的8.2%。

### (三)资产质量改善

在提高资产质量方面,商业银行做了很大的努力,主要有以下措施:第一,各商业银行均按照中国人民银行的要求,全面推行贷款五级分类管理,而中国工商银行更是在五级分类的基础上,将贷款细化分类为十二级,以加强对信贷资产的管理力度。第二,各商业银行逐步建立贷款信用风险拨备体系,加大对不良贷款的核销、清收和转化力度,强化抵押担保,改善贷款质量。第三,各商业银行再造授信流程,规范贷款发放的初选、调查、审查、审批等环节,避免贷款发放的盲目性,以优化新增资产的质量。第四,各行按照内部综合评价指标定期对客户进行信用评级,以此作为选择客户,确定授信形式、数额、期限,进行授信决策、贷款定价和确定授信担保方式的重要依据,强化对风险的预测和贷前控制。同时,各商业银行开发了在线评级系统,建立了分行业的评价体系。第五,各商业银行依托技术优势,成立信贷在线监控中心,实现信贷业务非现场实时监控。

截至 2016 年末,北京银行业不良贷款余额 453.6 亿元,不良贷款率 0.60%,远低于 2016 年全国商业银行的不良贷款率 1.74%。

表 7.2.1 2010—2016 年北京地区银行不良贷款率

| | 2010 | 2011 | 2012 | 2013 | 2014 | 2015 | 2016 |
|---|---|---|---|---|---|---|---|
| 北京地区银行不良贷款率/% | 0.60 | 0.84 | 0.47 | 0.44 | 0.59 | 0.53 | 1.01 |

数据来源:中国银行监督委员会。

### (四)外资银行对北京金融业稳定的影响

随着金融一体化进程的不断加快,我国银行业已经对外开放,相当一部分外资银行已经进入我国金融市场。一方面,外资银行和本国银行竞争,可以提高国内市场金融服务的质量和可获得性,同时促进本国银行更好地使用现代金融技能和技术;促进我国银行监管技术和法律基础设施的建设;有利于我国进入国际资本市场获得资本。但是另一方面,外国商业银行的进入导致我国银行结构和金融创新复杂化,监管难度增大,银行体系的不稳定性增强。

## 二、证券业的稳定性分析

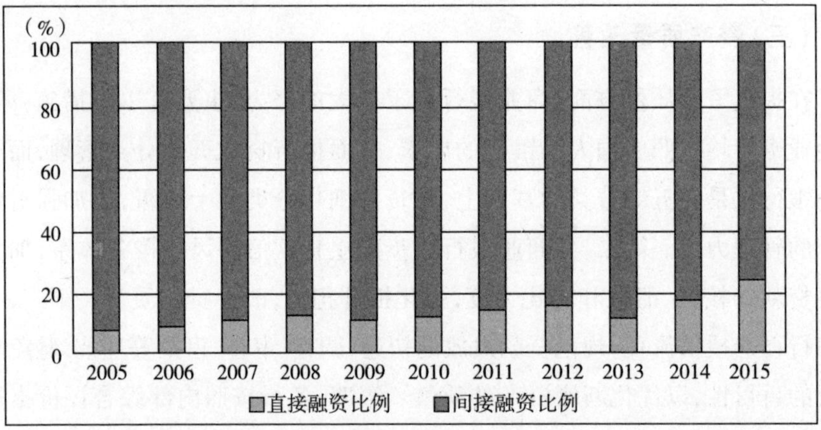


图 7.2.1 我国直接融资与间接融资比例关系

从 2005 年到 2015 年,我国金融市场通过银行的间接融资比重平均占 80% 以上(图 7.2.1)。虽然我国间接融资仍然占主导地位,但直接融资比例在逐年升高。从最近我国重新启动 IPO、创业板开始上市和新股的密集发行来看,我国的股票市场在逐步发展壮大，它对我国金融市场的影响也日益加剧，其稳定直接影响着我国金融市场的稳定性。

## (一)股票市场大幅波动

虽然我国股市这样激烈的变化是受到了国家宏观经济政策和国际金融危机的刺激，但是同次贷危机的发源地——美国比起来，我国的股票市场的震动程度要剧烈得多(见图7.2.2)。分析其原因，我国的资本市场是一个体系不够健全的市场，在面对国际资本时，很容易遭受外来资本的攻击。同时，我国资本市场缺少层次，会出现交易过度集中和投机过度的现象。而且，我国资本市场缺少风险管理和对冲工具，投资者风险承受能力偏低，市场稳定性差，这样，当遇到外来诱发因素时，便极易发生系统风险，使市场发生较大震荡。

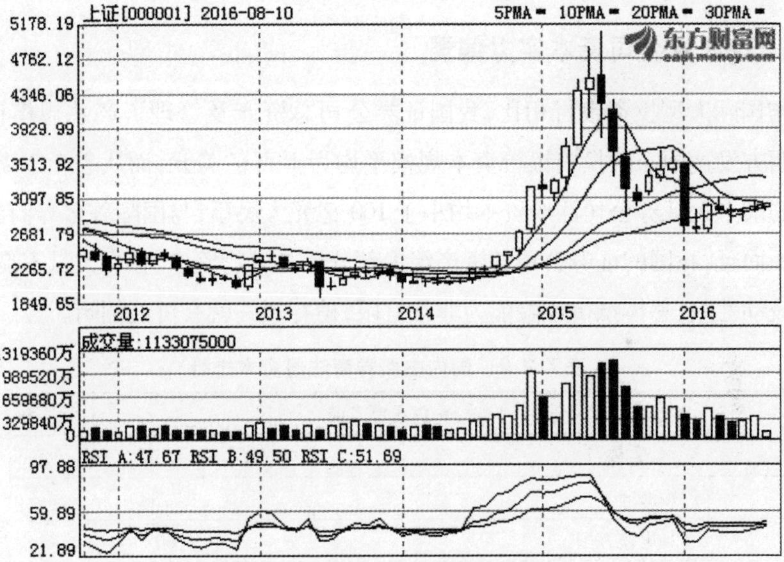


图7.2.2　我国上证指数走势图

## (二)债券市场与股票市场发展不平衡

从世界各国，特别是发达国家来看，债券市场一般是资本市场的重要组成部分，无论是在规模上，还是增长速度上都远远超过股票市场，而国外资本市场之所以形成债券市场与股票市场两翼齐飞的良性局面，是因为，股票与债券是两种不可互相替代的投资品种，它们分别适应融资者的不同需求，满足不同偏好投资需要。而中国则偏重于股票市场，融资者在选择融资时，也往往选择股权融资。在中国,几乎形成了大力发展资本市场就是发展股票市场的概念。

截至2015年9月,中国债券市场的债券托管余额达45.30万亿元,仅次于美国、日本,位列世界第三。其中场外市场交易量占到交易总额的80%以上,是投资者交易的最主要场所。主要的交易参与者是各类金融机构,集中度较高,投资者结构不够多元化。当前,我国债券市场券种创新不断,国际化程度进一步加深,发展态势良好,但信用债违约问题仍不容小觑。

股票市场与债券市场的不平衡发展,一方面使我国企业融资结构单一,无法达到理论上最优的资本结构,影响其经营效益,进而影响经济的发展;另一方面使广大机构投资者和个人投资者的投资渠道单一,没有足够的金融工具来进行多元化投资,分散风险。当股票市场受到冲击时,极易带来我国金融机构和投资者的大量损失。

### (三)证券公司资本实力偏弱

与国际大型投资银行相比,我国证券公司总资产及管理资产总规模仍然过小。西方发达国家的投资银行资本规模平均为上百亿美元,而从表7.2.2来看,我国的前十大证券公司注册资本均小于100亿元人民币,与国际著名券商的差距巨大。而且,我国的证券公司的资产绝大部分还是实物资产,存在大量不良债权,资产流动性差,总体抵御风险能力非常有限,稍有损失就有可能倒闭。

**表7.2.2　国内主要券商注册资本排行**

| 国内主要券商 | |
|---|---|
| 名称 | 资本金(亿元人民币) |
| 1. 海通 | 87.34 |
| 2. 申银万国 | 60 |
| 3. 中国银河 | 45 |
| 4. 国泰君安 | 40 |
| 5. 申银万国 | 34.58 |
| 6. 华夏证券 | 28.01 |
| 7. 广大证券 | 26 |
| 8. 招商证券 | 25.16 |
| 9. 中信证券 | 24 |
| 10. 渤海证券 | 23.17 |

数据来源:根据网络数据整理。

### (四)证券公司面临的风险复杂

证券行业本身是个高风险的行业,在经营过程中,证券公司会面临各种各样的风险。

首先,就是市场风险。我国的证券公司主要收入是经纪业务、自营业务和一级市场的承销等几项传统的业务,即使是创新能力较高的证券公司,其传统业务的收入特别是证券经济业务占总收入比重仍然偏高,达到50% ~70%,致使证券公司的收入与市场波动的相关性较强,所面临的市场风险较大。

其次,价格风险。证券公司在开展承销、自营和对冲的过程中,不可避免地持有大量的股票、债权和金融衍生证券,在我国,由于金融资产定价技术的不足和市场较强的投机性,金融资产价格波动频繁,加大了证券公司的风险。

最后,证券行业是高负债行业,高负债意味着证券公司所面临的风险都被放大了。比如操作风险,工作人员一个小小的失误就会造成巨大的损失。在高杠杆下,风险控制的难度也增加了。

## 三、保险业的稳定性分析

保险公司通常拥有监管要求较多的资本,而且机构之间紧密度较低,再加上寿险募集来的资金一般都进行中长期的价值投资,因此保险业被认为是抗风险能力最强,最稳定的金融机构,在一国的金融稳定中具有重要的地位。随着近几年,保险业资金运用规模的不断扩大,金融混业化经营的趋势日益加强,保险业对金融稳定带来的影响越来越复杂。

### (一)与系统风险关联度增强

1. 北京保险业服务经济社会发展的能力持续增强

2016年,北京保险市场实现较快发展,保费规模和增速均为2008年金融危机以来的最高水平,为实现“十三五”战略目标打下了良好基础。截至2016年底,行业管理总资产达7124.5亿元,较年初增长16.7%;全行业管理保户储金及投资款2131.4亿元,较年初增长50%。

按照北京市统计局发布的地区生产总值初步核算数据计算,保险深度7.4%,较2015年提高1.1个百分点,保险密度8467.8元/人,较2015年增加

1965.9 元/人,发展水平居全国首位。

2.服务经济社会能力持续增强

北京保险业紧密地围绕首都城市功能定位,加快推动重点领域发展,保险产品服务更加丰富,风险保障作用不断发挥。2016 年,全行业累计赔付支出596.6 亿元,同比增长 17.8%。财产险业务赔款支出 229.3 亿元,同比增长11%;寿险业务赔付支出 280.9 亿元,同比增长 21.2%;健康险业务赔付支出72.7 亿元,同比增长 28.1%;意外险业务赔付支出 13.7 亿元,同比增长19.2%。行业全年累计为全社会承担风险保障 235 万亿元,其中,责任保险为社会各行各业提供各类风险保障7.3 万亿元,政策性农险为8.6 万户(次)农民提供风险保障 258.5 亿元,寿险和健康险为人民群众未来的养老和健康积累准备金 4935.6 亿元。

表7.2.3　北京市保险业务情况

| | 2009 | 2010 | 2011 | 2012 | 2013 | 2014 | 2015 | 2016 |
|---|---|---|---|---|---|---|---|---|
| 保费收入(亿元) | 1839 | 1403.9 | 1207.2 | 994.4 | 923.1 | 820.9 | 966.5 | 697.6 |
| 增长率(%) | 31 | 16.3 | 21.4 | 7.7 | 12.6 | -15.1 | 25.6 | |

数据来源:国家统计局。

## (二)保险机构资本充足率良好

2014 年保险公司偿付能力总体上保持“稳中有升”的态势,主要表现在三方面:一是偿付能力不达标公司数量下降。根据会计师事务所审计和保监会审核后的偿付能力报告,2014 年末全行业有 1 家公司偿付能力不达标,较 2013年末减少 1 家,达标公司占公司总数的比例为 99.3%,达标公司总资产占行业总资产的比例为 99.96%。产险公司和再保险公司连续 4 个季度偿付能力全部达标,且 2014 年末偿付能力充足率均处于充足 II 类(即偿付能力充足率大于 150%)。寿险公司(含健康险公司、养老险公司)中,除 1 家公司偿付能力不达标外,其他寿险公司偿付能力全部达标,且均处于充足 II 类。二是行业资本溢额大幅增长。受保险公司盈利能力提高、资本市场向好以及公司外部融资等多重因素的影响,行业资本溢额大幅增长。2014 年末全行业资本溢额为 7207亿元,较年初增加 3199 亿元,增幅79.8%。三是高风险公司数量下降。保监会对 127 家保险公司基于 2014 年末的情况开展了分类监管评价,按照公司的风险由低到高依次评定为 A、B、C、D 四类。评价结果显示，A 类公司有 43 家，B 类公司有 79 家，C 类公司有 3 家，D 类公司有 2 家。其中，风险低的 A 类公司较年初增加了 7 家，风险严重的 D 类公司较年初减少了 2 家。保监会已对 C、D 类公司采取了限制投资范围、暂停增设分支机构等针对性的监管措施，督促问题公司尽快化解风险。

## 四、北京金融业稳定的重要意义

### （一）北京金融业稳定与北京金融增长的关系

在金融发展过程中，金融机构的种类和数量都不断增加，竞争不断加剧。竞争的压力使各金融机构积极开展金融商品和金融服务创新，各种金融工具尤其是衍生金融工具层出不穷，大大提高了金融机构的风险管理能力。同时，这些金融机构大力发挥规模优势，增强内部控制、不断提高服务质量和管理水平，最终提高了金融机构的运作效率，有利于金融稳定的实现。在金融发展的过程中，法律法规及监管制度也会越来越成熟，从而达到对各方参与者违约风险的控制以及利益的兼顾，使得金融稳定得以提高。

另一方面，金融发展也会对金融稳定产生不利的影响。如现在流行的混业经营，不同类型的金融机构间呈现出业务交叉的发展趋势，从而导致金融风险更容易在彼此之间传播，也大大增大了金融监管的难度，降低了金融监管的有效性，严重地危及金融体系的稳定。

### （二）北京金融业的增长促进北京经济的增长

根据格林伍德、莱文等关于“固定进入费”的研究可知：只有当区域经济发展到一定阶段后，当地居民才能支付其金融服务的“固定进入费”，区域金融市场才得以形成，即区域金融的发展是以区域经济的增长为前提的。反过来，区域金融的发展对区域经济增长具有较大的推动作用。区域金融（或融资）市场形成和发展之后，将提高本区域的全社会储蓄水平，缓解储蓄转化为投资在空间结构上的矛盾，降低转化成本，提高转化效率和资源配置效率，从而对区域经济增长产生较大的推动作用。总之，区域金融发展与经济增长之间是相互作用、相互影响的，区域经济增长先催生出区域金融市场，而区域金融发展到一定水平将推动区域经济更快增长，然后，区域经济的更快增长带动区域金融加速发展……如此循环往复,区域金融发展与经济增长这两个过程相伴演化为螺旋式的上升趋势。

总的来说,金融发展、金融稳定和经济增长是相互交织在一起的。当金融发展停滞或者严重不足时,金融对经济增长的推动作用是难以实现的。而金融发展超越经济发展则既有可能带来经济的快速发展,也有可能因为缺乏有力的实体经济支撑而使风险承担得过多,最终因为风险承担的不可持续性而崩溃。

## 第三节　北京金融业存在的问题及原因分析

### 一、北京金融业存在的问题

目前,北京汇集了全国60%的金融资产、40%的清算业务、60%的上市公司总股本和60%的债券市场融资额,金融业在全国的地位和影响力显著提升,但在对经济发展的贡献方面还存在以下问题:

#### (一)金融市场资源配置能力不强

缺乏全国性和国际性的金融资本市场,资源配置效率低,难以充分发挥首都金融业的独特优势,未能充分发挥产业与金融融合发展的功效,缺乏具有国际与国内影响力的高端金融要素市场。例如,多年来文化创意产业是北京优势支柱产业,略逊于金融业,但由于北京文化要素市场缺位,没有建立起知识产权评估与文化产权交易体系,作品、版权、著作权等知识产权、金融资本在市场中无法实现更大限度的配置与交流,未能实现文化创意产业和金融的有效对接,金融资源配置的先导作用没有充分发挥,优秀文化创意精品无法推广,影响了文化创意产业的持续发展。

#### (二)金融创新能力严重不足

北京金融业在机构创新、业务创新、市场创新、制度创新和盈利模式创新等方面发展滞后。金融业务趋同现象严重,缺乏特色,金融市场上各种金融工具累计不足百种,而全球金融产品达2万多种。金融组织的中间业务收入占比较低,技术含量高的金融新兴业务起步晚、品种少,缺乏适合新时期产业体制需要的金融产品和金融服务创新,中小微企业融资性担保体系创新不足。金融监管体系不完善,以行政性管制为主,监管方式与手段创新不足。金融创新的不足,难以满足具有国际影响力金融中心城市对不同功能金融产品和多样化金融服务的需求以及规避金融风险和降低交易成本的需求,导致金融业发展后劲不足、质量不高,影响金融对实体经济发展的服务支持力度。

### (三)金融国际化水平不高

金融业对外开放步伐缓慢,对外交流合作较少,国际资本进入受限,与国际影响力的金融中心城市差距较大。引进外资的力度与开放度小,在京外资金融机构经营品种少、规模小、服务领域狭窄。地方金融机构的国际业务承接能力较差,在国际惯例、国际标准、国际代理、国际清算和国际监管方面与国际金融业差距较大。金融业竞争不充分,本地金融机构实力不强,金融市场的国际金融参与程度与活力不足,国内和国际的金融竞争力相对较低。

### (四)金融生态环境欠佳

与金融业相对发达的国内其他地区相比,北京在税收政策、各项服务等外部环境方面明显偏弱,政策支持的力度不够,对国内外金融机构和高层次金融人才的吸引力不够大,对科技、文化产业的金融扶持政策体系不够健全。目前仍没有集征集、调查、评价和查询为一体的信用系统,信用秩序较为混乱,严重制约了北京地区企业参与国际市场竞争的能力,增加了首都金融业的交易成本,影响经济顺畅运转。

### (五)金融机构风险管理能力不足

#### 1. 未建立全面有效的风险管理体系

一系列的研究和金融事件表明,金融风险不会只以一种形式存在,往往以复合的形式存在,各种风险之间有一定的相关性,如当利率上调时会影响金融机构资产价值,债务人违约的风险也会上升,利率上升时银行同时面临信用风险和市场风险。风险间的相互影响使风险间表现出一定的相关性,因此,现代的风险管理观念认为,各种风险不能分割地逐一考察,而应该将风险整合起来,进行全面的风险管理。

目前,我国金融机构风险管理体系各种风险都是分门别类,分开管理。而且基本上仍以信用风险控制为主,对信用风险的管理也仅仅停留在识别、估计以及消化不良贷款的层面上,无法实现风险的全面有效管理。

2. 风险管理技术落后

近年来,虽然我国商业银行在风险评估方面取得了一些成就,如贷款五级分类、风险价值方法评估等,但在风险识别与评估的方法和技术上与国外商业银行相比还有较大差距。绝大部分证券公司的风险管理也还仅仅停留在定性管理和感性认识阶段。许多证券公司缺乏有效的风险控制工具,无法对经营活动的风险进行事前识别和评估,更没有能力对经营风险进行实时监测,不少问题只能事后察觉。有的金融机构制定了比较规范的风险管理制度,配备了实时风险监控系统,但缺少定量分析手段,风险计量、预警等功能缺乏科学模型的支持,不利于风险评估的客观性与准确性。

此外,创新的金融工具可以转移价格风险,增加流动性的作用,是金融机构进行风险防范的有效工具。但是,我国的金融创新能力还不够,再加上国内市场环境的限制,部分风险管理和对冲工具还不能充分应用,这也在一定程度上限制了我国证券公司风险管理水平的提高。

## 二、北京金融业存在问题的原因分析

### (一)我国对外开放程度越来越高

在金融全球化的大趋势下,我国金融业对外开放的程度也越来越高。特别是我国 2001 年加入 WTO 以后,承诺了一系列的金融开放条款(见附注),到 2006 年底,这些承诺已基本兑现。

1. 对外开放使金融业竞争加剧

我国对外开放必然导致外资金融机构的进入。外资金融机构和中资金融机构相比,在业务多元化、服务质量、国际声誉、经营技术上具有优势。中资金融机构将面临来自优质客户、业务品种、服务质量上的激烈竞争。外资金融机构将通过争取高质量客户来弥补自己在中国营业网点少、销售渠道少的劣势。如汇丰银行就推出的私人银行业务,为高资产净值的客户和其家族提供私人银行方案,管理财富;在批发业务上以市场前景被看好的企业,如中国的大型集团公司、高新科技企业以及质优民营企业为目标市场。

为应对来自国际的竞争,国内金融机构除了提升自己已有业务的竞争力,还要开拓新的业务领域。我国金融业越来越普遍的混业经营就是这样的一个例子。但新业务的风险却很大,难以对新业务进行正确的定价,同时这些新业务也包含很多高风险的项目。金融机构可能进行"生存赌博"的游戏。因此,如果激励机制不当或者监管不力,外资金融机构的进入会放大国内金融体系的现存问题,国民经济的平稳运行和可持续发展将面临考验。

2. 对外开放使我国受国际金融危机传染的风险增加

我国金融业对外开放以后,国内、国外资本进出我国的门槛大幅下降。这些国外的资本可以通过在华设立金融机构和公司,直接投资于我国股市,以国内金融机构交易金融产品等形式进入我国,其他国家爆发金融危机时,我国金融市场通过国际资本这条纽带受到传染的可能性大大增加。

3. 我国政策实施难度加大

我国央行独立地制定和执行货币政策是一国经济稳定的一个重要保证。但在外资金融机构和外国资本进入的情况下,由于"溢入和溢出效应"使得国内货币政策的自主性受到削弱。"溢入效应"是指外国的货币政策会通过资本的流动波及国内,从而干扰国内货币政策达到预期效果,如国内为降低流动性实施紧缩的货币政策,而外国的货币由于自己国家实行扩张的货币政策而增加,从而抵消部分国内紧缩的货币政策的效应;"溢出效应"是指货币政策没有或只有很小一部分作用于本国经济变量,从而使货币政策部分甚至完全失效。溢入和溢出效应都使货币政策的执行难度加大,中央银行调节经济的能力受到削弱,经济的不稳定因素增强。

## (二)金融监管制度还不完善

1. 现行金融监管模式存在缺陷

目前我国整个金融监管组织体系仍按分业管理模式设置,人民银行、银监会、证监会、保监会四大金融监管机构虽然各有分工、各有工作侧重,但相互间仍然存在职责不清的问题。从监管部门来看,除了有银监会、证监会和保监会分别监管银行、证券、保险外,还有许多其他监管部门。例如,财政部管理国债市场;国家发展改革委员会管理企业债券。这种以分业为基础、令出多门的金融管理模式必然会制约我国金融业的混业化经营和金融市场的国际化运作。

此外,监管机构内部各监管部门之间难以协调,负责审批的不负责监管和检查,负责现场检查的不负责审批和日常监管,各职能部门在实际操作过程中各自为政,难以统筹安排监管任务。这种多头的监管做法不利于金融机构进行全面持续的监管。

2. 缺乏必要的市场约束机制

市场约束主要包括信息披露制度、社会中介机构、社会公众等。信息披露是实施监管的重要环节,金融机构和上市公司的信息充分、准确、及时、连续的被披露出来,便于投资者做出正确的投资决策,优化金融市场的资源配置,同时便于市场各参与者实施有效的监督,发挥市场的约束作用。我国现在虽然要求上市公司需进行信息披露,但是所披露的信息的真实性还不够。社会中介机构主要包括会计师事务所、审计是事务所和信用评级机构等。金融机构在活动中常常需要这些中介机构的调查和监督,这些中介机构又拥有专业的知识和技能,由社会中介机构承担部分监管部门的工作无疑会降低监管成本,提高监管的有效性。然而,目前我国业务水平能够胜任监管工作要求的会计师事务所、审计师事务所凤毛麟角,信用评级机构无权威性可言。社会公众的选择行为关乎金融机构的生存和发展,然而我国的投资者大多做投机性投资,而不是价值投资;存款人只关心利率高低,不考虑金融机构信誉,这大大加剧了金融机构的分析以及我国金融体系的整体风险。

3. 监管方法和手段落后

我国的金融监管机构本身也存在监管经验不足、监管内容和手段不够规范等问题。首先,现场检查缺乏程序化、标准化;其次,非现场监管指标体系还不健全,缺乏专门的信息收集、加工、分析系统,风险预警系统作用难以发挥;再次,金融监管信息未能实现共享;最后,监管的自动化程度不高,主要还是依靠手动操作。

### (三)法制法规还有待改进

1. 立法与我国现行金融监管模式未能相协调

现阶段我国金融业实行银行业、证券业、保险业分业经营、分业监管的模式。但是到目前为止,只有银行业有相对完善的银行业监管的基本法律体系。该体系包括一部真正意义的金融监管法《银行业监督管理法》,修订后的《商业银行法》《中国人民银行法》和新颁布的《银行业监督管理法》。对于证券业和保险业,专门监管法律尚未制定,没有专门的监管法律依据,其监管规则只是分散于相关的金融法律中,或者以行政规章的形式颁布。虽然这些规章对规范金融市场行为发挥了积极的作用,但是规章的位阶较低,实施起来缺少权威性。在现行法律的整体结构上,规章的比重过大。由于没有专门的监管法律,证监会和保监会的权限和职能没有依法被明确的界定,加之这两个机构本身的行政属性,必然会造成以行政命令代替法律的现象。

2. 信息披露的重视程度不够

有效的信息披露是加强市场约束力的必要条件,也是金融业有效监管的基础。我国采取措施加强金融透明度和信息披露的工作,但目前关于信息披露的规范只在中国人民银行《商业银行信息披露暂行办法》等个别金融规章,以及在《会计法》《资本充足率管理办法》《股份有限公司会计制度》等其他法律法规中有一些零星规定,这些规定不仅分散而且缺乏可操作性,与国际通行的监管标准和做法相去甚远。在实践中,国内一些金融机构和金融中介机构信息披露意识淡化、不规范甚至编制虚假信息,损害了投资者利益,阻碍了金融市场的健康发展。

3. 金融机构退出规范的缺失

优胜劣汰是行业竞争的法则,金融业也不例外。由于金融机构涉及众多的投资者、存款人及其他利益相关者,其退出稍有不慎就会影响到社会安定和金融市场的稳定,所以世界各国普遍比较重视对金融机构退出的监管,退出监管规范也是各国金融法律体系中必备的组成部分。

但是,长久以来,在我国的监管实践中存在着监管部门努力确保每一个金融机构不破产、不倒闭的错误倾向,从而忽视了对金融机构退出机制的规定。我国目前还没有专门针对金融机构市场退出的法律,现有的对金融机构退出机制的规定主要散见于《商业银行法》《银行业监督管理法》《保险法》等法律法规中。从内容看,既不系统,又不明确,实际操作起来会掺杂个人主观意识。如《商业银行法》规定接管的条件为"已经或可能发生信用危机,严重影响存款人的利益",如何具体判断,无明确的标准;中国人民银行如何接管、接管后采取哪些必要措施等均无明确规定。

### (四)公司治理结构还不完善

1. 股权集中度高

我国证券公司第一大股东平均持股比例为25.11%,前五大股东总持股比例平均为56.23%。而美国十大投资银行最大股东持股平均比例为7.5%,前五大股东总持股比例平均为16.7%,可见我国证券公司股权集中度水平远远高于美国。过分集中的股权使股东大会形同虚设,中小股东难以在股东大会上通过投票来维护自身利益。而大股东则会滥用控制权,如为执行政府的经济政策,不惜损害金融机构以及中小股东的利益,给公司治理带来一些不利影响。

2. 行政化治理明显

以我国商业银行为例,尽管目前我国商业银行都完成了股份制改造,但国有股比重变化并不大。如农业银行上市前,汇金公司和财政部分别控股50%,上市后汇金公司仍然是第一大股东,持股比例为44.48%。在实际由政府机关作为大股东,控制金融机构的情况下,行政照顾和行政干预是难免的。这样不仅影响了金融行业的竞争性,打击了其他金融机构的积极性,而且使资源不能优化配置,不利于整个金融市场效率的提高。

3. 缺乏有效的激励机制

在金融机构公司治理过程中,有效的激励制度非常重要。我国的金融机构在激励制度设置上存在一定的问题。在行政化治理明显的金融机构,管理者更关注行政激励,而行政激励标准在一定程度上的扭曲,使很多经理人不敢创新,不思进取。对普通员工而言,收入基本上都是相对固定的,与职务、工龄有关,大家努力的目的就是为了升职,以获得各种各样的优惠和福利,不会考虑银行的长远利益。金融机构中经济激励也是存在的,而且这些激励还不低。有数据表明:年薪30名的榜单中以金融行业的高官最多,榜单前三甲都是金融公司的高管,年薪均在千万元以上。但是这些激励机制多是短期激励,以简单的物质激励手段为主,无论是高级管理层还是普通员工,他们的目的也只是获得当期的绩效,而不会考虑公司的未来和成长。

**附注：**

1. 中国银行业的入世承诺

（1）中国承诺开放所有外币业务，入世即可允许外资银行对所有客户（包括中资企业和中国居民）经营所有外汇业务（包括公司业务和零售业务）。

（2）中国将在5年内逐步取消对外资银行的地域和客户限制，在此期间每年新增4座城市允许外商经营业务。中国首先开放深圳、上海、大连、天津；在2002年内开放广州、青岛、南京、武汉。在中国加入WTO之后的2年内，允许外资银行对中国企业办理人民币业务。允许外资银行设立同城营业网点，审批条件与中资银行相同。

（3）在业务范围上，外资银行可以接受所有公众贷款、存款和其他应付基金的承兑，各种类型的贷款，包括抵押贷款（如房屋抵押贷款）、消费信贷、信用卡信贷及金融租赁，所有支付资金的划汇及担保承兑等。

（4）在服务提供方面，外资银行可以跨境支付。在境外消费方面，主要是用信用卡消费，外资银行的信用卡消费将不受国界的限制。

2. 中国证券业的入世承诺

（1）跨境交付：外国证券机构可直接从事B股交易。

（2）商业存在：外国证券机构在华代表处可成为证券交易所的特别会员；自加入时起，允许设立合资基金管理公司，外资最多可达33%，3年内可增至49%；加入后3年内，允许设立合资证券公司，外资最多可达1/3。合资公司可从事A股承销、B股和H股及政府和公司债权的承销、交易和基金的发起。

（3）外国证券类经营机构可以从事财务顾问、投资咨询等金融咨询类业务。

3. 中国保险业的入世承诺

（1）机构设立方面，允许外国非寿险公司在华设立分公司或合资公司，合资公司外资股比可以达到51%；允许外国寿险公司在华设立合资公司，外资股比不超过50%，外方可以自由选择合资伙伴，合资保险经纪公司外资股比可以达到50%；中国入世后3年内，外资股比不超过51%。

（2）地域限制方面，允许外国寿险公司、非寿险公司在上海、广州、大连、深圳、佛山提供服务，入世后2年内，允许外国寿险公司、非寿险公司在以下城市提供服务：北京、成都、重庆、福州、苏州、厦门、宁波、沈阳、武汉。

(3)业务范围方面,允许外国非寿险公司从事没有地域限制的"统括保单"和大型商业险保险,允许外国非寿险公司提供境外企业的非寿险服务、在华外商投资企业的财产险、与之相关的责任险和信用险服务,中国入世后2年内,允许外国非寿险公司向中国和外国客户提供全面的非寿险服务;中国入世时,允许外国寿险公司向外国公民和中国公民提供个人(非团体)寿险服务;允许外国(再)保险公司以分公司、合资公司或独资子公司的形式提供寿险和非寿险的再保险业务,且没有地域限制或发放营业许可的数量限制。

(4)营业许可方面,营业许可的发放不设经济需求测试(即数量限制)。申请设立外资保险机构的资格条件是:投资者应为在世贸组织成员有超过30年经营历史的外国保险公司;必须在中国设立代表处连续2年;在提出申请前一年末总资产不低于50亿美元。

# 08 第八章 北京金融稳定预警体系实证分析

## 第一节 北京金融稳定预警指标体系

本书定位于北京区域金融稳定的研究,因此在考虑区域金融稳定预警指标体系时,主要是定位于北京金融稳定的影响因素来考虑的来构建金融稳定的预警指标体系。基于研究的需要及北京区域金融的特点,侧重于银行预警和资产泡沫危机预警。区域金融预警指标的构建主要从银行危机预警和资产泡沫危机预警的角度,而这两者之间又有着必然的联系。在北京这个经济体中,体现为房地产价格的膨胀与银行信贷的扩张间的密切联系。

陈守东等(2009)构建了泡沫风险预警模型,其中用到了股价指数变化率(上证指数)、股市市盈率(上证指数)、房价指数变化率、房地产投资增长率、建筑业贷款、银行贷款六个指标。

前文提到了商业银行房地产金融业务的信用风险主要体现在六个方面,那么在选取预警模型的指标体系时就从这几方面考虑。由此可知,与金融稳定风险有密切关系的指标有:房地产销售价格指数(HIC)变化率、GDP 指数变化率、人均收入增长率(INC)、M2 同比增长率、M1 同比增长率、土地交易价格指数(LAND)变化率、利率水平(I)、汇率水平(E)、上证综合指数变化率(SIC)、股市平均市盈率增长率(PE)10 个指标。

将利用这 10 个指标进行实证分析,通过 Granger 因果检验模型选取与金融稳定风险最紧密相关的几个指标作为预警指标体系。

金融稳定预警指标体系初选后,要使用 Granger 因果检验模型对预警指标和压力指标进行 Granger 因果检验。经过检验,选出与金融稳定风险压力指标有显著 Granger 因果关系的预警指标,构成金融稳定预警指标体系。

# 第二节　实证分析

## 一、数据来源与研究思路展示

本书所采用的数据分别来自国家统计局、人民银行网站、银监会网站、上海证券交易所网站、wind 统计数据库、中宏网、中经网。

数据初选：由于现在统计数据众多，方式各异，不同的选取方式将对实证结果造成不同的影响，因此数据甄别选取很重要。下面简单说明各个数据：GDP 采用国家统计局 GDP 统计指数增长率；HIC 采用国家统计局房屋销售价格指数增长率（同比）；LAND 采用国家统计局土地交易价格指数计算增长率（同比）；人均收入增长率 INC 采用城镇人均可支配季收入计算增长率（同比）；M1 和 M2 通过人民银行公布的数据计算增长率（环比）；利率采用 5 年期以上长期贷款利率；汇率是以 1 美元兑换人民币中间价。

2010 年房地产销售价格指数缺失，采用平滑法补齐。

数据处理：对于预警指标选取本研究采取的是 Granger 因果检验模型。该检验要求数据序列是平稳的，因此，在该检验之前对数据进行单位根检验。

对 2004—2010 年 11 组数据分别进行了 ADF 检验，得出结果如表8.2.1。

表 8.2.1　2004—2010 年预警指标体系 ADF 单检验的结果

| | T 值 | 1% 置信度下的临界值 | 5% 置信度下的临界值 | P 值 | 滞后期 | 检验公式（截距项和斜率） | 序列本身/一阶差分/二阶差分 |
|---|---|---|---|---|---|---|---|
| GDP | -4.3480 | -2.6569 | — | 0.0001 | 0 | 无 | 一阶差分协整 |
| HIC | -5.6005 | -3.7114 | — | 0.0001 | 1 | 截距项 | 协整 |
| LAND | -4.2317 | -3.72407 | — | 0.0031 | 2 | 截距项 | 协整 |
| INC | -6.9278 | -2.6569 | — | 0 | 0 | 无 | 一阶差分协整 |
| M2 | -4.9509 | -3.7114 | — | 0.0005 | 1 | 截距项 | 协整 |
| M1 | -3.8271 | -4.3743 | -3.6032 | 0.0319 | 2 | 截距项和斜率 | 协整 |
| I | -3.1943 | -2.6569 | — | 0.0026 | 0 | 无 | 一阶差分协整 |
| E | -3.8552 | -2.6534 | — | 0.0004 | 0 | 无 | 协整 |
| SIC | -3.73847 | -2.6534 | — | 0.0006 | 0 | 无 | 协整 |

续表

| | T值 | 1%置信度下的临界值 | 5%置信度下的临界值 | P值 | 滞后期 | 检验公式（截距项和斜率） | 序列本身/一阶差分/二阶差分 |
|---|---|---|---|---|---|---|---|
| PE | -4.1200 | -2.6569 | — | 0.0002 | 0 | 无 | 协整 |
| NPR | -2.9490 | -2.6534 | — | 0.0048 | 0 | 无 | 协整 |

对2010—2015年6组数据分别进行了ADF检验，得出结果如表8.2.2所示。

**表8.2.2 2010—2015年预警指标体系ADF单检验的结果**

| | T值 | 1%置信度下的临界值 | 5%置信度下的临界值 | P值 | 滞后期 | 检验公式（截距项和斜率） | 序列本身/一阶差分/二阶差分 |
|---|---|---|---|---|---|---|---|
| GDP | -4.433186 | -3.857386 | -3.040391 | 0.0031 | 0 | 截距项 | 一阶差分平稳 |
| HIC | -2.890975 | -2.67429 | -1.957204 | 0.0059 | 1 | 无 | 平稳 |
| LAND | -3.265411 | -2.679735 | -1.958088 | 0.0024 | 2 | 无 | 平稳 |
| INC | -4.548431 | -2.692358 | -1.960171 | 0.0001 | 0 | 无 | 一阶差分平稳 |
| M2 | -3.08939 | -3.769597 | -3.004861 | 0.0422 | 1 | 截距项 | 平稳 |
| M1 | -4.234749 | -2.679735 | -1.958088 | 0.0002 | 2 | 无 | 平稳 |
| I | -1.76718 | -2.674290 | -1.957204 | 0.0736 | 0 | 无 | 一阶差分 |
| E | -2.424290 | -2.674290 | -1.957204 | 0.0180 | 0 | 无 | 平稳 |
| SIC | -3.881865 | -2.669359 | -1.956406 | 0.0005 | 0 | 无 | 平稳 |
| PE | -3.538729 | -2.669359 | -1.956406 | 0.0011 | 0 | 无 | 平稳 |
| NPR | -6.096393 | -4.416345 | -3.622033 | 0.0003 | 0 | 斜率截距 | 平稳 |

注：基于上表两检验结果对比可知，2004—2010年以及2010—2015年数据得出的结果基本一致。

GDP指数在一阶条件下是协整的，所以在进行Granger检验时需要对一阶差分处理；房地产销售价格指数（HIC）存在滞后一期协整关系；人均收入增长率（INC）也是在一阶条件下协整；M1增长率滞后二期协整；M2增长率滞后一期且是在置信度为5%的条件下满足协整；土地交易价格指数增长率（LAND）滞后两期协整；利率水平（I）也是一阶条件下协整；汇率水平（E）、上证综合指数变化率（SIC）、股市平均市盈率增长率（PE）和压力指数都是在平稳协整的。通过ADF的协整检验后，需要进行一阶差分处理的有GDP、INC和I，同时需要滞后项处理的是HIC、LAND、M2和M1。经济含义是：GDP一阶差分可以理解为GDP指数增长率，这也符合数量统计的一般做法；INC一阶差分是人均收入增长率的变化率;I 一阶差分是利率变化率。

经济学解释:GDP 指数反映的是每年 GDP 总价值与去年总价值的对比关系,反映了一个增长率的关系,我国自改革开放以来 GDP 增长率一直以 10% 左右的速度平稳高速增长,其对信用风险的影响并不是那么明显,相反,GDP 增长率的变化率,更能反映各年宏观经济增长的波动情况,相应的对信用风险的影响更为明显;房地产销售价格指数(HIC)滞后一期对信用风险的影响体现在,房地产价格波动对商业银行信用风险的影响存在一个滞后的期间,这个传递的过程需要一定的时间;M2、M1 对信用风险的影响是通过宏观经济政策导向影响房地产各相关行业的资金状况,进而影响到偿债能力,再进一步影响到金融的稳定;土地交易价格指数增长率滞后两期影响到金融稳定就更容易理解了,土地交易是房地产市场的前段市场,它对房地产市场的影响是需要滞后期的,而房地产市场影响金融稳定也需要滞后期,所以土地交易价格影响金融稳定是滞后两期的;利率对金融稳定的影响可以从直接、间接两个方面来解释。首先,利率升高直接影响了房地产金融业务的成本,增大了金融稳定的可能性;其次,利率上升表明宏观经济政策导向从紧,房地产行业融资困难,则相应的金融稳定风向出现的概率加大;汇率水平、上证综合指数变化率和股市平均市盈率水平对信用风险的影响较为弱,也较为间接。

## 二、指标的 Granger 检验

在经过单位根检验后,分别对 GDP、INC 和 I 进行了一阶差分处理,用 GDP1、INC1、I1 表示处理后的数据序列,同时对 HIC、LAND、M2 和 M1 进行滞后处理,用 HIC01、LAND02、M201 和 M102 表示滞后期处理后的数据序列,然后对其进行 Granger 因果检验。

2004—2010 年数据进行检验,检验结构如表 8.2.3。

表 8.2.3　2004—2010 年 Granger 因果检验结果

| 滞后期 | 1 | | | 2 | | | 3 | | |
|---|---|---|---|---|---|---|---|---|---|
| 原假设 | 观测值 | F 值 | 概率 | 观测值 | F 值 | 概率 | 观测值 | F 值 | 概率 |
| E—NPR | 27 | 5.94243 | 0.02256 | 26 | 2.79295 | 0.08404 | 25 | 2.99451 | 0.05811 |
| GDP1—NPR | 27 | 1.58162 | 0.22063 | 26 | 0.68636 | 0.51435 | 25 | 0.60524 | 0.62007 |

续表

| 滞后期 | 1 | | | 2 | | | 3 | | |
|---|---|---|---|---|---|---|---|---|---|
| 原假设 | 观测值 | F 值 | 概率 | 观测值 | F 值 | 概率 | 观测值 | F 值 | 概率 |
| HIC01—NPR | 27 | 3.71349 | 0.06589 | 26 | 3.13709 | 0.06426 | 25 | 7.45355 | 0.0019 |
| I1—NPR | 27 | 5.55584 | 0.02691 | 26 | 3.70755 | 0.04179 | 25 | 2.72016 | 0.07493 |
| INC1—NPR | 27 | 0.09231 | 0.76388 | 26 | 0.92004 | 0.41398 | 25 | 1.43946 | 0.2643 |
| LAND02—NPR | 27 | 0.62687 | 0.43626 | 26 | 0.49879 | 0.61428 | 25 | 0.65086 | 0.59264 |
| M102—NPR | 27 | 0.00799 | 0.9295 | 26 | 0.68866 | 0.51324 | 25 | 2.78424 | 0.07058 |
| M201—NPR | 27 | 4.09512 | 0.05428 | 26 | 4.19648 | 0.02929 | 25 | 5.17193 | 0.00941 |
| SIC—NPR | 27 | 0.09447 | 0.76122 | 26 | 0.10587 | 0.90002 | 25 | 0.06328 | 0.97856 |
| PE—NPR | 27 | 0.62642 | 0.43642 | 26 | 0.1614 | 0.852 | 25 | 1.10723 | 0.37202 |

2010—2015 年数据进行检验，检验结果如表 8.2.4。

表 8.2.4　2010—2015 年 Granger 因果检验结果

| 滞后期 | 1 | | | 2 | | | 3 | | |
|---|---|---|---|---|---|---|---|---|---|
| 原假设 | 观测值 | F 值 | 概率 | 观测值 | F 值 | 概率 | 观测值 | F 值 | 概率 |
| E—NPR | 23 | 13.2857 | 0.0016 | 22 | 3.73384 | 0.0453 | 21 | 1.49180 | 0.2599 |
| GDP1—NPR | 23 | 0.80721 | 0.3802 | 22 | 1.30669 | 0.2981 | 21 | 12.6384 | 0.0004 |
| HIC01—NPR | 23 | 3.71349 | 0.06589 | 22 | 3.13709 | 0.06426 | 21 | 7.45355 | 0.0019 |
| I1—NPR | 23 | 4.99624 | 0.0376 | 22 | 1.62336 | 0.2281 | 21 | 0.67973 | 0.5799 |
| INC1—NPR | 23 | 1.69203 | 0.2089 | 22 | 0.5474 | 0.5889 | 21 | 0.15305 | 0.9259 |
| LAND02—NPR | 23 | 0.13659 | 0.716 | 22 | 0.4125 | 0.6693 | 21 | 1.18936 | 0.3551 |
| M102—NPR | 23 | 5.13861 | 0.036 | 22 | 1.17335 | 0.3362 | 21 | 1.23706 | 0.3393 |
| M201—NPR | 23 | 7.67475 | 0.0122 | 22 | 2.01455 | 0.1658 | 21 | 0.77581 | 0.5281 |
| SIC—NPR | 23 | 0.67381 | 0.4214 | 22 | 0.05198 | 0.9495 | 21 | 0.367 | 0.778 |
| PE—NPR | 23 | 0.40572 | 0.5314 | 22 | 0.4383 | 0.6522 | 21 | 1.89764 | 0.1764 |

（1）两组数据所得检验结果基本一致。

（2）选取的预警指标大都和房地产金融业务信用风险具有单项的 Granger 影响关系，预警指标预警能力强。

（3）综上所述，在我们所选择的指标中，汇率（E）、房地产销售价格指数变化率(HIC01)、利率变化率(I1)、GDP 指数变化率(GDP1)、M201、人均收入增长率变化率(INC1)、M102 与资产泡沫风险相关,这也证实了我们前面的假设情况。

(4)从 Granger 检验结果看,在滞后 1 阶的条件下,汇率(E)、房地产销售价格指数变化率(HIC01)、利率变化率(I1)、GDP 指数变化率(GDP1)、M201 对信用风险压力指数有显著的因果关系。而在滞后 3 阶的条件下,人均收入增长率变化率(INC1)、M102 也产生显著因果关系的影响,但是显著效果并不是很明显。

(5)在 Granger 检验的基础上,为保证实证严谨性,选取汇率(E)、房地产销售价格指数变化率(HIC01)、利率变化率(I1)、M201 作为房地产金融业务信用压力指数的预警指标。

## 三、金融稳定压力指数的构建

根据上章的内容,对于金融稳定压力指数的构建,主要是银行稳定压力指数 BCP 和泡沫风险压力指数 FBP。其中,

$$BCP_t = w_{RLD}\left(\frac{RLD_t - RLD_{t-1}}{RLD_{t-1}}\right) + w_{RIR}(RIR_t - RIR_{t-1}) + w_{Ms}\left(\frac{MS_t - MS_{t-1}}{MS_{t-1}}\right)$$

存款比例 RLD(the Ratio of Loan to Deposit,衡量信贷过度风险),实际利率 RIR(Real Interest Rate,估计利率变化风险),货币供应量 MS(Money Supply,这里用 M2/GDP 指标刻画货币供给失衡风险)。权数 $w_{RLD}$ 、$w_{RIR}$ 、$w_{MS}$ 的计算方式同货币危机权数计算相同。

$FBP_t = w_{SR}\left(\frac{SR_t - SR_{t-1}}{SR_{t-1}}\right) + w_{HR}\left(\frac{HR_t - HR_{t-1}}{HR_{t-1}}\right)$,FBP 是反映股票价格指数(SR)的变化和房价指数(HR)变化的压力指数。为了更好地刻画股价和房价的变化情况,我们采用同比变化率来反映资产泡沫变化,权数 $w_{SR}$ 和 $w_{HR}$ 是每个变量的相对精度,相对精度通过每个变量的标准差的倒数来确定。权数的计算式是这两部分的方差相等。

$$w_i = \left(\frac{1}{StDEV_i}\right) \Big/ \left(\frac{1}{StDEV_{SR}} + \frac{1}{StDEV_{HR}}\right)$$

如此一来,危机指数就联合了房地产价格指数和股市价格指数。

2004—2010 年压力指数如图 8.2.1 所示。

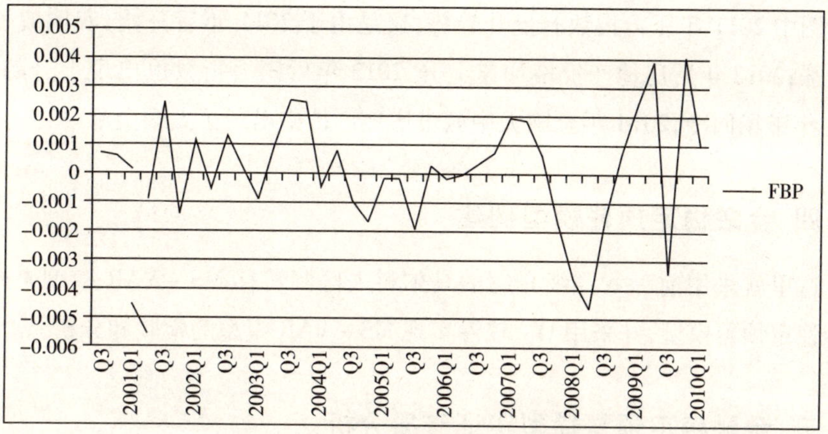


**图8.2.1　金融资产泡沫压力指数(FBP)**

图中2004年压力指数有明显上升趋势,这是由于2001年开始,我国房地产价格出现了持续上涨势头,2003年、2004年各项指标加速上升;2007年压力指数也出现上升趋势,这是因为2006年、2007年房地产市场已经出现全局过热苗头,全国大中城市房地产价格出现了大幅度上涨,部分中心城市和地区的房价甚至上涨了几倍,房地产泡沫显现;而2008年的大幅度下跌则是受到2008年以来股票市场的大熊市的拖累;到了2009年开始上涨,则是房地产市场的泡沫效应,也是我们关注的焦点问题。

2010—2015年构造压力指数如图8.2.2所示。

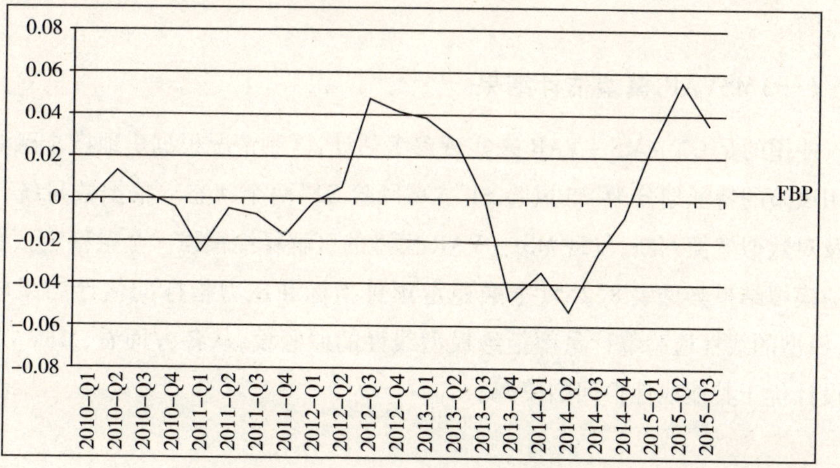


**图8.2.2　金融资产泡沫压力指数(FBP)**

图中2011年压力指数有上升趋势,这是由于2011年后开始,我国股价小幅上涨;2012年后房地产价格加速上升,2012年后压力指数也出现上升趋势。2013年市场回冷,2014年全国大中城市房地产价格出现了大幅上涨。

## 四、金融稳定预警模型构建

这里就采用前一章详细介绍的马尔科夫区制转移MS-VAR模型来构建金融稳定预警模型,并采用OX软件实现MS-VAR模型的检验和分析。

## 五、金融稳定预警模型实证结果分析

金融稳定预警模型的实证结果分析要关注几点:

第一,金融稳定预警模型的拟合效果分析。模型模拟的效果与实际数的差距是否大,根据模型检验质变判断,模型的拟合度等指标。拟合度高、拟合真实的模型才可用于对未来发生信用风险的预测,预警才会有应用价值。

第二,实证结果分析。预警模型模拟的各区制发生危机的概率是多大,持续时间有多长,对银行造成的危害有多大。

第三,预测和应对。运用ARIMA模型对预警指标进行预测,在京预测的数据用于预警模型,计算未来发生信用风险的可能性。在不同的警告状态下,采取相应的信用政策措施,以控制信用风险、将损失减小到最小,达到最优化管理的目的。

### (一)MSVAR模型估计结果

使用的是OX-MS-VAR来实现参考估计,区制情况根据房地产金融业务信用风险的特征划分为“低风险S1”“高风险S2”两个状态。根据数量统计原则及对数似然值判断,发现MSI-VAR模型的可解释性很强。金融稳定预警模型的模拟结果参见表8.2.5,金融稳定预警指标和压力指标的估计结果较显著,模型的线性检验统计量都拒绝模型线性的原假设,从各方面看,MSVAR模型设计优于其他线性自回归模型。

表 8.2.5　金融稳定预警模型结果

| | 系数 | t－值 |
|---|---|---|
| 截距项:S1 | 0.247 | 2.558 |
| 截距项:S2 | 0.48 | 2.068 |
| NPR | －0.131 | －1.656 |
| E | －0.093 | －0.887 |
| HIC01 | 0.256 | 1.961 |
| I1 | －0.572 | －3.473 |
| M201 | 0.081 | 0.697 |
| 线性 LR 检验 | | 159.948 |
| Chi(10) | | [0.00000] |
| Chi(16) | | [0.00000] |
| log－likelihood | | 80.36 |

表 8.2.6 是两区制间各个状态的概率，其中可以看出两区制自身具有较高的稳定性，各自状态的概率分别为 $P_{11}=0.953$、$P_{22}=0.932$。而两个区制间的相互转移的概率很小，从数据来看是：1—2 的概率是 0.047，2—1 的概率是 0.068，即从低风险状态向高风险状态转移的概率很小。整体上说从大部分时间是处于低风险状态的，出现金融不稳定高度风险的状态的概率很小。

表 8.2.6　区制转移概率矩阵

| j \ i | 区制 1 | 区制 2 |
|---|---|---|
| 区制 1 | 0.953 | 0.047 |
| 区制 2 | 0.068 | 0.932 |

表 8.2.7 表明从 2004—2010 年北京金融市场危机整体状况处于低度风险的频率为 84.28%，处于高度风险的频率为 15.72%。从数据可以看出金融市场稳定性整体上是比较低的，偶尔会处于高风险的状态。

表 8.2.7　状态阶段的汇总和状态的持续期

| | 样本数量 | 频率 | 平均持续期 |
|---|---|---|---|
| 区制 1 | 26 | 0.8428 | 21.9128 |
| 区制 2 | 2 | 0.1572 | 0.3144 |

## (二)结果分析

金融预警模型很好地刻画了金融市场的稳定性变化情况,北京金融市场稳定性在2004年初和2008年出现较大风险,这和房地产金融市场的发展特点是分不开的,这两年房地产市场严重过热,这导致了预警模型发出高风险的预警信号。

在2003年,中国人民银行出台“121号文件”开始调控房地产金融市场,但是由于房地产金融市场本身需求的旺盛,国家的宏观调控政策并没有带来房地产投资的过快下跌,北京金融市场出现短暂的预警信号。2003年以来各项指标加速上升,房地产市场呈现全局过热态势,房价一直居高不下。直到2007年美国次贷危机的爆发,2009—2011年国家相继出台严控房地产价格过快上涨的宏观政策措施,严厉地打压了房地产金融市场,各地房价上涨的速度有所停滞,金融市场稳定性受到打击,所以在2008年时出现了高风险概率增大的可能性。

# 09 第九章 北京金融稳定的环境保障

## 第一节　宏观环境

### 一、北京市金融稳定的监管保障

作为国家的金融决策、管理、信息和服务中心，北京市始终引领着全国金融业的发展。随着我国金融业的全面开放，国内金融业竞争空前加剧，综合经营趋势日益明显，跨行业、跨市场风险日渐突出，对现有的分业监管体制提出了严峻的挑战。如何在现行分业监管法律框架下，整合现有部门监管优势，建立有效的区域金融监管协调机制，促进北京市金融业繁荣稳健发展，则显得十分迫切。

#### （一）建立北京市金融监管协调机制的必要性和紧迫性

1. 金融控股公司发展迅速，凸显分业监管困境

据不完全统计，北京地区有26家金融控股公司，全部为国家和北京市地方政府所有。由于公司治理结构缺陷和内部控制薄弱，金融控股公司集团内关联企业往来频繁，巨额资金在行业间流动更趋频繁、隐蔽，加大了对金融市场的冲击，影响了金融体系的稳定性。金融控股公司特别是以实业为主的金融控股公司监管主体没有明确，现有的金融监管体系缺乏明确分工，缺乏对整个集团的资本充足率、风险集中度、关联交易等方面的监管，导致对金融控股公司的监管存在明显漏洞，相应的监管真空问题非常突出。前几年出现的周正毅问题贷款案件、德隆系企业的资产重组以及湖南岳阳的鸿仪系案件等，都与金融控股公司在疯狂扩张中缺乏有效监管有很大关系，给现行金融控股公司的监管运作以

及政府监管教训深刻。

2. 各金融市场关联度明显增大，存在跨市场风险监管真空

2007 年，保险公司、证券公司、财务公司、基金管理公司等可以参与股票市场投资的非银行金融机构是北京辖区货币市场上主要的资金净融入机构，分别净融入资金 17621.5 亿元、6214.8 亿元、4810.2 亿元和 3647.2 亿元。而自 2006 年 6 月股票市场恢复融资功能以来，新股发行尤其是大盘股首次公开发行（IPO）已经成为影响货币市场利率波动的重要因素。IPO 冻结市场资金影响整个市场的流动性，造成货币市场利率大幅攀升。各金融市场关联度明显增大，相应地，风险在各金融市场间的传递速度、规模都在加大。然而，目前的金融市场分别由人民银行、证监会和保监会监管，分工虽然明确，但跨市场风险如何监管、由谁监管尚不明确。《中国人民银行法》虽然规定由人民银行负责监测金融市场，但在实践中因缺少足够的资本市场和保险市场信息，监测工作很难落到实处。

3. 金融产品创新加速，交叉性金融工具不断出现，监管协调问题突出

随着前两年资本市场行情的火爆，与资本市场挂钩型的人民币个人理财产品，与其他各类市场指数、产品挂钩的新型结构性理财产品不断推出，如很多银行推出了“打新股”及部分与基金挂钩的人民币理财产品。与此同时，银证转账、保单抵押贷款、分红保险等金融工具纷纷推出，突破了银行、证券、保险市场间的界限。然而如何定位这些跨市场理财产品和工具，制度上存在缺失，监管上存在真空。按照银监会规定，理财产品资金应与商业银行资产分开管理，理财产品不同于一般性存款，前者资金不运用于贷款，不参与一般性存款的存款派生作用；如果将理财产品定位于信托产品，则理财产品与基金、信托产品的监管是否趋于一致，就涉及银行业监管与证券监管部门间的协调问题。

4. 当前国内外经济金融形势严峻

2007 年开始的美国次贷危机，已给欧美国家的金融机构造成巨大损失，并在全球金融、经济方面造成连锁反应。尽管次贷危机对我国的直接冲击有限，但由此形成的全球经济降温、市场信心丧失仍对我国有间接影响。从国内来看，自 2007 年以来，我国国内通胀压力增大，股票市场波动剧烈，多重因素使我

国经济金融面临更大的不确定性,个别金融机构甚至局部金融市场引发系统性风险的可能性空前加大,加大监管协调工作力度、维护金融体系稳健发展已迫在眉睫。

美国、英国等国的监管实践表明,对于跨行业、跨市场风险,统一监管将是大势所趋。在我国现行分业监管的法律框架下,有效的监管协调机制可以弥补分业监管形成的监管真空。北京市是国家的金融决策、管理、信息和服务中心,是国有及国有控股大型商业银行,以及众多超大型金融机构总部的所在地,集团性金融控股公司数量占全国总数的四分之一,且规模巨大,业务辐射全国。在北京地区先行探索建立金融监管协调机制,既是人民银行和其他监管部门的职责,更是北京市地方政府稳健发展金融业的必然选择。

## (二)国外金融监管经验借鉴(美国、英国、欧洲)

2010 年 7 月 1 日和 15 日,美国众议院和参议员先后通过了《2010 年华尔街改革和消费者保护法》,并于 21 日由总统奥巴马签字生效成为法律。该法案从财政部提案、众议院立法、参议员立法、参众两院协调到最终生效,历时一年多,历经争议和变数。欧盟改革法案经过各方讨价还价,虽于 2010 年 7 月 5 日在欧洲议会全会上未能达成共识,但最终于 2010 年 9 月经欧洲议会通过。英国改革方案因执政党更替而出现重大变化,7 月 27 日英国财政部公布了新金融监管改革方案的征求意见稿,但目前尚未形成正式法案。

近十年来,各国金融监管改革的主要经验有以下几点:

第一,完善金融监管体制,加强对系统性风险的分析、监测和防范。美国提出建立跨部门的金融稳定监督委员会,并于 2010 年 10 月正式成立。欧盟在泛欧层面建立系统性风险理事会,并于 2011 年 1 月正式运行。英国提出在央行内设金融政策委员会。这些改革的主要目的在于增强宏观审慎分析层面的沟通协调,强化应对系统性风险的能力。各国结合本国国情对监管资源也进行了整合。美国将系统重要性机构纳入美联储的监管范围,拟将储蓄机构监理署(OTS)的监管职能在货币监理署(OCC)、联邦存款保险公司(FDIC)和美联储之间重新分配,金融稳定监督委员会被授权识别具有系统重要性的机构、金融活动及金融市场基础设施等,可以向美联储建议对系统重要性机构实施更审慎的监管标准、欧盟拟组建泛欧金融监管体系,力图通过宏观审慎和微观审慎的有机组合加强监管。英国提出在央行之下新设审慎监管局,负责对存款类机构、投资银行和保险公司等金融机构的审慎监管。

第二，资本监管和流动性监管并重，全面提升审慎监管标准。美国要求，银行监管机构要发布关于最低资本和杠杆率标准的指引，包括逆周期资本和对系统重要性机构更加严格的资本要求。欧盟对交易账户和再证券化资本设定了更为严格的资本和风险权重要求，并将于2012年付诸实施。英国率先提出了新的流动性监管制度，但也强调要评估资本和流动性监管改革的影响。

第三，加强对系统重要性机构的监管，防止风险外溢和道德风险。一是各方均认为要对系统重要性机构建立更高的资本充足率、杠杆率、流动性、风险集中度等审慎监管标准，并要与系统重要性强度挂钩；二是美国法案提出应要求系统重要性机构指定危机自救处置计划（“生前遗嘱”），并可要求其拆分、出售资产来降低对金融系统的威胁，英国也表示要考虑是否给予监管部门拆分大型集团的权利；三是美国法案提出实施“沃克尔规则”（Volcker Rules），限制银行从事自营交易、拥有或投资私募股权基金和对冲基金，剥离高风险衍生交易等，以防止可能产生的道德风险、系统性风险和利益冲突。

第四，填补监管漏洞，加强对“影子银行”体系的监管。一是针对此前保险业没有联邦监管机构的制度空白，美国拟在财政部内部设立新的国民保险办公室，各州监管部门联合监管保险公司。二是将各类“影子银行”纳入监管体系，统一注册，要满足更多合规、尽职责任及信息披露要求，接受监督检查。为防止银行机构通过证券化产品转移风险，美国法案还提出，有关证券化产品发行人必须将至少5%的风险资产保留在表内。

第五，成立消费者金融保护局，加强消费者保护。美国金融监管改革中一个非常重要的内容就是成立了消费者金融保护局（CFPB），以加强消费者保护。该局负责人由美国总统提名、参议院批准，由美联储支付专项预算，对向消费者提供信用卡、按揭贷款等金融产品或服务的机构进行监管。消费者金融保护局实质上是一个独立机构，向国会而不是美联储汇报工作，其人员将主要来自各监管机构目前负责消费者保护的人员。美联储除负责提供该机构的经费外，并不具有相关人事任命权，也不参与其决策。消费者金融保护局也不负责证券和保险产品的消费者保护事宜，小型存款类机构消费者保护的执法权还留在原来的审慎监管机构中。英国改革方案则提出将新设消费者保护和市场监管机构。

第六，在加强外部监管的同时，强化金融机构的自我约束。美国、英国、欧盟均已出台了加强薪酬机制监管的指引和政策,体现了金融稳定理事会关于薪酬制度的要求。美国法案还提出在高管薪酬问题上应为股东提供更多的话语权,薪酬委员会应完全由独立人士组成;允许监管机构强行中止金融机构不恰当、不谨慎的薪酬方案,对上市公司基于错误财务信息发放的高管薪酬拥有追索权。欧盟提出将从2011年起严格限制一行业高官的奖金数额,规范薪酬结构,减少现金形式的红利发放。

### (三)北京市现行金融监管协调机制存在的问题及原因分析

#### 1.现行金融监管协调机制没有发挥应有的监管协调作用

北京地区在现行"一部三局"(人民银行营业管理部、北京银监局、北京证监局、北京保监局)的金融监管架构基础上,先后发展出两个金融监管协调机制模式:一是由三个监管局2003年末组成的"北京金融监管联席会议制度",人民银行营业管理部不是该会议的成员;二是由人民银行营业管理部2004年3月组织的"北京金融管理机构主要领导人碰头会制度"。经过4年的实践,两个会议制度先后签署了一些部门合作协议,为建立有效的金融监管协调机制进行了很多有益尝试和探索,但还远没有发挥应有的监管协调作用,主要表现为:一是信息共享仅停留在表面层次。各家均从自身监管的金融机构直接获取情况及数据,同时仅向他方提供地区汇总情况及数据,不提供具体被监管单位的情况及数据,没有达到信息共享;二是基本没有联合监管行动,协调仅停留在会议文件上。

#### 2.北京市政府在现行监管协调框架中缺少核心领导力和号召力

要使金融监管协调机制有效运行,最重要的一点就是要有一个领导力、号召力很强的核心。北京地区现行的两种会议制度,其参与主体均为平行单位,相互间没有隶属关系,缺少一个领导核心维系。我们认为,在现行法律框架下,最适合担当这个区域领导核心的就是北京市市政府。地方政府是法定的地方行政权力中心。从国家层面上看,监督管理协调机制的领导核心是中央政府即国务院。《中国人民银行法》第九条规定,"国务院建立金融监督管理协调机制,具体办法由国务院规定"。相应地,地方政府同样有建立地方金融监督管理协调机制的职责。地方政府是法定的地方行政权力中心,负责本地区经济社会事务的统筹协调,发展地方金融业,维系地方金融稳定、进行风险处置和危机救助均需要充分发挥地方政府的作用。

地方政府牵头建立监管协调机制具有很大的优势。由地方政府牵头建立监管协调机制,可缓解部门利益博弈,使协调机制功能更加立体化。以地方政府牵头建立区域金融监管协调机制,可以发挥地方政府的领导力和号召力,快速整合部门力量,在特殊金融事件处理中能够迅速动用公安、财政、审计、税务、工商等多部门行政力量,为金融监管部门提供强有力的地方资源支持,形成立体化的区域监管协调机制。另外,如前所述,作为很多实业型金融控股公司直接或间接管理方,北京市政府在金融控股公司监管工作中的作用十分关键。

应当看到,虽然地方政府可以作为区域金融监管协调机制的领导核心,但地方政府没有直接的下属单位接近金融市场和被监管者,不适合作为监管协调机制的常设机构载体,没有精力也不宜作为监管协调机制的具体经办者和组织者。

3. 现行监管协调框架缺乏常设协调机构

有效的监管协调框架,单有地方政府的领导还远远不够,还需要一个有力的常设机构作为协调的具体组织者和经办者。因为监管协调的往往是部门利益的冲突所在,需要有一个固定机构为地方政府出谋划策、为成员单位沟通传递信息,必须投入相当大的人力、物力,仅靠每一年或半年开一次会议很难奏效,必须使协调工作日常化、专职化。这个常设机构应该适当地超脱于日常具体监管事务,避免自身陷入激烈的监管利益冲突;又不能远离金融市场,以免出现严重的信息不对称;在很难协调各成员部门冲突时,自身有能力作为市场最后的监管者和危机的救助者。基于此,我们认为,人民银行具备设立监管协调机制常设机构的主要条件。

第一,美国、英国等国家金融监管协调实践表明,中央银行是最佳金融监管协调者。美联储突出的监管协调地位和作用,在一定程度上克服了美国监管体制政出多门、职责重叠的弊端。1999 年《美国金融服务现代化法》规定了美联储对金融控股公司的监管权,实际上赋予了美联储作为金融监管总协调人的地位。美联储主持组建了联邦金融机构监管委员会,负责协调和统一各监管机构的检查活动。美联储建立了针对所有金融机构的数据库,为各监管机构提供信息,这种信息优势客观上提高了美联储的影响力。美国财政部向国会提出的“监管改革蓝图”中,建议美联储享有对整个金融系统和三类联邦注册金融机构更广泛的监督检查权,赋予其监管整个金融系统风险的能力。

与美国相比,英国的监管协调机制就不那么奏效。尽管根据《财政部、英格兰银行和金融服务局之间的谅解备忘录》,三家机构间有明确的分工,但在实际操作中依然存在很多重叠部分,留下了可以相互推诿的空间。因未明确谁为整个协调机制的牵头方,实际上造成强势的财政部扮演着总协调人的角色,但财政部远离金融市场和被监管者,因其缺乏足够的市场信息而很难做出及时有力的反应。北岩银行挤提事件的发生,充分暴露了英国现行监管协调机制的弊端,从反面印证了中央银行担任监管协调机制总协调人的必要性。

第二,我国法律对人民银行等的职能定位表明,人民银行最适宜作为监管协调机制的常设办事机构,发挥统筹协调作用。

从法律渊源来看,《中国人民银行法》明确规定了国务院建立金融监督管理协调机制,而其他金融法律并没有提及监管协调机制问题,个别法律仅规定金融监管部门(含人民银行)间建立信息共享机制问题。中共中央十七届二中全会和十一届人大一次会议通过的《国务院机构改革方案》明确要求,中国人民银行要加强与金融监管部门的统筹协调,维护国家金融安全。由此我们不难看出以下几点:一是从《中国人民银行法》到《国务院机构改革方案》,关于建立监管协调机制的规定已更趋明确,表明国务院建立监管协调机制的落脚点已放在人民银行,强调了人民银行在金融领域的统筹协调义务和职责;二是人民银行履行宏观调控职能需要加强与其他金融监管部门的统筹协调,微观层面的金融监管要为宏观层面的国家金融安全服务;三是统筹协调主要属于国家宏观层面职能,而人民银行作为国家宏观调控部门,其健全货币政策体系、维护国家金融安全等职责属于国家宏观层面职能,其他金融监管部门的日常监管属于微观层面职能,只能由宏观层面职能部门发挥统筹协调作用,而不是相反。

从人民银行的法定职责来看,制定和执行货币政策、维护金融稳定、提供金融服务职能均涉及全部金融业;人民银行监测金融市场职能、金融业统计职能以及反洗钱等监管权,也是针对所有的金融市场即整个金融业。相比而言,法律赋予三个金融监管部门的职责都仅限于对本行业自身的监管。人民银行牵头协调解决跨行业、跨市场监管真空问题有明显的优势,应被赋予对金融控股公司的日常监管权。

人民银行的最后贷款人角色客观上使其成为所有金融机构危机的救助者。

人民银行是法定的银行类金融机构最后的监管者和危机的救助者。从十多年来的高风险金融机构处置和国有商业银行改革的实践来看,人民银行通过再贷款和股份制改革累计投入超过万亿元巨额资金,为金融体系稳健运行起到了十分重要的作用。近几年的金融风险处置实践表明,在缺乏显性投资者保护制度的情况下,人民银行实际上也是其他类金融机构危机的救助者。

可见,人民银行具备成为监管统筹协调人的法律基础。但人民银行要在实践中真正发挥相应作用,还需要在法律或国务院部门职责分工中进一步明确其协调人职责。我们认为,将金融监管协调机制常设机构设在人民银行,作为人民银行担任监管统筹协调人的过渡和前奏,是现阶段建立监管协调机制的最佳选择。

当然,人民银行履行职能也需要通过监管协调机制获取各层次的共享数据。在当前人民银行与金融机构日常监管分设的框架下,潜在的信息不对称,会严重影响人民银行政策措施的有效性。毋庸置疑,在人民银行履职过程中形成的数据也是其他监管部门确定监管方向和重点的重要依据。

## 二、金融稳定的法律保障

### (一)金融稳定法律含义

一般而言,金融稳定法律是指调整金融稳定法律关系、防范和化解金融风险及维护金融稳定的法律规范的总称。在法理上,金融稳定法律有狭义、折中和广义之分:狭义的金融稳定法律,仅指成文法典《金融稳定法》,我国现阶段尚未制定该法;折中的金融稳定法律,指与金融稳定有关的金融法,如《金融稳定法》《中国人民银行法》《银行业监督管理法》《证券法》《保险法》等;广义的金融稳定法律,不仅包括上述金融法律,还涵盖了与市场主体退出有关的法律,市场救助法律,甚至有关物权和债权实现的民商事法。本书采用的是广义的概念。

金融稳定法律的特征有:第一,金融稳定法律调整对象是金融稳定法律关系。第二,在属性上,既包括规定主体之间权利义务关系的实体法,也包括规定权利义务实现方式的程序法。第三,金融稳定法律以维护金融稳定为其价值取向之核心,其法律功能在于通过建立符合市场经济要求的规制,建立合理有效的竞争机制，引导、促进、保障金融体系稳健有效地运行。第四，在部门法意义上，其涵盖经济法、民商法和行政法三大领域，既有主体法亦有行为法，还有监管行政法，体系宏大。

### （二）金融稳定法律立法理念和基本原则

实现金融稳定法律的现代化，在立法理念上应把握好以下几点。第一，充分体现全新的效益理念。金融稳定法律绝不仅仅是为了简单的安全和表面的有序，而是追求动态发展中的有序、安全和高效率。第二，金融稳定法律应充分体现保障金融市场整体的安全稳定、保障金融机构自身价值目标实现（自主、效益最大化、公平竞争）并重的理念，既要强调国家的管制利益，又不能忽视市场主体—金融机构自主权益之维护。第三，应渐进地吸收和发展国际化理念。

总体而言，金融稳定法律应以“预防为主、积极救助、依法退出、有限保障”为基本原则。“预防为主”，即建立日常信息沟通机制与金融风险动态预警机制；通过对金融风险的日常监控，达到对一般风险的及时化解和大规模风险的早期判断，从而起到预防的作用；“积极救助”是法律要求相关职能部门建立对不同程度金融风险的处置方案，对尚能救助的金融机构实施“积极救助”，以避免因连锁反应而出现更大规模的金融风险；“依法退出”，即建立金融机构的市场退出制度，包括金融机构间的并购重组规则、金融机构关闭转破产的法律通道、破产清算中对中小存款人的优先清偿原则、金融机构关闭过程中债务的协商重组制度等内容。而对投资者则实施“有限保障”，明确处置金融风险的资金来源及运用规则，对存款保险基金、证券投资者风险补偿基金和保险保障基金等制度的建立、运作、使用提出明确要求。通过对退出机构中投资者利益的有限保护，来防范道德风险，培养投资者的风险意识。

### （三）北京市现存金融稳定法律问题分析

主要表现在：一是金融稳定法律体系不够完善。简单地说，我国金融稳定法律体系不全面、不成熟，过于笼统，操作性不强。二是对金融稳定法律的理论研究不够。金融界和央行往往注重对金融稳定的经济分析，忽略了对金融稳定的法律研究；在法学理论和实践领域，金融稳定法律作为一个全新的研究对象，研究还有待提高。三是市场主体法与监管法混同错位。在市场经济较为成熟的国家，立法普遍采用市场主体法与监管法分立的方法。在我国，《商业银行法》和《银行业监督管理法》分别实现了市场主体法与监管法的分立,但在证券法和保险法领域,作为基本法的《证券法》和《保险法》,二者均是主体法与监管法的“混血儿”。四是央行法原则性强但缺乏配套的实施细则。《中国人民银行法》以十个条款明确了人民银行在维护金融稳定中的地位、作用和可以采取的法律手段,但这些规定过于原则,操作规范有待进一步完善和细化。五是市场退出和救济法律的缺失。如在市场退出法律环境中发挥基础性作用最为重要的破产法律制度,目前还未真正建立。

### (四)构建金融稳定的法律框架

20世纪80年代以来,随着金融危机事件的屡屡出现和国家对经济干预的加强,在法律思想的变迁过程中,法的社会本位思想逐渐形成并占据了主导地位,国外现代金融稳定立法以维护社会和金融整体利益为己任,特别注重发挥金融在现代经济中的中枢地位和作用,显示出现代金融稳定法律较强的社会本位特性。从形式上看,世界各国并没有一部完整意义上的《金融稳定法》法典,各国法律传统的迥异造就了现代金融稳定法律框架的不同格局。事实上无论大陆法系国家或普通法系国家,其金融稳定法律均有一个共同的特点,即实现了与本国固有法律体系的融合,在更广泛意义上,各国的金融稳定法律分散于各国金融法、民商法、经济法、行政法甚至刑事法律之中。

如何构建首都金融稳定法律框架?笔者认为,应立足于我国金融业长远发展和金融稳定现实所需,结合现行法律体系的特点,有效实现二者的融合。在立法上有两种模式可供参考。

模式一:制定金融稳定单行法并以其为主线,以金融法为脉,市场退出法和救济法为络,其他与金融稳定密切相关的基础性法律为补充的金融稳定法律框架。

(1)金融稳定法。作为金融稳定的基本法,调整金融稳定法律关系,该法包括立法宗旨、立法原则、金融稳定主体界定、运行机制和操作要求、金融稳定法律关系主体之间的权利与义务等。值得注意的是,在立法技术上应考虑为我国金融业未来的发展留下一定的空间。

(2)金融法。主要包括央行法、金融主体法(商业银行法、证券公司法、保险公司法、存款保险公司法、信托投资公司法和金融控股公司法、金融监管法、银行业监管法、证券业监管法、保险业监管法和信托业监管法)。

(3)市场退出和救济法。主要有企业破产法、金融机构破产法、金融机构撤销条例、金融机构接管条例、存款保险条例、证券投资者保护基金管理办法等。从金融稳定的角度考虑,未来的破产法至少应涵盖两个层面的破产法律制度,一是企业破产法,适用于普通企业法人破产,旨在保护该企业债权人的利益。二是金融企业破产法(特别法),适用于金融机构,旨在保护金融机构破产时该机构的投资人、存款人和其他债权人的合法利益。

(4)其他配套法律。担保法、拍卖法、债权法、物权法、刑法等。

模式二:不制定单行金融稳定法,以中国人民银行法为主线,其他金融法为脉,市场退出法和救济法为络,其他与金融稳定密切相关的基础性法律为补充的金融稳定法律框架。这种模式突出了中国人民银行在维护金融稳定中的地位,注重发挥人民银行的积极作用,但需要在立法层面对中国人民银行法进行细化,制定实施细则。

## 三、北京市金融稳定的信用保障

### (一)金融信用环境重要性分析

信用是指信守规则、遵守诺言、实践践约,是组织与公众对言行者信誉的一种主观评价和价值判断,是言行者所产生的信誉和形象在组织与公众中所形成的一种心理反应。从经济学意义上来说,信用是一种建立在授信人对受信人偿付承诺的基础上,使后者无须付现即可获取商品、服务或货币的能力。对于金融业而言,金融信用在金融业的资产中无可置疑地占首要地位。以银行为例:如果贷款人都不对银行恪守信用,那么银行最终也无法对存款人恪守信用。从这个意义上说,金融信用本质上是企业信用和个人信用的整合。但长期以来无论金融业内部或外部(政府、其他企业及公众)均缺乏对金融业的认识,常常将国家(政府)的信用取代金融业的信用,主要表现在:①计划经济下,国家对经济实际起包揽作用,从而将金融信用包揽其身,银行是国家的,受政府指令运作,银行信用自然也就转化为对国家的信用。②近年来,我国经济快速增长,国债偿还信誉好,有了国家为整体的对内对外所具有的良好形象和信誉。因此,民众放心地将钱存入银行;而国外企业及银行,即使无法了解国内企业的信用,也以中国国家信用为其信用的落脚点而提供信用贷款。

随着市场化的经济体制改革逐步深入,政府已逐步退出市场,国家信用不再成为金融信用的落脚点。但我国至今一直没有建立起符合市场规范的金融信用体系,造成了金融市场上信用关系的严重扭曲和普遍的道德风险行为。银行业"惜贷"和中小企业及民营企业融资困难并存的现象说明,没有了信用作依托,银行和企业间出现"双输"局面。

## (二)金融信用缺失现象及原因分析

近年来,金融环境中信用缺失的现象越来越严重。据统计,我国每年因为企业和个人逃废债务蒙受的直接经济损失约1800亿元,信用经济成了"赖账经济";因为三角债和现金交易,增加财务费用约2000亿元,三角债和多角债的大量存在直接阻滞了信用链条。金融信用的缺失在一定程度上破坏了金融市场的有序性、公正性和竞争性,给金融发展环境造成许多不利影响。从总体上看,我国的金融业在建章建制上不比国际同行差,硬件设施也不比国外差,尤其是北京,其硬件设施甚至超过了国外同行,但在信用立法方面很落后,至今仍没有这方面的专门法律,因此人们缺少理解、支持并最终贯彻执行的信用环境、信用文化。

### 1.金融信用缺失的具体表现

一是金融服务的承诺与实际工作存在较大差距。由于一些金融机构缺乏现代金融服务意识和营销理念,某些基层工作人员服务意识不强,致使金融服务与承诺之间出现了较大落差。

二是规范和稳健经营意识比较淡薄。少数金融机构为了逃避审计、财税及人民银行等国家金融监管机构的监管,人为伪造、变更会计凭证和账簿,虚报或瞒报经营业绩,造成会计信息失真。

三是少数金融机构不能严格执行国家的政策。这几乎是我国当前金融机构的普遍现象,不仅包括商业银行、证券公司、保险公司,而且还包括信用评级、担保公司等金融中介机构。如个别商业银行擅自放宽条件,违规对企业签发的无真实贸易背景的商业汇票进行承兑贴现,致使部分资金违规流入股市。

### 2.金融信用缺失的原因分析

金融信用缺失更重要的原因来自于金融制度缺陷。金融的发展需要完善的金融信用体系,而信用的相互给予,需要相应的法律和制度做保障。金融部门内部普遍缺乏基本的信用管理制度也是诚信缺失的原因之一。我国金融企业很少设立专门的信用管理部门或人员，这易导致因授信不当使合约不能履行以及授信企业对履约计划缺乏管理而违约等现象频繁发生，会因投资者对合作客户信用状况缺乏了解而受骗上当。企业内部普遍缺乏基本的信用风险控制和管理制度。企业内部的信用管理是财务管理的重要组成部分，包括对应收账款和商品销售的管理、对企业主要客户信用状况的调查、征信和管理。征信立法步伐缓慢。由于缺乏健全的征信体系，信息不流通，即使债务人在甲银行有不良记录，也不会影响其在乙银行获得融资。

概括起来，造成金融信用不足或信用失范现象主要有以下几方面的原因：

第一，历史因素。中国历史上一直实行"重农抑商"的政策，"农本工商末"的思想根深蒂固，商人地位历来低下。这种具有历史传承性的错误认识严重打击了商业领域的相互信任感，也增强了经济领域里的相互猜疑和互不信任。

第二，政治因素。当下中国，一些地方政府部门和官员政策多变、信口开河、言行不一、政府采购合同随意变更，且有时不恰当地介入经济活动，自己给自己担保，最后说不管就不管。一些政府项目批了，但资金迟迟不按合同约定投入，而是钓银行或者外来投资者的钱；一些政府招商引资时热情周到，开出许多优惠条件，但等投资者资金到位后又漠然视之，对整个社会信用问题的负面影响极大。

第三，信息因素。在金融市场交易中，存在严重的信息鸿沟和知识差距。同时，由于交易双方不是同一个主体，拥有的信息是不一样的，就难免有些人利用这种"信息不对称"进行不当牟利和金融诈骗。这种"不对称"严重时甚至还会导致信用危机的出现，致使社会交易成本增高和交易链的中断。

第四，道德因素。从计划经济到市场经济的体制转型引发社会的一系列变革，其中道德领域也经历着从旧道德到新道德的嬗变，期间难以避免道德混沌、秩序失衡甚至道德无政府状态。旧道德没有完全蜕化，新道德尚未规范建构，生活在如此场景中的人很容易陷入迷茫、彷徨乃至极端自私，相互间的猜忌和不信任也在所难免。由于诚信教育的缺席和职业道德素养的失场，对市场经济和金融放贷的道德偏见仍然存在。

第五，制度因素。当下中国的金融信用制度建设存在两大"软肋"：一是制度短缺即制度供给不足；二是制度执行失范。在信用制度建设方面，完善的信用管理法律制度、完备的信用信息披露制度、公正的信用评估体系、有效的信用监督惩戒机制等出现供给不足的问题。如果守信者和失信者享受“同等待遇”,那就会出现如古典经济学所言的格雷欣法则——“劣币驱逐良币”的现象。这种集体行动的逻辑将会使公众人人自危、信用环境恶化,金融信用失范也就在所难免。

### (三)完善金融信用环境建议

优化金融信用环境,是构建社会主义和谐社会、提高区域经济竞争实力、促进金融业健康发展、实现“大金融”格局的必然要求,也是北京加速国际金融中心建设步伐的必然选择。现阶段北京社会信用建设必须以政府行政协调为动力,大力弘扬社会诚信意识和规范社会各部门的信用行为,搭建信用信息管理公共网络平台,征集、整合、发布社会信用信息,实现社会公共信用信息资源共享互用,采用市场运作方式,以银行(信贷)信用管理为基础,由社会中介征信机构开展个人、企业资信等级评估,使社会信用建设向更高层次发展,塑造社会信用之风。2009 年 4 月,国务院已经决定将北京建成我国的国际金融中心,但在建设的过程中,存在很多困难,其中金融信用环境差是重要的因素,一些专家明确指出,北京的国际金融中心地位无法与香港相比,其中非常重要的原因就是北京缺少良好的金融生态环境,金融信用太差。那么北京应该如何改善金融环境,加快北京的国际金融中心建设步伐呢?具体来说:

**第一,要建立诚信北京,必须大力宣传诚信经营理念。**

首先要从思想认识的源头上抓起,加强全民诚信意识的教育,狠抓个人信用建设。对社会公民要进行社会道德教育,使每一个人都认识到不讲信用可耻,其社会地位将会随着每一次失信行为而降低。对企业要进行经营法规的学习,使企业认识到良好的信用是企业的资源,是一笔庞大的无形资产,可以在企业经营出现困难时帮助企业渡过难关,赢得资金,赢得市场,赢得生存。

**第二,完善征信体系建设。**

由人民银行北京分行牵头,依托人民银行《企业信用信息基础数据库》和《个人信用信息基础数据库》,整合分散在各部门、各行业、各金融机构及相关方面的信用信息资源,健全北京市企事业单位、个人银行和非银行信用信息数据库,形成覆盖全社会的征信系统。

**第三,积极推广使用征信产品。**

人民银行征信系统要形成比较详细的信用报告,并免费向社会公众提供查询服务。组织人事部门以及各行政事业单位要把个人信用情况作为人才录用、干部考核的重要参考依据，对有严重不良信用记录者，要限制对其录用、评先、评优、晋级。在政府采购、国有资产项目招投标以及土地出让等经济活动中，必须要求投标人、竞买人提供企业和企业法人代表的信用报告。鼓励企事业单位在开展招投标、大宗交易、签订经济合同，进行合资合作等活动时，要求对方提供信用报告。

**第四，完善中介服务体系。**

积极引导和鼓励会计、审计、律师等各类事务所以及咨询服务等中介机构发展，积极引进社会公信力强、资质水平较高的中介服务机构推进第三方信用评级。加强中介服务市场监管，严格执行中介服务从业标准，统一和规范中介服务收费。物价部门要牵头组织人民银行、法制办等相关部门，每年对全北京市信用中介机构的评估、担保、抵押、登记等收费项目进行一次综合检查评估，制定统一的收费标准和优惠措施。

**第五，建立金融失信披露制度。**

人民银行和银监部门每年定期组织金融机构编制逃废银行债务者名单，在相关媒体上公开曝光，金融机构要形成合力，对列入名单者在信贷支持、账户开立、现金支取、银行结算等金融服务上予以联合制裁。

**第六，着力维护金融债权。**

法院要加大对金融债权案件的执行力度，牵头协同金融机构每年组织一次以上金融债权案件集中执行活动，加大金融系统历年已诉未结的债权积案执行力度，确保金融债权诉讼案件的陈案结案率、新案执结率逐年提高。

**第七，强化金融行业自律。**

各金融机构要加强自身建设，加大金融产品创新力度，运用各种金融工具提供多种金融服务。建立行业自律公约和监督机制，确保市场竞争的合法性、公平性。加强内控，严控经济案件，防范内部风险。对金融信用好的区域要落实信贷倾斜政策，加大信贷支持力度，兑现服务承诺。金融监管部门要加大监管力度，对金融机构自身的失信行为或破坏金融信用环境行为予以严厉惩处。

**第八，加强对非法金融的监管。**

严厉查处各种违法违规经营活动，促进各金融机构依法合规经营。由金融监管部门牵头，公安等相关部门配合，每年组织一次对非法金融机构和非法金融活动集中打击活动,对金融监管部门认定的非法金融机构和非法金融活动,依法迅速查处,采取果断措施严厉打击。

**第九,推进信用生态建设,发挥政府的主导作用。**

要加强金融信用建设,就必须优化信用生态;要塑造信用生态或信用环境,就必须形成守信者受益、失信者守法的良好社会氛围。为此,政府不但要加强自身的信用建设,而且要对全社会的信用建设承担责任,要从政治、经济、文化等方面入手进行信用工程建设,从而塑造良好的社会信用环境。

最后需要指出的是,建立良好的企业诚信水准,构建符合现代市场经济发展要求的企业信用体系,绝不是一朝一夕的事情,我国包括北京市金融经济诚信缺失的现象绝不是通过一次两次的战役就可以根本解决的。北京国际金融中心建设也是一项长期而艰巨的工程,需要很多相关部门和个人的长期共同努力,可喜的是,北京为了加快北京国际金融中心建设步伐,针对金融信用也出台了一些措施,随着政府部门、企业、个人信用意识的提高,我国的金融信用环境必能逐渐改善,北京国际金融中心地位也会逐步提高。

## 第二节　微观环境

### 一、金融业内控环境理论探讨

#### (一)内控环境定义及范围

所谓内控环境,是指对企业控制的完善程序及实施效果有着重大影响的内外因素的统称,它涉及管理部门及有关人员对内部控制及其重要性的态度、认识和行为,是实现控制目标的环境保证。任何企业的控制活动都处在一定的控制环境之中,这种环境通过各种可能的途径对内部控制的建立和运行施加影响,它即可增强也可削弱特定控制的有效性。同样的控制措施与方法,由于控制环境的不同,取得的效果可能大相径庭,国外的成功经验搬到国内可能并不适用,一个企业的控制方法到了另一企业,其效果也可能大打折,上级的政策到了下级也许并不切合实际等,综上无不表明内控环境在内部控制结构中的重要地位,因此,健全的内控制度并不等于不出现风险,内控制度是内因,是关键的因素,而它还受到内控环境的影响和制约,有时甚至是重大的影响,如国际商业信贷银行、巴林银行的倒闭及日本大和银行的巨额亏损。我国许多金融风波的出现,都不能简单地以内控制度不健全来概括,还应看到内控制度执行环节的问题,或者说内控环境的问题。所以,注重内控环境问题的研究和建设,对于防范和化解金融风险,发挥内控制度应有的作用,具有重大现实意义。

一般而言,内控环境包括以下各项子因素:

**内控意识与风险理念**。内控意识主要指企业最高决策层对内部控制的认识程度和设立内控制度并保证其执行的态度,它直接给予职员关于控制重要性的明确信息,因而对内部控制具有重要影响。风险理念包括管理当局对待经营风险的态度和控制经营风险的方法,对财务管理、经营目标及会计报表的重视程度以及采取的行动,如果企业一味追求高风险和高收益,或者管理当局为夸大盈余总额而任意篡改会计报表,则企业面临着十分不利的内部环境。

**组织结构**。它包括两方面的内容,一是企业的组织机构设置;二是企业内部的管理部门和职能部门的设置与分责。设置合理的组织结构,有助于建立良好的内部控制环境。合理的组织结构必须保证相关的管理职能和报告关系的确认;合理划分每个组织单位内部的责任与权限;明确的授权方式;有效的监督方式。

**董事会和审计委员会**。在控制环境中极为重要的一环就是基于代理人基础上的董事会及其专设委员会的监督。内部控制的各项政策和程序一般只用于控制日常业务处理,而对于高层的错弊行为的预防和发现则要靠董事会及其专设委员会。审计委员会是这些专设委员会对控制最为重要的、最为有效的委员会之一,它通常由非执行董事会组成,负责监督企业财务报告的过程,监督内部控制各要素及适用法规的遵守,在内控环境中具有重要作用。

**人员素质**。"以人为本"的管理思想核心是强调人是发展的动力,是一切事物的基础,对人的控制和人的自我控制相结合,是内部控制发挥作用的有效基础。公司必须合理制定有关雇佣、训练、待遇、业绩考评及晋升等政策和程序,不断提高各层主管人员的公司职员业务能力和道德水准,以确保执行公司政策和程序的人员具有胜任能力和正直品行。

**管理控制方法与授权分离方法**。对于拥有众多分支机构的银行而言,正式而明确的管理控制方法与授权分责方法必不可少，例如，在书面工作说明里描述出特定的行为规范、权责关系、报告关系和有关限制，就可以大大增强组织的控制意识。

**法制环境和外部制约**。企业的管理和控制活动必须遵循市场经济的游戏规则，受到外部法制环境的制约。此外，来自企业外部的审计，监管部门的制约，特别是外部监督部门对企业内部控制的重视程序和监督力度，对企业内部控制制度的建立和执行具有重大影响。

**内部审计**。内部审计是企业自我独立评价的一种活动。内部审计与内部评价可通过协助管理当局监管其他控制政策和程序的有效性，来促成好的控制环境的建立。此外，外部审计与评价还能为改进内部控制制度提供建设性意见。内部审计人员必须独立于被审计部门，直接向董事会或审计委员会报告，以保证内部评审的客观性。

### （二）金融业内部控制定义及目标

金融业内部控制，属于金融业现代管理的范畴，是金融机构为完成既定的工作目标和防范风险，对内部各职能部门及其工作人员从事的业务活动进行风险控制、制度管理和相互制约的方法、措施和程序的总称。内部控制是金融机构的一种自律行为，它贯穿于金融业经营管理活动的始终和各个方面。特别是随着社会主义市场经济的发展，金融业竞争的加剧及经营风险的加大，完善和加强内部控制显得尤为重要。

相对于中央银行监管或社会监督机构审计而言，金融业内部控制具有两个明显的特征：一方面，由于其具有保护金融业安全运行与稳健经营以及有效防范与规避金融风险的功能，因此金融业在建立与完善内部控制方面具有主动性，与中央银行监管的目标相一致；另一方面，金融业内在发展的动力，又常常使内控机制受到挑战，也就是说，内部控制的完善与执行程度受制于金融业对其发展速度的偏好与选择。在抑制不正当竞争和不公平竞争方面，中央银行监管目标与商业金融经营目标之间存在着整体利益与局部利益的矛盾。金融业内控机制这两个特征，决定了内控机制是中央银行监管的基础和金融机构加强经营管理的重点，是中央银行监管目标和商业金融经营目标的结合部。

内部控制的范围，国际上一般区分为内部会计控制（Internal Accounting Co

ntrol)和内部管理控制(Internal Administr ative Control)两类。内部会计控制即对会计、统计和财务数据的准确、可靠性有直接影响的内部控制;内部管理控制包括组织机构的设计、经营效率、管理方法的执行以及和财务记录有直接联系的各种方法和程序。金融业的内部控制制度至少应包括如下内容和要素:①以授权和审批为核心,责权利相结合的岗位责任制度;②以不相容业务相分离为基本要求,内部合理分工的业务操作规程;③以任人唯贤、岗位轮换、全面培训为主要内容的人事制度;④以内部稽核为主要内容的内部监督制度;⑤以保证信息可靠为主要目标的会计制度;⑥决策系统、执行系统、监督系统相互制约的组织体系;⑦以"三防一保"为主要内容的电脑和安全保卫制度。

金融业内部控制的目标,首先必须服从和服务于经营效益最大化的目标,同时还要保证实现一系列的具体目标。从宏观上讲,应确保国家法律、法规和中央银行监管规章的贯彻执行,确保将各种风险控制在适当的、可接受的范围;从微观上讲,应确保各个业务过程和操作环节得到全面的控制和相互制约,应该有利于查错防弊、堵塞漏洞、消除隐患,保证业务稳健运行。

为了实现金融业内部控制的目标,在内部控制制度的建设及运行过程中,必须坚持以下几项原则:坚持有效性原则,确保内部控制的措施和程序在各个部门和所有人员中得到充分贯彻和执行,执行内部控制不存在任何例外;坚持审慎性原则,即金融业内部控制必须围绕防范和控制金融风险而设置和实施,并且设定在风险发生时采取何种措施进行补救,这是建立内控制度的最重要原则;坚持全面性原则,即内控程序和措施必须全面、完整,必须渗透到各个业务领域和各个操作环节,覆盖所有的部门和岗位,并真正做到相互制约,只有坚持全面性原则,才能使内控机制完全发挥作用;坚持及时性原则,即内部控制的建立和完善要跟上业务和形势发展的需要,在金融创新领域采取必要的内控措施,遵循内控先行的要求;坚持独立性原则,即将监督、控制部门和管理、执行部门适当分开,提高内控部门的独立性和权威性。

国内外金融业发展的实践表明,健全有效的内部控制机制是金融业提高抵御风险能力,实现稳健经营的有效举措。一套健全的内控制度应该能够随着变化的内、外部环境进行不断修订,其注重的是一种业务运作过程中环环相扣、相互监督与制约的动态机制。金融业内控制度是否健全有效,是金融业经营管理水平高低的重要标志。

## 二、北京市金融业内部控制现状分析

### (一)传统的风险评估方法和技术制约内部控制的实施

风险评估是风险控制的基础和前提,是全面、准确、及时地了解和把握金融风险的关键要素。北京市金融企业目前风险评估方法和技术方面存在的问题主要表现在:一是风险评估主要局限于信用风险,而对其他风险和一些新业务缺乏必要的分析。我国金融企业的风险评估大多是针对信贷业务设计的,而对市场风险、利率风险、外汇风险等其他业务的风险评估还处于空白,对衍生金融工具、中间业务等新业务的风险更加缺乏监控,这对于业务范围不断扩大的金融企业是一个隐患。二是风险评估的方法技术落后,人才缺乏。由于管理层的不重视和高技术人才的缺乏,金融企业的风险评估主要依靠定性的、人为控制的直接管理方法。这导致了风险管理的专业化程度和效率较低,特别是对于已标准化的可批量处理的银行资金交易和零售业务,没有实现以模型等定量分析为主的间接管理方法。而且,由于缺乏专业化的技术人员和足够的数据信息,目前北京市金融企业尚未建立更为科学的内部评级法,也就无法使用国际银行界广泛使用的 VAR 技术,无法对风险做出准确的识别和分析,更谈不上建立起科学的风险管理体系。

### (二)对内部控制的认识不到位,使内部控制效果不佳

内部控制活动是内部控制最重要、最具有现实意义的子系统,而北京市金融企业开展的内部控制活动总体效果不理想,这主要表现在:一是对内部控制的认识和理解存在偏差。许多银行普遍认为,内部控制就是各项工作制度和业务规章的汇总,有了规章制度,银行就有了内部控制,把内部控制等同于各项规章制度,没有真正理解内部控制的内在含义,没有把内部控制当作一种机制来看。当然,企业各项业务离不开规章制度,但是,规章制度充其量只是内部控制的一部分,而不能代替内部控制机制。由于这种认识上的偏差,使一些金融企业在实践中未能建立起有效的内部控制。二是现行的内控规章制度不健全、不系统、不科学。我国金融企业的规章制度有的已过时,跟不上发展需要,没有及时修订;有的新业务的开展还没有制定规章制度来约束,运作上带有盲目性;有的制度过于简单,操作性不强;有的又过于严格、机械,等等。三是风险防范意

识淡薄。金融企业需要竞争,但是盲目竞争,会导致受利益驱动,产生利益导向的行为,使企业把发展业务、开拓市场与加强内部控制对立起来,造成自我防范意识差,防范风险意识淡薄的情况,其结果必然是企业的内部管理跟不上业务发展的需要。

### (三)信息系统建设落后,信息交流效率不高

一是会计信息失真。由于各种客观和主观原因,金融企业的会计要素经常出现错漏现象。更严重的是,一些分支机构为了显示业绩而随意修改会计报表、做假账、违规操作。这一方面与我国会计制度存在缺陷有关,另一方面也与人员的素质有关,更与监管不力有关。二是管理信息系统建设落后。管理信息系统具有收集、加工、处理内外部信息并转换成对管理者有用的信息的功能。金融企业的计算机应用还主要停留在操作层面的会计信息系统,面向管理层面的管理信息系统建设落后,因而不能很好地辅助管理人员对信息做出准确的细节分析和综合把握,从而未能及时发现风险、化解风险。三是信息的传递效率低下。如国有商业银行的信息传递是靠金字塔式的组织来完成的,由总行到一级分行、二级分行等,最后到基层,多达七个层级,链条冗长,虽然计算机互联网消除了许多时滞因素,但信息上传下达过程中出现的人为拖延、理解偏差,导致高层与基层行动步调不一致。

## 三、现存内部控制制度存在的问题

### (一)对内部控制的含义存在着认识和理解上的偏差

许多金融机构对内部控制的含义认识不足,影响了内部控制制度的建立和贯彻执行。他们普遍认为,内部控制就是各项工作制度和业务规章及操作规程的总和,制定和执行了业务规章制度、操作规程就是建立和实行了内部控制制度,把内部控制等同于规章制度和操作规程,没有真正理解内部控制的内在含义。由于认识和理解上存在偏差,导致在人员安排、工作布置、稽审查处上不够重视,影响了内部控制职能作用的发挥。

### (二)严重滞后的内部控制制度

目前,各金融机构虽然都有一些制度,但多数还是沿用老的制度,没有根据

形势发展、业务状况和客观环境的变化进行及时修订，使之不足以覆盖现有的风险点，起不到应有的控制作用；开展新业务时，没有制定相应的管理规定和操作程序，致使运作上带有较大的盲目性；有的制度规定本身就很抽象，只是一些粗略的规定，造成实际操作困难；有些制度缺乏严格的处罚措施，致使一些违规违纪的人受不到应有的处罚。

### （三）内部控制意识不强

近几年来，随着金融体制改革步伐的加快，各金融机构也越来越多地认识到经营风险，为了规避风险，提高经济效益，在加强内部控制制度方面做了许多工作，但在具体操作过程中，有些金融机构由于受外界影响和利益驱动，一些制度贯彻流于形式，致使内部控制变形，失去了应有的刚性。

### （四）内部控制组织结构不科学

内部控制制度本身不完善和不合理，主要表现在：一是内部控制牵制乏力。一些现行的内部控制制度在部门与部门之间、岗位与岗位之间职责模糊，缺乏权责制衡，有的甚至相互割裂，相互抵触；二是对领导的行为缺乏约束。近年来，各级金融机构都实行了行长负责制，但少数行的行长负责制实际上是有权无责，这不仅使行长权力膨胀，也使唯一能制约领导行为的内部稽审、纪检、监察制度变为行长手中的工具，使一些监督部门的监督职能不能得到有效的发挥，造成大案要案不断发生。

### （五）现行的稽核管理体制和落后的稽审手段

一是金融机构内部稽核作为一个监督职能部门，其稽审体制还是沿袭过去专业银行体制下的稽审模式，这种模式已不适应商业银行稽审工作的要求，同时也造成长期以来稽审工作横向监督乏力、纵向信息梗阻、稽审结论落实难等缺陷，影响到稽审部门的独立性、权威性、超脱性；二是随着新技术在金融业的运用，自动化水平的日益提高，以传统的稽核手段和方式很难对各种风险进行预防、监测、控制；三是稽审人员的素质有些适应不了业务发展的需要，现有的稽审人员多数来自财会和信贷岗位，缺乏从事过国际业务、计算机和资金计划的管理人员，因此，在对外汇业务、计算机业务进行稽审时往往力不从心。

## 四、完善金融业内部控制建议

### (一)改革决策机制,提高决策水平

改革决策制度,建立科学的决策运转程序,推进决策的科学化、民主化。随着经济改革的深化,金融同业间的竞争越来越激励,金融机构的经营风险也越来越大,客观上要求银行及非银行金融机构在经营活动中灵活科学地设置内部机构,按照合理的程序和方法,运用科学的思维方式进行决策,以减少和防范风险。首先,要围绕行长或总经理的中心指挥位置,合理地设置组织体系,初步设想设立五大组织体系:经营参谋智囊分系统,该系统由办公室、金融研究所等机构组成;二是经营管理执行分系统,该系统由筹资、投资、信贷等业务执行机构组成;三是经营成果核算审计分系统,主要由财会、审计、部门组成;四是经营保障系统,该系统由人事、教育、保卫、计算机等机构组成;五是后勤服务分系统。这五个分系统构成一个有机整体,相互配合,充分发挥系统的合力,把行长和总经理从大量日常事务中解脱出来,把主要精力放在经营管理决策上,以利于提高经营管理的效益。其次,建立和完善决策程序,以明确决策申请、论证、批准、成立等各个环节的办事程序和职责义务。贯彻评估论证、集体决策和审计监督三项原则,努力建立起决策—执行—反馈—修正这样一个循环运动的有效机制,不断总结经验,提高决策水平。

### (二)明确和完善内部控制制度重点环节和内容

加强我国金融业的内部控制制度建设,应在我国现行的金融业内控制度的基础上扬长避短,加以改进和完善。如金融机构应当围绕增强自我约束、自我监控和自我防范能力来建立有效的内部控制制度,建立以整体风险控制为目标的资产负债管理制度,建立以局部风险控制为内涵的内部授权管理等。当前内控制度改进的切入点应放在明显滞后于形势发展的内部管理控制上,从总体上来讲,应包括以下几点:第一,加强授权、分权控制。随着现代金融业经营规模的不断扩大,经营环节日趋增多,业务活动日益纷繁复杂,因此高级经营管理者必须将权、责进行合理划分,对下级授权、分权,明确各级人员处理某项业务的权力,同时权责挂钩,权责对等。第二,健全风险测量和监控系统,风险控制是金融机构内部控制的关键。风险控制系统的设计主要依据各项业务开展的广

泛程度、复杂程序和风险内涵,同时也要考虑业务总体战略、策略以及市场情况,风险控制要包括所有业务,并注重系统性;风险测定要建立在定量分析的基础上,分析方法和设计过程要为测定人员所掌握,并利于核查和不断补充改进。第三,金融业内审部门应抓住风险控制点,拓展审计范围,减少内部控制"盲点"。首先要加强对新业务部门、新办基层网点内部控制的稽核与监督,宜采取专项和现场稽核的方式,重点在于其内部控制制度的建立健全情况及其对重要业务活动的内部制约情况。其次要加强对案件易发、多发部门内部控制的稽核与监督。金融案件易发、多发部门,一般而言是金融业的要害部门、要害岗位如信贷、计划、联行、授信、证券交易等岗位与环节,对这些部门的内审再监督,宜采取常规稽核与突出稽核相结合的方式,重点在于找出其发案的原因,进而追溯其内部控制的不足,提出改进建议,完善预防措施。最后是加强对电脑业务内部控制的稽核与监督。采用电脑处理业务数据,其内部控制是非直观的,由于输入数据的差错、操作上的失误、人为破坏难以及时发现,加上电脑业务尚属银行内部控制的弱点,因此近年来在这一领域发生的高科技犯罪也屡禁不止,客观需要稽核监督部门予以高度重视,亟须开发专用的稽核监督软件,配备专门的电脑稽核人员,逐步加大稽核检查的力度和频率。

### (三)成立单独的风险管理部门

建立专业的风险管理部门的思路如下:

第一,建立专门的风险管理委员会和风险管理部,组织上要有保障,人员上要有保证。如果金融企业有专门的部门与专门的人员研究、分析、管理、化解风险,那么,企业驾驭风险的能力就有可能提高。

第二,对各种风险进行深入的分析和管理,杜绝临场手忙脚乱。制定战略之前就把所有面临的风险深入分析并归类。有些风险用战略结构去把它规避掉,有些风险要去尝试。

第三,风险管理的运作。一线部门在过程中管理风险,遇到风险就及时管理风险:一线部门是管理风险的第一道防火墙;风险管理部是公司风险管理的第二道防火墙;审计部是公司最后一道,也是一旦风险管理部没把风险管住,那么审计部门就是最后一道防火墙,公司里构筑三道防火墙,分级抵挡风险。

第四,公司不断地提升,发现风险,管理风险,化解风险的能力,从而使得公司敢冒更大的险。我们发展风险管理能力,用风险管理能力的提升,去找出并化解风险。

第五,企业既要把战略转化为效益,更要用风险管理来保效益,甚至用风险管理能力来抢效益,某个项目里面有风险,普通人不敢做,但是如果有人敢做且能够化解其中的风险的话,其所得收益也将非常大。

### (四)加强信息和安全管理

随着电子计算机及现代通信手段在金融业务中的广泛应用,实现了金融机构经营管理技术的现代化,同时也带来了巨大的技术风险。因此,金融机构应增加和提高电脑开发人员的数量和素质,加强内控应用软件的开发,并不断改善电脑内部控制。系统数据应及时备份,并与主文件异地存放,系统开发设计人员不能兼任业务操作。金融机构各重要部位如库房、营业场所等应采取严格的安全保卫措施,加强对安全保卫人员的管理,提高保卫人员素质,以有效防范内盗和其他犯罪活动。

### (五)向国际惯例靠拢

学习借鉴国际金融业内控制度管理的通行做法。国外商业银行在长期的经营实践中积累了丰富的内控管理经验,这对于正走向国际化、市场化的我国金融业来讲,无疑具有十分重要的借鉴意义。在我国,随着金融体制改革和金融业对外开放的进一步深入,认真地研究和借鉴外国银行在加强内部控制方面的成功经验,积极向国际惯例靠拢,是我国金融业加强内部控制的有效途径。目前,金融业的国际化趋势日趋明显,金融创新业务不断出现,但国内法律手段,人员素质及各种配套措施很难跟得上如此快的发展速度,这就难以防范由此带来的风险,更要求我们按国际先进标准提高操作人员的素质,制定各种规章制度,防范金融风险。

# 参考文献

[1]吴念鲁,郧会梅. 对我国金融稳定性的再认识[J]. 金融研究,2005(2):152-158.

[2]吴军. 金融稳定内涵综述及框架分析[J]. 外国经济与管理,2005,27(3):48-55.

[3]段小茜. 国内外金融稳定有关问题研究进展与述评[J]. 财贸经济,2006(7):49-54.

[4]王长江. 金融稳定研究:内涵及一个框架[J]. 上海金融,2006(11):23-26.

[5]段小茜. 金融稳定界说:定义、内涵及制度演进[J]. 财经科学,2007(1):1-9.

[6]周中胜,罗正英. 国外金融稳定相关理论研究述评[J]. 国外社会科学,2010(2):41-45.

[7]王长江. 金融稳定研究:内涵及一个框架[J]. 上海金融,2006(11):23-26.

[8]李妍. 宏观审慎监管与金融稳定[J]. 金融研究,2009(8):52-60.

[9]李妍. 金融监管制度、金融机构行为与金融稳定[J]. 金融研究,2010(9):198-206.

[10]马勇. 监管独立性、金融稳定与金融效率[J]. 国际金融研究,2010(11):53-61.

[11]杨书怀. 宏观审慎监管模式下政府金融审计与金融稳定[J]. 审计研究,2016,(3):56-62.

[12]王劲松,韩克勇,赵琪. 资产价格波动对金融稳定的影响——基于中国数据的实证研究[J]. 中国流通经济,2016,30(3):102-107.

[13]钟意. 汇率波动、金融稳定与货币政策[D]. 杭州:浙江大学,2014.

[14]尚福林. 把握好金融创新与金融稳定的平衡[J]. 求是,2014,(8):23-25.

[15]马勇. 基于金融稳定的货币政策框架:理论与实证分析[J]. 国际金融研究,2013,(11):4-15.

[16]徐云松,付永超. 我国金融稳定制度构建研究——基于金融脆弱性理论视角的分析[J]. 金融经济,2013,(20):59-62.

[17]安起雷. 浅谈构建我国金融稳定及监管协调机制若干问题[J]. 浙江金融,2011,(12):10-13.

[18]叶林良. 金融衍生品及其风险管理——基于美国次贷危机视角[J]. 企业经济,2011,30(5):31-33.

[19]谢世清. 从欧债危机看"中国式主权债务危机"[J]. 亚太经济,2011(5):21-25.

[20]苗文龙. 金融稳定与货币稳定——基于信息约束经济中央银行独立性的分析[J]. 金融研究,2007(1):163-174.

[21]张风科,李平. 货币稳定、金融稳定与货币政策的两难困境及其解决对策[J]. 区域金融研究,2008(11):27-30.

[22]张羽,李黎. 货币政策与金融稳定:研究进展与理论评述[J]. 新金融,2010(9):41-45.

[23]王劲松,韩克勇. 资产价格、货币政策调控目标与金融稳定研究——一个理论研究述评[J]. 兰州商学院学报,2010,26(3):63-69.

[24]宣昌能,王信. 金融创新与金融稳定:欧美资产证券化模式的比较分析[J]. 金融研究, 2009(5):35-46.

[25]李佳,王晓. 资产证券化对金融稳定影响的研究评述[J]. 河南师范大学学报(哲学社会科学版),2010,37(1):129-132.

[26]刘锡良,罗得志. 金融制度变迁与金融稳定[J]. 财贸经济,2000(3):23-31.

[27]段小茜. 金融稳定及其变迁的新政治经济学分析[J]. 金融研究,2010,55(9):171-183.

[28]段军山,白茜. 资产价格波动与金融稳定研究述评[J]. 成都理工大学

学报(社会科学版),2011,19(2):1-6.

[29]马亚明,邵士妍.资产价格波动、银行信贷与金融稳定[J].中央财经大学学报,2012(1):45-51.

[30]蒋丽丽,伍志文.资本外逃与金融稳定:基于中国的实证检验[J].财经研究,2006,32(3):93-102.

[31]胡援成.对外开放中的金融稳定与金融安全:一个文献综述[J].广东金融学院学报,2008,23(2):112-121.

[32]孟辉,伍旭川.美国次贷危机与金融稳定[J].中国金融,2007(18):40-42.

[33]陈文君.通往金融稳定的监管新范式——次贷危机后的金融监管改进[J].财经理论与实践,2008,29(5):8-13.

[34]阳建勋.美国对次贷危机干预的两难选择与启示[J].财经科学,2008(9):27-33.

[35]张健华,张雪春.美国次贷危机与金融制度重构[J].金融研究,2008(12):1-9.

[36]徐品文.论美国次贷危机的传导机制[J].经济研究导刊,2009(2):63-65.

[37]李宝伟.经济虚拟化下金融稳定与虚拟经济管理——基于次贷危机的启示[J].亚太经济,2009(1):7-11.

[38]刘亮.美国次贷危机与亚洲金融危机的比较[J].金融教学与研究,2010(1):36-39.

[39]明洪盛.美国次贷危机对我国金融业管理的启示[J].企业导报,2011(1):9-10.

[40]唐双宁.从金融危机到欧债危机:我们怎么办?[J].经济界,2011(6):14-15.

[41]漆鑫,庞业军.欧债危机的根源、前景与影响[J].中国货币市场,2011(10):19-22.

[42]张严柱,王天龙.欧洲主权债务危机的形势及前景[J].宏观经济研究,2012(2):17-22.

[43]皮守成,王永.欧债危机的蔓延对我国外贸企业的影响分析及对策

[J]. 特区经济,2012(3):239 - 241.

[44]曾康霖. 对金融风险、金融危机的理性认识过程——改革开放以来的回顾[J]. 中国金融,2008(5):45 - 47.

[45]程艳. 次贷危机与我国金融风险防范[J]. 商场现代化,2008(30):323 - 323.

[46]蓝庆新. 美国"次贷危机"与我国金融风险防范[J]. 长江论坛,2008(2):92 - 94.

[47]武魏巍. 进一步防范金融风险的思路[J]. 宏观经济管理,2010(10):33 - 34.

[48]明洪盛. 对美国次贷危机下金融风险防范与化解的再分析[J]. 当代经济,2010(19):114 - 116.

[49]李丽娜,张海龙. 金融风险防范过程的风险研究与对策[J]. 长春工业大学学报(社会科学版),2011,23(2):42 - 43.

[50]仲彬,刘念. 金融风险预警系统的理论与实践探讨[J]. 金融纵横,2002(7):7 - 11.

[51]张元萍,孙刚. 金融危机预警系统的理论透析与实证分析[J]. 国际金融研究,2003(10):32 - 38.

[52]余倩. 货币危机预警模型研究[D]. 成都:西南财经大学, 2007.

[53]南旭光, 孟卫东. 基于 BP 神经网络的金融危机预警[J]. 现代管理科学, 2008(2):57 - 58.

[54]张瀛, 王浣尘. 货币危机预警综合评价方法研究[J]. 统计研究, 2004, 21(7):31 - 37.

[55]石柱鲜. 关于中国外汇风险预警研究——利用三元 Logit 模型[J]. 金融研究, 2005(7):24 - 32.

[56]陈守东,杨莹,马辉. 中国金融风险预警研究[J]. 数量经济技术经济研究,2006,23(7):36 - 48.

[57]陈秋玲,薛玉春,肖璐. 金融风险预警:评价指标、预警机制与实证研究[J]. 上海大学学报(社会科学版),2009,16(5):127 - 144.

[58]冯科. 中国宏观金融风险预警系统构建研究[J]. 南方金融,2010(12):18 - 23.

[59]许传华,杨雪莱.金融风险预警的国外实践与理论框架设计——基于金融稳定目标的视角[J].国外社会科学,2010(5):95-101.

[60]张玉梅.后危机时代的金融风险预警[J].商业研究,2010(11):115-119.

[61]林筱文,宋保庆.我国金融风险预警实证分析[J].福州大学学报(哲学社会科学版),2011(4):43-50.

[62]苏明政,张庆君.基于复杂网络的我国银行共同贷款关系网络研究[J].财贸经济,2014,35(3):59-67.

[63]黄桂良.国内外区域金融差异研究综述与简评[J].区域金融研究,2010(7):31-37.

[64]宋艳伟,李恒炜.中国区域金融发展与经济增长关系研究[J].统计与决策,2007(12):73-76.

[65]齐梅英,刘彬.金融控制理论研究综述[J].中国证券期货,2010(9):137-138

[66]齐梅英,卜微微.我国区域金融发展差异动态趋势研究——基于泰尔指数的测算[J].金融理论与教学,2010(4):1-4.

[67]吴拥政.区域金融发展与经济增长的实证分析——基于中部六省地级市区数据与分位数回归方法[J].经济研究导刊,2010(12):115-118.

[68]杜家廷.中国区域金融发展差异分析——基于空间面板数据模型的研究[J].财经科学,2010(9):33-41.

[69]易传和,褚彩云.区域金融稳定评价指标体系研究[J].济南金融,2004(11):3-6.

[70]殷兴山,孙景德,徐洪水.区域金融稳定评价体系与实证分析[J].上海金融,2005(3):46-48.

[71]易传和,安庆卫.建立区域金融稳定评价指标体系研究[J].财经理论与实践,2005,26(5):54-59.

[72]欧阳禹,申焕章,黎和贵.区域金融稳定问题与评价指标体系研究[J].重庆工商大学学报:西部论坛,2005,15(2):65-70.

[73]车克君.建立地方金融稳定协调机制必要性探析[J].河北金融,2011(9).

[74]王顺庆. 金融稳定性[C]// 第八届风险管理与金融系统工程国际研讨会. 2010.

[75]谭蔚. 金融危机生成及传导机制研究[D]. 昆明:云南财经大学,2010.

[76]刘明兴,罗俊伟. 金融危机理论综述[J]. 经济科学,2000(4):72 - 80.

[77]宋广盛. 当前我国主要的金融风险与控制[D]. 大连:辽宁师范大学,2009.

[78]闫坤,孟艳. 2008 年中国金融运行状况评析与 2009 年展望[J]. 经济与管理研究,2009(1):14 - 22.

[79]尹露. 基于全面风险管理框架的金融产品创新关键风险研究[J]. 商场现代化,2015(4):242 - 243.

[80]罗春婵. 金融危机传导理论研究[D]. 沈阳:辽宁大学,2010.

[81]秦朵. 外贸与金融传染效应在多大程度上导致了韩国 1997 年的货币危机?[J]. 世界经济,2000(08):8 - 18.

[82]康以同,姜锋. 世界经济展望. 2007 年 4 月,全球经济中的溢出效应和经济周期[M]. 中国金融出版社,2007.

[83]严光祖. 全球金融体系结构的变迁与银行系统性风险生成[J]. 经营管理者,2010(23):10 - 10.

[84]陈雨露,汪昌云. 金融学文献通论. 宏观金融卷[M]. 北京:中国人民大学出版社,2006.

[85]安辉. 现代金融危机生成机理与国际传导机制研究[M]. 北京:经济科学出版社,2003.

[86]博特赖特. 金融伦理学[M]. 北京:北京大学出版社,2002.

[87]支大林. 中国区域金融研究[D]. 长春:东北师范大学,2002.

[88]刘爱民,李天德. 金融传染与发展中国家的防范[J]. 四川大学学报(哲学社会科学版),2001(4):14 - 18.

[89]李小牧. 金融危机的国际传导[M]. 北京:中国金融出版社,2001.

[90]姜国峰. 金融风险管理研究[D]. 哈尔滨:东北农业大学,2000.

[91]纳尔逊. 经济增长的源泉[M]. 北京:中国经济出版社,2001.

[92]中国国际问题研究所. 国际资料[M].

[93]周小川. 法治金融生态[J]. 中国经济周刊,2005(3):11 - 11.

[94]周洁.中国金融监管模式的选择——基于效率的角度分析[J].经济师,2009(5):176-177.

[95]邓小刚,沈霞.加强诚信社会征信体系建设的探讨[J].新疆金融,2008(12):34-36.

[96]杨晖.我国征信体系的建设与发展研究[J].金融教学与研究,2010(1):22-27.

[97]刘毅.银行业风险与防范机制研究[M].北京:中国金融出版社,2009.

[98]陈雁云.区域金融理论与问题研究[M].南昌:江西人民出版社,2009.

[99]朴明根.金融全球化下银行风险防范研究[M].北京:经济科学出版社,2008.

[100]汪慧建,张兵,周安宁.中国开放式基金赎回异象的实证研究[J].南方经济,2007(8):65-73.

[101]张兵.中国开放式基金赎回异象的实证研究[J].南方经济,2007(8).

[102]赵晓斌,王坦,张晋熹.信息流和"不对称信息"是金融与服务中心发展的决定因素:中国案例[J].经济地理,2002,22(4):408-414.

[103]潘英丽.论金融中心形成的微观基础——金融机构的空间聚集[J].上海财经大学学报,2003,5(1):50-57.

[104]刘莉亚.新兴市场国家(地区)金融危机理论研究[M].上海:上海财经大学出版社,2004.

[105]董小君.金融风险预警机制研究[M].北京:经济管理出版社,2004.

[106]陈全功.货币危机早期预警系统及其运行效果[J].国际金融研究,2004(12).

[107]付江涛,王方华.货币危机预警指标体系的构建及实证分析[J].世界经济研究,2004.

[108]吴军.当代金融预警方法述评[J].世界经济文汇,2006(6).

[109]马德功,张畅,马敏捷.货币危机预警模型理论与中国适用[J].上海金融,2007(12).

[110]乔桂明. 货币危机预警理论及实证比较研究——兼对中国的模拟分析及启示[J]. 财经研究,2007(12).

[111]赵大坤. 运用 Logit 模型建立我国的金融危机预警系统[D]. 吉林大学硕士论文,2005.

[112]穆春舟. 中国金融风险评估与风险预警研究[D]. 吉林大学硕士论文,2008.

[113]李嘉晓,秦宏,罗剑朝. 论区域金融风险的防范与化解[J]. 商业研究,2006(19):17 -21.

[114]裴志杰. 对我国区域金融的风险及防范的研究[D]. 长春:东北师范大学,2004.

[115]李冬来. 巴塞尔委员会及巴塞尔协议[J]. 国际研究参考,2007(5):8 -11.

[116]刘兴华. 对《巴塞尔新资本协议》实施状况的解读[J]. 区域金融研究,2009(1):70 -72.

[117]中国人民银行重庆营业管理课题组. 中国金融风险的定量监测评价系统研究[J]. 改革,1999(4):8 -12.

[118]戴国强. 商业银行经营学[M]. 北京:高等教育出版社,2011.

[119]赖娴. 区域金融风险预警指标体系的构建与实证分析[D]. 南京:江苏大学,2009.

[120]曹锡男. 防范和化解保险经营风险探讨[J]. 现代财经(天津财经学院学报),2004,24(4):18 -20.

[121]刘志强. 金融危机预警指标体系研究[J]. 世界经济,1999(4):17 -23.

[122]郑振龙. 构建金融危机预警系统[J]. 金融研究,1998(08):29 -33.

[123]冯芸,吴冲锋. 货币危机早期预警系统[J]. 系统工程理论方法应用,2002(1):8 -11.

[124]陈志国. 我国保险公司的经营风险及其控制[J]. 福建行政学院福建经济管理干部学院学报,2008(2):77 -81.

[125]郭静. 我国金融风险预警机制研究[D]. 郑州:郑州大学,2009.

[126]王强. 上海市金融危机预警系统设计[D]. 上海:华东师范大学,2006.

[127]李享.上海国际金融中心建设问题的比较研究[D].上海:上海师范大学,2010.

[128]刘毅.关于北京金融安全体系的思考[J].管理学刊,2009,22(5):72-74.

[129]伯尔曼(美).法律与革命.第1卷[M].北京:法律出版社,2008.

[130]苏力.阅读秩序[M].济南:山东教育出版社,1999.

[131]佟柔,方流芳.商品经济与民法[J].法学家,1986(6).

[132]余凌云.行业自律管理体系中的惩戒机制与救济制度[J].中国安防,2007(3):33-35.

[133]辛乔利.次贷危机[M].北京:中国经济出版社,2008.

[134]王漪珺.次贷危机的根源、传导及对我国的影响分析[D].上海:复旦大学,2008.

[135]次贷风波研究课题组.次贷风波启示录[M].北京:中国金融出版社,2008.

[136]陈亚雯.美国次贷危机对中国金融和出口企业的影响与政策建议[J].化工管理,2008(8):9-15.

[137]宣文俊.從美國的次級貸款危機中引起的警示與思考[J].華東政法大學,2008.

[138]刘仁伍.金融稳定:机理与评价[M].北京:中国财政经济出版,2007.3:314-316;486-489.

[139]马辉.中国金融风险指标体系构建与预警研究[D].长春:吉林大学,2009.04:5-9.

[140]郝丁.我国房地产经济波动与金融风险防范研究[D].成都:西南财经大学.2006.4

[141]唐旭,张伟.论建立中国金融危机预警系统[J].经济学动态,2002:73.

[142]谭中明.区域金融风险预警系统的设计和综合度量[J].软科学,2010,24(3):69.

[143]何建雄.建立金融安全预警系统-指标框架与运作机制[J].金融研,2001(1):107-111.

[144]周才云. 区域金融稳定预警指标体系与风险防范[J]. 商业研究, 2006(04):147－148.

[145]陈守东,马辉,穆春舟. 中国金融风险预警的 MS－VAR 模型与区制状态研究[J]. 吉林大学社会科学学报,2009,49(1).

[146]中国人民银行金融稳定分析小组. 中国金融稳定报告(2005)[M]. 中国金融出版社, 2005.

[147]赵晓斌. 信息流和不对称信息是金融与服务中心发展的决定因素:中国案例[J]. 经济地理,2002(7).

[148]吕江林,赖娟. 我国金融系统性风险预警指标体系的构建与应用[J]. 江西财经大学学报, 2011(2):5－11.

[149][美] 哈罗德. J. 伯尔曼. 法律与革命——西方法律传统的形成[M]. 贺卫方等译. 北京:中国大百科全书出版社,1993:473－474.

[150]Schinasi, Garry J. Defining Financial Stability [J]. *Imf Working Papers*, 2004,4(4/187):37－55.

[151]de Bandt, Olivier, Hartmann, Philipp. Systemic Risk: A Survey [J]. *Social Science Electronic Publishing*, 2000.

[152]International Monetary Fund. Global Financial Stability Report October 2010: Sovereigns, Funding, and Systemic Liquidity[R]. Washington, DC, October 2010.

[153]Hirschman A O. The Strategy of Economic Development [J]. *Ekonomisk Tidskrift*, 1958, 50(199):1331－1424.

[154]Sharratt P N, Choong P M. A life－cycle framework to analyse business risk in process industry projects [J]. *Journal of Cleaner Production*, 2002, 10(5): 479－493.

[155]Frederic S. Mishkin. Anatomy of a financial crisis [J]. *Journal of Evolutionary Economics*, 1992, 2(2):115－130.

[156]Goldstein, Morris, Kaminsky, Graciela Laura, Reinhart, Carmen M. Assessing Financial Vulnerability: An Early Warning System for Emerging Markets [J]. *Peterson Institute Press All Books*, 2000, 24(1):122－123.

[157]Bordo M D, Wheelock D C. Price stability and financial stability: The historical record [J]. *Review*, 1998(Sep):41－62.

[158]Forbes K, Rigobon R. Only Interdependence: Measuring Stock Market Co - movements [J]. 2002, 42.

[159]Lawrence H. Summers. International Financial Crises: Causes, Prevention, and Cures [J]. *The American Economic Review*, 2000, 90(2):1 - 16.

[160]Moser T. What Is International Financial Contagion? [J]. *International Finance*, 2003, 6(2):157 - 178.

[161]Corsetti G, Pericoli M, Sbracia M. Correlation Analysis of Financial Contagion: What One Should Know before Running a Test [J]. *Social Science Electronic Publishing*, 2001, 92(1):349 - - 353.

[162]Baig T, Goldfajn I. Monetary Policy in the Aftermath of Currency Crises: The Case of Asia [J]. *Review of International Economics*, 1998, 98(1):92 - 112.

[163]S. Das, Marc Quintyn, Kina Chenard. Was a IMF Summer Intern in 2003. The authors would like to thank Claudio Borio, 2004

[164]Oosterloo S, Haan J D. A Survey of Institutional Frameworks for Financial Stability [J]. *Dnb Occasional Studies*, 2003, 34(1):53 - 88.

[165]John F. Chant. CORPORATE LINKAGES AND BANK LENDING IN CANADA: SOME FIRST RESULTS[R],2003

[166]Houben A, Kakes J, Schinasi G. Towards a framework for financial stability [J]. *Dnb Occasional Studies*, 2004, 34(1):53 - 88.

[167]Rannou Y. Banking regulation, behavioural finance and the financial crisis in Europe: Looking to the Kindleberger - Minsky paradigm [J]. *Journal of Risk Management in Financial Institutions*, 2010.

[168]Stein J C. Comment on "A Fistful of Dollars: Lobbying and the Financial Crisis"[J]. *Nber Chapters*, 2011, 5.

[169]Barba N G, Giacomo C, Franco P A, et al. Multinational banking in Europe - financial stability and regulatory implications: lessons from the financial crisis [J]. *Social Science Electronic Publishing*, 2010, 25(64):703 - 753.

[170]Carlino G, Fina R D. Monetary Policy and the US States and Regions: Some Implications for European Monetary Union [J]. *Working Papers*, 1998, 1:45 - 67.

[171] George Georgopoulos. Measuring regional effects of monetary policy in Canada [J]. *International Advances in Economic Research*, 2001, 7(2):269 – 269.

[172] Guiso L, Sapienza P, Zingales L. People's opium? Religion and economic attitudes ☆[J]. *Journal of Monetary Economics*, 2003, 50(1):225 – 282.

[173] Wendy Carlin, Colin Mayer. Finance, investment, and growth ☆[J]. *Cepr Discussion Papers*, 2003, 69(1):191 – 226.

[174] Haynes J. Risk as an Economic Factor [J]. *Quarterly Journal of Economics*, 9(4):409 – 449.

[175] Knight F H. Risk, Uncertainty and Profit [J]. *Social Science Electronic Publishing*, 1921(4):682 – 690.

[176] Buch C M, Heinrich R P. Twin crises and the intermediary role of banks [J]. *International Journal of Finance & Economics*, 1999, 4(4):313 – 323.

[177] Kyle A S, Xiong W. Contagion as a Wealth Effect of Financial Intermediaries [J]. *Social Science Electronic Publishing*, 2000, 56(4):1401 – 1440.

[178] Mishkin F S. International Experience with Different Monetary Policy Regimes [J]. *Papers*, 1998, 43(3):579 – 605.

[179] Kindleberger C P. Manias, panics, and crashes: a history of financial crises / Charles P. Kindleberger [J]. *Wiley Investment Classics*, 2011(2).

[180] Wolfson M H. A Post Keynesian Theory of Credit Rationing [J]. *Journal of Post Keynesian Economics*, 1996, 18(3):443 – 470.

[181] Masson P R, Mussa M L. Long – Term Tendencies in Budget Deficits and Debt [J]. *Imf Working Papers*, 1995, 95(95/128):5 – 55.

[182] Stiglitz J E. Symposium on Bubbles. [J]. *Journal of Economic Perspectives*, 1990, 4(2):13 – 18.

[183] Krugman P. A Model of Balance – of – Payments Crises[J]. *Journal of Money Credit & Banking*, 1979, 11(11):311 – 25.

[184] Flood, Robert and Peter Garber. Collapsing Exchange Rate Regime: Some Linear Example [J]. *Journal of International E – conomics*, 1984, 17:1 – 13.

[185] Maurice Obstfeld. Models of Currency Criseswith Self – Ful – filling Feature [J]. *European Economic Review*, 1996, 40: 1037 – 1047.

[186]Obstfeld M. The Logic of Currency Crises [J]. *Social Science Electronic Publishing*, 1994:62 - -90.

[187]Kaminsky, G. L. and C. M. Reinhart, The Twin Crises: The Causes of Banking and Balance - of - Payments Problems, American Economic Review, 1999, 89(3).

[188]Irving Fisher, The Debt - Deflation Theory of Great Depressions, Econometrica Inflation, 1933.

[189]Hyman P. Minsky, Can it Happen Again: Essays on Instability and Finance, M. E. Sharpe, 1982.

[190]Kregel, J. A., "Margins of Safety and Weight of The Argument in Generating Financial Fragility", Journal of Economics Issues, 1997.

[191]Anna Schwartz, Has government any role in money? Journal of Monetary Economics Volume 17, Issue 1, January 1986: 37 - 62.

[192]Friedman M, Schwartz A J. A Monetary History of the United States, [M]. Princeton University Press, 2008: 1867 - 1960.

[193]Cagan P. Monetary Influences on Interest Rates [J]. *Nber Chapters*, 1966:11 - 26.

[194]Karl Brunner, Allan H. Meltzer. Money, Debt, and Economic Activity [J]. *Journal of Macroeconomics*, 1972, 10(3):351 - 370.

[195]Sass S. The credit crunch. [J]. *Regional Review*, 1991(Win):14 - 20.

[196]Aliber, Robert Z. International Banking: A Survey [J]. *Journal of Money Credit and Banking Columbus*, 1984, 16(4):661. DOI:10.2307/1992100.

[197]KT Davis. "Bank Deregulation, Supervision, and Agency Problems", Australian Economic Review, 1995(3): 17 - 28.

[198]Berg A, Borensztein E, Pattillo C. Assessing Early Warning Systems: How Have They Worked in Practice [J]. *Imf Staff Papers*, 2005, 52(3):462 - 502.

[199]Abiad A. Early Warning Systems for Currency Crises: A Regime - Switching Approach [J]. *International*, 2002, 104:155 - 184.

[200]Goldfeld S M, Quandt R E. A Markov model of switching regressions [J]. *Journal of Econometrics*, 1973, 1(1):3 - 15.

[201]Quandt, Richard E. Microeconomic theory: [M]. McGraw - Hill, 1958.

[202]Jeanne O, Masson P R. Currency Crises, Sunspots and Markov - Switching Regimes[C]// C. E. P. R. Discussion Papers, 1998:327 - 350.

[203]V Tc, Marcel Fratzscher. What Causes Currency Crises: Sunspots, Contagion, or Fundamentals? [J]. *Economics Working Papers*, 1999, 23:207 -213.

[204]Peria M S M. A regime - switching approach to the study of speculative attacks: A focus on EMS crises [J]. *Empirical Economics*, 2002, 27(2):299 -334.

[205] Guillaume Arias, Ulf Erlandsson. Regime switching as an alternative early warning system of currency crises - an application to South - East Asia [J]. *Ulf G Erlandsson*, 2004.

[206]A. Nag, A. Mitra, Neural networks and early warning indicators of currency crisis [J]. *Reserve Bank of India Occasional Papers*, 1999 Reserve Bank of India,1999,2

[207] Andrew Berg Catherine Pattilo,1998, "Are Currency Crises Predicatable? A Test", IMF Working Paper 98/154(Washington, DC: International Monetary Fund, November).

[208]Kumar M, Moorthy U, Perraudin W. Predicting emerging market currency crashes [J]. *Journal of Empirical Finance*, 2003, 10(4):427 -454.

[209]Blejer M I, Schumacher L. Central Bank Vulnerability and the Credibility of Commitments: A Value - At - Risk Approach to Currency Crises [J]. *Imf Working Papers*, 1998, 98(65).

[210]Blaschke W, Jones M T, Majnoni G, et al. Stress Testing of Financial Systems: An Overview of Issues, Methodologies, and FSAP Experiences [J]. *Social Science Electronic Publishing*, 2001, 1(1/88):1 -56.

[211]Komulainen T, Lukkarila J. What drives financial crises in emerging markets? [J]. *Emerging Markets Review*, 2003, 4(3):248 -272.

[212]Edison H J. Do indicators of financial crises work? An evaluation of an early warning system[C]// International Finance Discussion Papers No. 675, Board of Governors of the Federal Reserve Systems. 2000:11 -53.

[213]Nachega, JeanClaude, Fontaine, Thomson. Economic Growth and Total

Factor Productivity in Niger [J]. *Imf Working Papers*, 2006,6(208).

[214] Lindgren C J, Garcia G, Saal M I. Bank Soundness and Macroeconomic Policy [J]. *Washington D. c. international Monetary Fund*, 1996.

[215] Demirguc – Kunt and Detragiache. The Determinants of Banking Crises in Developing and Developed Countries[R]. IMF Staff Paper, 1998,45(1): 81 – 109.

[216] A. Demirgüç – Kunt, R. Levine, H. G. Min. Opening to foreign banks: Issues of stability, efficiency, and growth[C]// 1998.

[217] C. E. Weller. Financial Crises After Financial Liberalisation: Exceptional Circumstances or Structural Weakness? [J]. *The Journal of Development Studies*, 2001, 38(1):98 – 127.

[218] Frankel J A, Rose A K. A panel project on purchasing power parity: Mean reversion within and between countries [J]. *Journal of International Economics*, 1996, 40(1 – 2):209 – 224.

[219] Jeffrey D. Sachs, Aaron Tornell, Andrés Velasco, et al. Financial Crises in Emerging Markets: The Lessons from 1995[J]. *Brookings Papers on Economic Activity*, 1996, 1996(1):147 – 215.

[220] Jürgen von Hagen, Tai – kuang Ho. Twin crises: A reexamination of empirical links [J]. ZEI b, Center for European Integration Studies, University of Bonn, 2003, 1:1 – 41.

[221] Alan Greenspan. New Challenges for Monetary Policy[R]. speech given by the Chairman of the Board of Governors of the US FED, Mr. Alan Greenspan, before a symposium sponsored by the Federal Reserve Bank of Kansas City in Jackson Hole, Wyoming on 27 August, 1999.

[222] Litan R E. Institutions and policies for maintaining financial stability [C]// Economic Policy Symposium – Jackson Hole. Federal Reserve Bank of Kansas City, 1997:299 – 306.

[223] James D Hamilton, Raul Susmel. Autoregressive conditional heteroskedasticity and changes in regime [J]. *Journal of Econometrics*, 1994, 64 (1 – 2): 307 – 333.

[224] James D. Hamilton. Analysis of time series subject to changes in regime

☆[J]. *Journal of Econometrics*, 1990, 45(1 - 2):39 - 70.

[225]Krolzig H M. Markov - Switching Vector Autoregressions [M]// Markov - switching vector autoregressions: Springer, 1997.

[226]Smets F, Central Bank Macroeconometric Models and the Monetary Policy Transmission Mechanism, Bank for International Settlements, BIS Papers, vol. 394,1995, 225 - 266

[227]Llewellyn D T. A Regulatory Regime for Financial Stability [J]. *Working Papers*, 2001.

[228]Williamson J G. Regional Inequality and the Process of National Development: A Description of Patterns [J]. *Economic Development & Cultural Change*, 1965, 13(s4):1 - 84.

[229]† J F. REGIONAL ECONOMIC POLICY FOR DEVELOPING AREAS [J]. *Papers in Regional Science*, 1963, 11(1):41 - 61.

[230]Myrdal G. Economic theory and under - developed regions. [M].

[231]Nurkse R. Some International Aspects of the Problem of Economic Development [J]. *Revista Brasileira De Economia*, 1997, 51(2):415 - 446.

[232]Rosenstein - Rodan P N. The Problems of Industrialization of Eastern and South - Eastern Europe [J]. *Economic Journal*, 1943, 53 (210 - 211):202 - 211.

[233]Grubel H G. The case against the New International Economic Order [J]. *Weltwirtschaftliches Archiv*, 1977, 113(2):284 - 307.

[234]Mishkin F S. Financial policies and the prevention of financial crises in emerging market economies [J]. *Policy Research Working Paper*, 2001.

[235]Jensen M C, Meckling W H. Theory of the Firm: Managerial Behavior, Agency Costs and Capital Structure. J Financ Econ 3:305 - 360[J]. *Ssrn Electronic Journal*, 1976, 3(4):305 - 360.

[236]Joseph P. Hughes, Loretta J. Mester. A quality and risk - adjusted cost function for banks: evidence on the "too - big - to - fail" doctrine [J]. *Journal of Productivity Analysis*, 1991, 4(3):293 - 315.

[237]Porta R L, Lopez - De - Silanes F, Shleifer A, et al. Legal Determi-

nants of External Finance [J]. *Journal of Finance*, 1997, 52(3):1131 -1150.

[238]Rafael La Porta †, Florencio Lopez - De - Silanes †, Andrei Shleifer †. Corporate Ownership Around the World [J]. *Journal of Finance*, 1999, 54(2): 471 -517.

[239]† K D. Bank Deregulation, Supervision, and Agency Problems [J]. *Australian Economic Review*, 1995, 28(3):43 -54.

[240]Porteous D J. The geography of finance: Spatial dimensions of intermediary behaviour. [J]. *Tijdschrift Voor Economische En Sociale Geografie*, 1997, 88(5):501 -502.

[241]Alexer W P, Grimshaw S D, Mcqueen G R, et al. Some Loans Are More Equal Than Others: Third - Party Originations and Defaults in the Subprime Mortgage Industry [J]. *Real Estate Economics*, 2002, 30(4):667 -697.

[242]Kletzer K M, Dekle R. Domestic Bank Regulation and Financial Crises: Theory and Empirical Evidence From East Asia." NBER Working Paper No. 8322 [J]. *Nber Working Papers*, 2001, 01(63):507 -558.

[243]Diamond D W, Dybvig P H. Bank runs, deposit insurance, and liquidity[J]. *Quarterly Review*, 2000, 91(3):14 -23.

[244]Dimartino D, Duca J V, Rosenblum H. From complacency to crisis: financial risk taking in the early 21st century [J]. *Economic Letter*, 2007, 2(12).

[245]Berg A. Anticipating Balance of Payments Crises - -The Role of Early Warning Systems [J]. *Imf Occasional Papers*, 2000(186).

[246]Pred A. Structuration, biography formation, and knowledge: observations on port growth during the late mercantile period[J]. *Environment & Planning D Society & Space*, 1984, 2(3):251 -275.

# 重要术语索引表

# 后　记

本书稿始于北京市教委课题“次贷危机背景下北京金融业稳定及风险防范研究(SM201010011002 )”,从最初的课题研究到最终的成稿,历时几年的心血,终于在今天交付。一直以来,区域金融稳定及预警问题都是笔者所关注的,在金融全球化日渐深入的时代,金融稳定成为人们争相谈论的话题,本书正是以金融稳定为主题的论著。

近年来,随着区域金融风险爆发的加剧,全球金融一体化程度日益加深,金融风险跨区域传导也越来越容易,区域性金融危机向周边扩散有了更多更快的途径。2011 年的美债危机,2016 年英国脱欧、美国大选,都预示着区域性不稳定因素的影响范围越来越大,对世界金融局势的稳定造成的影响也远比从前深远。从根本上来说,各个区域的金融稳定相互关联,牵一发而动全身。

那么,如何更好地构建区域金融稳定预警体系?如何对风险进行针对性的防范?如何防止区域金融风险传导而引致系统性风险?基于以上的问题,本书进行了尝试性研究。近年来,笔者一直致力于区域金融问题的研究,而参与北京工商大学区域金融工程研究中心的工作更为本书的创作提供了大量的思路与研究基础。

在本书即将出版之际,首先,感谢北京市教委项目(SM201010011002 )、首都流通业基地项目(JD - YB - 2018 - 00X)、北京市科技成果转化—提升计划项目(PXM2015 - 014213 - 000061)以及北京工商大学研究生教育质量提升计划 2017 等经费的先后支持。其次,感谢北京工商大学经济学院金融系的研究生黄凤、唐也茹、冯彦、郑美莲等同学所做的前期准备和后期校对工作。最后,在撰写过程中,笔者借鉴、援引了国内外大量文献,在此也深表感谢。

在中国对外开放进入更高发展层次的今日,如何在经济快速发展过程中保持金融业的安全与稳定,是我国当前面临的重要现实问题,而区域金融稳定的